Histoire de banques histoires d'une banque

De Vernes à Morin-Pons
et de Sanpaolo à Palatine

Direction éditoriale
Stéphane Watelet
Conception graphique et mise en pages
Pierre Duclos
Établissement des textes, recherche documentaire
Nathalie Chapuis
Lecture-corrections
Katia de Azevedo
Fabrication
Dorothée Xainte
Photogravure
IGS-CP, L'Isle-d'Espagnac, France

Papier ECF,
certifié sans chlore élémentaire

ISBN : 978-2-7533-0146-7
Dépôt légal : décembre 2011
N° d'édition : 1122/01

Éditions SW Télémaque
7, rue Pérignon
75015 Paris
www.editionstelemaque.com

Histoire de banques histoires d'une banque

De Vernes à Morin-Pons et de Sanpaolo à Palatine

Préface de Daniel Karyotis

Ouvrage réalisé sous la direction de Laure de Llamby et de Jean-François Grimaud

éditions
TÉLÉMAQUE

Préface

Daniel Karyotis

Ouvrage réalisé sous la direction de

Laure de Llamby
Jean-François Grimaud

Les auteurs

Sibylle Lhopiteau-Frossard
Laure de Llamby
Jacqueline Martin-Bagnaudez
Fabien Cardoni
Jean-François Grimaud
Vincent Tournié

Recherches documentaires et iconographiques

Brigitte Malnoury
avec le concours de
Josiane Duret
Vincent Tournié

Cet ouvrage est dédié aux 1200 collaborateurs actuels de la Banque Palatine qui, par leur exigence et leur énergie, incarnent au quotidien l'art d'être banquier, mais aussi à leurs devanciers qui ont porté, depuis plus de deux cent trente ans, la trajectoire exceptionnelle de cette banque singulière.

Cette plongée au cœur de l'histoire de la Banque Palatine a été rendue possible grâce au soutien de nombreuses personnes, notamment Pascal Belpois et Charles Orsini, qui nous ont communiqué leur savoir et leur passion, ou qui nous ont généreusement transmis leur documentation.

Nos plus vifs remerciements s'adressent aussi aux Archives nationales et plus particulièrement à Françoise Hildesheimer, conservateur, aux Services de la Banque de France, principalement à Frédérik Grélard, ainsi qu'à l'association pour l'Histoire des Caisses d'Épargne et son président Jean-Louis Hébert, pour leur aide précieuse et érudite.

Nos sincères remerciements vont enfin à Stéphane Watelet et aux équipes des éditions Télémaque qui nous ont remarquablement accompagnés dans cette aventure.

23
24
28
29
30
34
35
36
40
41
42
48

Préface

Il en va d'une banque comme de toute institution, communauté ou entreprise : son parcours et son histoire, avec ses grands moments et ses vicissitudes, impriment une empreinte indéfectible sur ses fondamentaux, ses valeurs et sa vision.

La Banque Palatine, ainsi rebaptisée depuis 2005 seulement, bénéficie d'une telle empreinte. Elle s'est imprégnée de l'influence de la banque italienne Sanpaolo lors de son incursion sur le marché hexagonal en 1986, puis de la personnalité singulière de la Caisse d'Épargne en 2003. Son ADN est cependant principalement hérité de l'histoire de la banque Vernes, créée dès 1780, et d'une quinzaine d'autres maisons de banque achetées ou absorbées au fil des décennies. Parmi celles-ci, la banque Veuve Morin-Pons, la Banque franco-chinoise, la Banque Commerciale de Paris, la Banque générale du commerce ou la banque Phénix.

Cet ouvrage n'est pas une monographie de la Banque Palatine. C'est une plongée dans l'histoire de celles et ceux, hommes et entreprises, qui ont dessiné au fil du temps sa trajectoire. C'est pourquoi vous la découvrirez à travers les épopées de plusieurs générations et familles de banquiers. Vous côtoierez les célèbres dynasties

Détail d'une salle des coffres hérités de la Banque franco-chinoise.

des Mallet, Delessert, Hottinguer, Vernes, Pons, Davillier, Seillière, Rothschild, Ardoin, Steiner, Lafitte, mais aussi les frères Berthelot, Jean Monnet, Marcel Dassault, Albin Chalandon et Michel Inschauspé. Plus surprenant, vous croiserez aussi dans ces pages des personnages troubles comme le gang de Nounours, l'Américain, Manu, le Gêneur et le Cerveau, à l'origine d'une prise d'otage à domicile…

Ce livre vous propose également de mieux appréhender l'évolution du métier de banquier à travers les grands événements sociaux, économiques et politiques de notre pays. Ainsi, nous offre-t-il une incursion dans la grande histoire – et parfois la petite ! – et une découverte des grands mouvements, parfois les révolutions, des secteurs bancaires, financiers et monétaires français : du banc de change des Lombards à la dématérialisation des titres financiers en 1984 ; de l'industrialisation de la France aux grands équipements coloniaux ; de la crise de 1929 à celles des subprimes et des dettes souveraines ; des premiers billets à Amsterdam en 1609 au passage à l'euro en 2002 ; de l'affaire Stavisky des années 1930 à la déconfiture de Madoff ; de l'exil des dynasties protestantes aux heures sombres de l'Occupation allemande ; des faux assignats à la folie de l'agiotage décrite par Balzac ; de l'influence des régents de la Banque de France à la nationalisation des banques françaises en 1982 ; du scandale des emprunts russes au trafic des piastres en Indochine ; des bienfaiteurs du mont-de-piété aux banquiers philanthropes du XIXe siècle…

Vous découvrirez ainsi le rôle majeur que les grandes familles de banquiers, tant protestantes, juives que catholiques, ont joué dans l'émergence de nos institutions financières et l'évolution du modèle bancaire. Mais aussi comment la figure du banquier a su s'adapter au courant de l'histoire, accompagner les évolutions structurelles de la nation, répondre aux besoins et aux exigences des populations, innover pour favoriser les échanges et les investissements, participer à l'émergence des systèmes de contrôle et de régulation. Parfois aussi, comment il s'est perdu... Bref, vous y découvrirez le métier de banquier, souvent si décrié, mais essentiel à l'accompagnement des familles et au financement de l'économie réelle.

Un proverbe berbère nous dit : « Quand tu ne sais plus où tu vas, retourne-toi et regarde d'où tu viens. » À méditer...

Daniel Karyotis

Président du directoire de la Banque Palatine

Sommaire

Introduction à la banque

Jusqu'à une époque récente, les « banquiers » auraient été bien surpris de s'entendre ainsi qualifiés. Le premier dictionnaire de la langue française (Jean Nicot, *Le Thresor de la langue francoyse*, 1606) mentionnant le terme « banquier » évoque en fait l'artisan qui recouvre les bancs avec un tapis. Quant à « banqu(i)er », c'est un verbe qui définit les aménagements de bancs dans une pièce. Dans la langue usuelle pourtant, dès 1365, l'économiste Nicole Oresme connaît le « banquier » et le tient pour un changeur ayant « banc » : « ... les changeurs et banquiers qui sçavent où l'or a cours à plus hault pris... ».

Au XVe siècle, le terme « banque » apparaît dans la langue française. « Tenir banque », c'est faire le commerce de l'argent. Jusqu'au XVIe siècle, on désigne aussi cette activité par le terme « bancquement », aujourd'hui disparu. « Banque » est un mot générique, employé au singulier et que l'on n'utilise pas pour distinguer la banque « Untel » de la banque « X » : « Je te feray delivrer argent par la banque pour voyager », écrit Nicot.

L'homme et la chose ne sont pas encore des activités bien définies en 1694 : « Banquier : celui qui tient banque, et qui fait commerce d'argent de place en place » (Dictionnaire de l'Académie française), définition reprise un siècle plus tard par la même institution. Dans son édition de 1835, le banquier est toujours homme de commerce, mais il est devenu un individu dont on souligne le poids : « Les banquiers de Lyon, d'Anvers, de Paris... Il a des fonds considérables chez son banquier. » Dans la même édition, on cerne maintenant la spécificité de l'activité bancaire, un « commerce qui consiste à ouvrir des crédits, à recevoir des fonds à intérêt, à échanger des effets, ou à les escompter avec des espèces, moyennant une prime ou bénéfice que l'on nomme Change dans le premier cas, et Agio dans le second ».

Le *Dictionnaire de la langue française* de Littré (1872-1877) avalise ces mots dans une acception correspondant désormais à celle qui est familière à notre temps.

Coffre-fort en acier et âme de bois, clouté sur l'extérieur et comportant une signature « Le Paul à Paris » sur sa serrure, début du XIXe siècle.

(Re)naissance

Au cours des six premiers siècles de son histoire, la banque occidentale jette ses bases : à tout problème d'échanges on trouve une solution. Si celle-ci se révèle utile, on la conserve et elle fait école. Lorsque le monde moderne émerge, au XVIe siècle, il trouve bien rôdés ces outils financiers dont il aura besoin. Leur mise en place sera une véritable aventure.

Marinus Van Reymerswaele, Le Banquier et sa femme, *XVIe siècle.*

Chapitre I

de la banque

Aux origines de San Paolo : le mont-de-piété

Fin du XVIe siècle, aux origines de l'Istituto Bancario San Paolo, quelques Piémontais que rien ne prédispose à être les pères d'une lignée de banquiers. Insolite paternité pour un établissement bancaire que ces hommes simplement soucieux de leur salut éternel !

Turin, année 1563. Emmanuel-Philibert, duc de Savoie et prince de Piémont, fait son entrée dans la ville qu'il vient de recouvrer ; son choix malheureux du parti des vaincus dans les guerres menées en Italie par François Ier de France lui a fait perdre la capitale de ses États, au reste dévastés par le conflit et l'occupation étrangère. L'énergique Tête de fer (ainsi surnomme-t-on Emmanuel-Philibert) entreprend de reconstruire une principauté s'étendant de part et d'autre de la chaîne alpine. Il lui faut d'abord restaurer les activités économiques : il s'agit de relever l'agriculture, d'affranchir les paysans, de relancer le commerce (Piémont et Savoie commandent les passages à travers les Alpes), de favoriser l'activité manufacturière par privilèges et exemptions d'impôts et, enfin, de pourvoir à la défense militaire du pays. La réunion des parlements de Savoie et de Piémont en un sénat unique est le premier pas vers la constitution d'un pouvoir centralisé. Le duc reprend également à son compte la vieille condamnation de l'usure, solennellement fustigée en 1565, avec aussi peu d'efficacité que ses devanciers. Manifestation de cupidité de certains, elle est liée au coût de l'argent, inévitable conséquence d'une pauvreté généralisée.

Dès 1562, le prince met en place une réforme monétaire énergique. La monnaie en circulation – les États voisins n'échappaient pas à ce phénomène – est une « lire » lointaine descendante de la « livre » carolingienne, qui correspondait en son temps à un poids réel d'argent mais qui est désormais fortement dépréciée. Emmanuel-Philibert s'interdit les manipulations auxquelles les souverains ont

Statue équestre d'Emmanuel-Philibert, duc de Savoie et prince de Piémont, par Carlo Marochetti, 1838.

Elia Naurizio, Le Concile œcuménique de Trente*, XVIIe siècle.*

habituellement recours pour réduire de diverses manières le titre des pièces en circulation. Il entend substituer à cette monnaie dévaluée une nouvelle lire, frappée sur la valeur réelle de son poids d'argent, soit 12,72 grammes au titre de 895,83 millièmes. Réforme courageuse, plutôt exceptionnelle au XVIe siècle, mais mal reçue : gros et florins demeureront la monnaie de compte habituelle. Ce n'est qu'au XVIIe siècle que Victor-Amédée Ier réussira à imposer à tous ses États la nouvelle lire – ses subdivisions deviendront décimales à l'époque napoléonienne et elle s'établira dans toute l'Italie quand l'unité se sera faite, à partir du Piémont.

Parallèlement, il mène une politique de rigueur, non sans paradoxe pour ce grand prince de la Renaissance, dont la position ne va pas sans un certain faste et qui est amené à prendre de strictes mesures somptuaires, tout en cherchant à restaurer les fortunes privées mises à mal par les années de guerre. Un fait nouveau de civilisation apparaît dans toute l'Europe : la Réforme protestante, dont les aspects politiques bouleversent les gouvernements et les aspects religieux, de même que les consciences individuelles. Au moment où le duc reprend en main ses États, Genève, proche voisine, est devenue une place forte du calvinisme. Toutefois, l'Église romaine s'est préparée à le contrer ; non loin de Turin, à Trente, s'est réuni, en ces mêmes années, le concile où se codifie la Contre-Réforme. Le duc se range fermement aux côtés des souverains persécuteurs de la religion nouvelle, attitude relevant autant de ses convictions personnelles que de la raison d'État. La célébration du culte réformé est interdite, les pasteurs doivent quitter le pays. Les sanctions frappant les irréductibles prévoient le bannissement, les galères, la peine de mort. Pour beaucoup de fervents catholiques, le protestantisme constitue une grave menace pesant sur le salut éternel. Face à ce danger, une seule réponse efficace : le sursaut individuel de tous les chrétiens romains, lequel peut prendre diverses formes.

C'est dans cette atmosphère que sept citoyens de Turin se regroupent pour progresser ensemble dans le perfectionnement spirituel. Ce ne sont ni des personnalités ni des miséreux : trois artisans, deux hommes de loi, un militaire, un simple curé. Gens de peu d'influence cependant, incapables de trouver un lieu pour se réunir. Un religieux dominicain, le père da Quinziano, célèbre pour ses prédications antiprotestantes, les héberge dans son couvent. Loin des débats théologiques, ce petit groupe a l'intention de mener une vie vertueuse, de montrer la miséricorde de Dieu et de travailler au salut de tous à travers des actions concrètes. C'est sur ces bases qu'est fondée, le 25 janvier 1563, la Compagnia di San Paolo, dite aussi Compagnie de la foi catholique. Le projet séduit de nouveaux émules qui rejoignent vite les fondateurs, malgré la sévère discipline de vie demandée aux Compagnons. Le 14 avril se tient la première congrégation générale qui structure la Compagnie : sous la direction d'un recteur, divers responsables s'emploieront à de bonnes œuvres au service des malheureux. L'économe, gestionnaire des biens matériels, est investi d'une responsabilité toute particulière.

Saint-Paul. Pourquoi ?

Paul de Tarse n'a jamais été un saint caritatif. Aucun des fondateurs de la Compagnia di San Paolo ne porte ce prénom. De même, ni les dominicains, ni les jésuites n'ont de dévotion particulière pour saint Paul. Mais le fait est que les compagnons ont choisi par deux fois le 25 janvier, jour où l'Église célèbre la conversion de saint Paul, pour des actes fondateurs : la constitution de la Compagnie, en 1563, et l'instauration du mont-de-piété, en 1581. Le choix de cette date se trouve peut-être dans la dénomination seconde de l'institution : Compagnie de la foi catholique. Se placer sous la protection du grand apôtre constitue une réponse logique au « danger » protestant. La dévotion des Confrères est constante : en 1607, ils font édifier une chapelle Saint-Paul dans l'église des Jésuites de Turin.

Pour l'heure, il s'agit d'œuvrer dans le concret et la Compagnie n'écrira qu'un siècle plus tard sa « règle commune ». L'honorabilité du groupe est immédiatement reconnue : l'archevêque de Turin, Girolamo Della Rovere, en approuve incontinent la constitution par des paroles d'encouragement. L'année même de son accession au pontificat (1566),

Scipione Pulzone, Portrait du pape Pie V, *fin du* XVI*e siècle.*

Pie V reconnaît officiellement la Compagnia di San Paolo, dont il a suivi l'activité comme évêque de Mondovi et à laquelle il avait procuré une maison afin qu'elle s'établisse dignement. Le président du sénat piémontais se porte garant auprès du pape des mérites de la Compagnie. Désormais inscrite dans la vie de la cité, celle-ci accueille des membres chaque jour plus nombreux. Les objectifs poursuivis sont exclusivement d'ordre religieux ; certains compagnons s'engageront d'ailleurs totalement dans la vie religieuse, tel le juriste Albosco, un des sept fondateurs, qui se fait chartreux. Les pauliniens trouvent un appui significatif dans les ordres religieux actifs à Turin : il en est ainsi de la toute jeune Compagnie de Jésus, qui assure leur encadrement spirituel. Ils ont au reste toute la sympathie du clergé séculier.

Aux yeux des Confrères, leur salut passe par une contribution à celui des autres, en subvenant à leurs besoins tant spirituels que matériels. Mais pour ceux qui ne peuvent ou ne souhaitent pas s'engager pleinement, en raison de leur position sociale, de leurs occupations ou de la sévérité de vie imposée aux Compagnons, une structure adaptée est mise en place : la Congregazione dell' Anunziata (« Congrégation de l'Annonciation ») qui compte parmi ses membres le duc Charles-Emmanuel lui-même, fils d'Emmanuel-Philibert. Cette Compagnie est administrée et gérée d'une main de fer afin de pourvoir aux nombreux engagements collectifs qu'elle prend. L'éducation est un souci majeur de tous les apôtres de la foi. Fondé en 1568, le Collegio de' Nobili Convittori (« Collège des Nobles pensionnaires »), placé sous les patronages des saints Maurice et Lazare, entend former des citoyens de haute moralité ; il comptera cent vingt élèves dix ans plus tard. En 1584, l'Albergo della Carità (« Refuge de la Charité »), dit aussi Refuge des vertus, est fondé pour les plus pauvres. Il s'agit d'une école professionnelle destinée à apprendre aux petites gens un métier artisanal. Un « hôpital » sera créé en son sein, afin de recueillir ceux qui sont inaptes à une activité professionnelle. La Compagnia San Paolo met aussi en place, en 1589, une institution destinée aux femmes perdues : la Casa del Soccorso delle Vergini (« L'Œuvre de l'aide aux jeunes filles »), pour celles dont la moralité et l'avenir sont mis en péril par une mauvaise éducation ou la vilenie de quelque séducteur. Elles y reçoivent une éducation élémentaire et une dot afin de s'établir convenablement. Le duc Charles-Emmanuel figurera en tête de ses donateurs.

Fra Angelico, La Charité aux trois jeunes filles pauvres,
détail du retable de La Vie de saint Nicolas, *1437.*

Tous ces engagements coûtent de l'argent : un Ufficio pio (« bureau de charité ») est mis en place en 1595. Il s'agit d'un fonds patrimonial dans lequel la Compagnie peut puiser pour financer ses diverses actions caritatives. Pour le constituer, il est une fois encore fait appel à la générosité des Compagnons, fermement priés d'établir sans tarder un testament dans lequel ils auront garde d'oublier l'Ufficio. La fondation d'un mont-de-piété s'inscrit dans la droite ligne de ces actions caritatives. Les Confrères en forment tôt le projet. Dès la fondation de la Compagnie, des visiteurs distribuent des secours en toute discrétion. Leur souci ? Étendre leur soutien jusqu'à ces catégories de la population – pas toujours les plus basses de l'échelle sociale – qui n'osent pas étaler leurs besoins et demander l'aumône, ceux que l'on qualifie de «pauvres honteux». Premiers clients des usuriers, ils y laissent parfois mobilier et vêtements. Contre ce fléau, un modèle est expérimenté en Italie depuis un siècle : les monts-de-piété. À Turin même, une telle institution a été créée au début du siècle sous les auspices de l'archevêque, mais elle a été emportée dans le flot des désastres de la guerre française.

Les sept « œuvres de Miséricorde »

Pour parvenir au salut, l'Église recommande de pratiquer la charité telle qu'elle en a défini les formes à partir des recommandations évangéliques (Mt 25, 31-36) : nourrir les affamés, abreuver les assoiffés, accueillir les étrangers, vêtir ceux qui sont nus, soigner les malades, visiter les prisonniers. Elle y a ajouté, afin de porter à sept le nombre de ces «œuvres de miséricorde», ensevelir les défunts.

Le Prêteur sur gages, *miniature extraite des* Heures du duc de Rohan, *XVIe siècle.*

De quelle « piété » s'agit-il ?

C'est un religieux franciscain, Barnabé de Terni, qui a l'idée, en 1462, de solliciter les citoyens riches de Pérouse pour créer un fonds permettant le prêt sur gage et sans intérêt aux plus pauvres, clients captifs des usuriers. À l'exemple de ce premier *Monte di Pietà*, d'autres voient le jour en Italie (premier « mont » français en 1637). L'expression qui désigne l'institution en France, calquée sur l'italien, est le résultat d'un contresens. La « piété » n'est pas conviée, car il s'agit de « pitié » envers les malheureux. Quant au « mont », il n'a rien de géographique et désigne ici « une quantité élevée », d'argent ou de piété.

Le projet est de grande ampleur. Il nécessite des fonds élevés. Les Confrères sollicitent donc des appuis avec patience et ténacité. Discrètement approché, Charles-Emmanuel fait attendre son engagement. Du côté pontifical, plusieurs démarches sont engagées. L'archevêque de Turin se fait l'avocat de l'entreprise. Arrive enfin la bulle attendue : le pape approuve la fondation d'un mont-de-piété à Turin et l'autorise à prélever un intérêt de 2 % sur ses prêts, pour ses frais de fonctionnement et la préservation du capital. L'approbation est anti datée au 1er mars 1579 ; quand elle lui parvient, en novembre, la Compagnia di San Paolo s'est déjà fixée solennellement la tâche de faire revivre l'institution à Turin.

L'année suivante se passe en difficile organisation du mont-de-piété. Les responsabilités imparties au trésorier, personnage évidemment essentiel, donnent lieu à de longs débats. Les candidats ne se pressent pas pour occuper un poste dans lequel leur responsabilité personnelle est engagée. Sans attendre que les « nouveaux statuts » complétant la première organisation soit acceptés par le sénat (1584), le mont-de-piété a procédé à l'élection de ses officiers et a commencé ses activités. Il a d'abord constitué son capital. Un appel à la générosité obligée des Confrères est lancé par le recteur à l'issue de la messe solennelle célébrée le 25 janvier 1581. Aux fonds recueillis s'ajoutent des dons extérieurs, puis une quête organisée avec l'appui du clergé : deux par deux, les Confrères s'en vont aux portes de toute la cité. On renouvellera les quêtes à toutes occasions : processions, pèlerinages. En cas d'extrême besoin, l'ultime ressource est la caisse de l'Ufficio pio. On accepte aussi les dépôts des particuliers ; mais s'ils veulent récupérer leurs fonds, il ne leur sera versé aucun intérêt. L'investissement ne porte… que sur le Ciel. En financiers avertis, les gestionnaires n'acceptent que de la « monnaie certaine », d'or et d'argent, afin que le capital ne subisse

Paolo Uccello, Mont-de-piété, le miracle de la profanation de l'hostie, *XVe siècle.*

pas de dévaluation. Sont exclus les dépôts d'armes, d'objets sacrés, les livres des étudiants, tout objet dont la provenance est douteuse.

Le prêt est accordé pour un an, avec remise d'un billet. Toute demande nécessite de justifier du « bon usage » qui en sera fait, hors de toute activité commerciale. En cas de besoin justifié, une suspension de l'échéance est possible, mais seulement le jeudi afin de laisser priorité aux nouveaux emprunteurs. Le rachat du gage se fait dans la même monnaie que celle du prêt. Les gages non réclamés sont vendus à l'encan, quatre fois par an, le résultat de la vente étant versé à la caisse des prêts. Toutes ces opérations appellent une minutieuse comptabilité et un savoir-faire certain des gestionnaires. L'épidémie de peste de l'hiver 1629-1630 est pourtant fatale au *Monte di Pietà*. Turin est dépeuplée à la suite de la mort ou de la fuite de ses habitants. Le recteur décide de mettre fin à toutes les activités du mont et invite les dépositaires à récupérer leur bien sous trois jours. Au cours du demi-siècle de son fonctionnement, le premier mont-de-piété s'est toutefois révélé la grande œuvre de la Compagnia di San Paolo.

François Ferdinand Philippe, prince de Joinville, *gravure anonyme du XIXe siècle.*

La « tante » du prince de Joinville

La facilité et la discrétion des opérations que l'on peut effectuer au mont-de-piété a séduit, à côté des misérables, des personnages tendus. C'est ainsi que le prince de Joinville (1818-1900), fils du roi Louis-Philippe et grand joueur devant l'Éternel, se trouva un jour obligé, raconte-t-on, d'engager sa montre pour régler une dette de jeu. À la reine Amélie, qui s'étonne du gousset dégarni de son dépensier de fils, le prince explique qu'il l'a oubliée chez sa tante. Ainsi a-t-il enrichi la langue française.

Courants et lieux d'échanges : de l'an mil au XVIe siècle

Pour le Moyen Âge, dissocier les secteurs d'activité est chose impossible. Le politique se mêle au social, l'économique au moral, le fiscal au monétaire, dans un environnement que le religieux enveloppe. Ce continuum n'empêche toutefois pas de distinguer des mues successives : à travers elles, les hommes passent d'un paysage limité aux contours du village à des horizons transatlantiques.

Europe occidentale, XIe siècle. La féodalité est bien en place. Elle définit les rapports en distinguant individus puissants et individus dépendants, selon une pyramide aux strates théoriquement assez simples. Du prince au paysan, chacun est tributaire d'un autre qui le domine, lequel lui assure en retour aide et protection. Dans un cadre de vie rural, le puissant est celui qui possède la terre. Que l'on soit illustre comte, petit hobereau ou humble paysan, la prestation due se définit en fourniture de service : prêter main-forte aux entreprises militaires de son suzerain ou donner à son seigneur des journées de travail. Ce qui est dû, c'est un service, rendu à travers toute sa personne. Comment pourrait-on imaginer ce dû en terme de redevance financière quand l'argent-monnaie est chose rare, voire totalement inconnue de beaucoup ? L'argent tient tellement peu de place que l'Église, seule entité à posséder une richesse mobilière, la conserve sous forme de trésors souvent convertis en objets sacrés, se constituant ainsi une réserve de métaux précieux ouvrés, destinés à être fondus en cas de besoin. Pas de pièces sonnantes et trébuchantes. Les mots comme les instruments manquent quand il faut évaluer une grosse somme : on ne compte pas les pièces, mais on pèse le métal.

Le Marché de Champeaux, à Paris, *miniature extraite du* Chevalier errant *de Thomas de Saluces, vers 1403-1404.*

Godefroy de Bouillon et les Croisés navigant vers la Terre Sainte, *miniature extraite du* Roman de Godefroi de Bouillon et de Saladin, *1337.*

Ainsi, c'est un poids d'argent-métal que Godefroy de Bouillon, futur souverain du royaume latin de Jérusalem, reçoit de l'évêque de Liège, auquel il a emprunté pour s'équiper au moment de partir, en 1096, pour la première croisade.

Mais voici que, précisément en cette fin de XIe siècle, les échanges s'animent. Nul doute que le grand brassage des croisades n'ait « boosté » un mouvement de circulation des hommes et des choses préexistant. Un signe : l'arrivée de navires génois sur les côtes de Terre Sainte constituera un épisode militaire marquant de la première croisade. Gênes est donc présente à l'autre bout de la Méditerranée ? Dans ce monde cloisonné, quelques villes d'Italie du nord ont, de fait, conservé des relations ultra-marines qu'elles développent avec perspicacité : Venise, à cause de ses liens traditionnels avec Byzance ; Gênes, prolifique en commerçants avisés ; Pise, une des plus entreprenantes. Les marchands italiens emportent draps de laine, métaux (ouvrés en général, mais le commerce des armes est interdit), vin, huile, esclaves (la *Reconquista*, menée par l'Espagne chrétienne sur les royaumes musulmans, est grande fournisseuse de Maures) ; ils ramènent des soieries, des épices, de l'alun (indispensable à l'activité textile), de la poudre d'or. Les rayons d'action s'élargissent. Fournisseurs et vendeurs se rencontrent sur des terrains de plus en plus vastes et éloignés.

Sans doute des marchés locaux ont-ils toujours existé : rencontres plus ou moins fréquentes, locales, où les gens du cru échangent les produits du sol et de l'artisanat. À partir du début du XIIe siècle, ce sont des foires qui se mettent en place : rendez-vous ponctuels, à dates constantes, en des lieux commodes pour des participants qui sont tour à tour vendeurs et acheteurs. Points de passage naturels, convergence d'itinéraires parfois très anciens, occasion, qualité de la topographie sont autant d'éléments qui favorisent la création de ces véritables institutions, où l'autorité politique joue aussi un rôle. Car tout aussi essentiel est le rôle du seigneur local. Lucratives par les droits de passage qu'elles génèrent, les foires ne peuvent exister sans lui : en effet, hors de son lieu d'origine, tout marchand – comme n'importe quel voyageur – est un homme seul, dépourvu de protection. Il revient au prince d'assurer la sécurité des participants sur leur route d'aller et de retour et durant la tenue de la réunion, tout en facilitant leurs activités.

Un agenda bien rempli

Tout au long de l'année, les foires se succèdent selon un calendrier qui maintient une activité quasi permanente en Champagne : en janvier-février à Lagny ; mars-avril à Bar ; à Provins en mai-juin ; en juillet-août à Troyes ; on est de nouveau à Provins en septembre, et on y termine l'année en novembre-décembre. Des opérations bien définies ponctuent chacune des réunions : « l'entrée » des participants, la « montre » des marchandises, la vente, puis le paiement sous des formes qui ont évolué au cours du temps.

Cette combinaison de facteurs naturels et de la politique des comtes fait le succès des foires de Champagne et de Brie dès le début du XIIe siècle. Il s'en tient une douzaine dans la région, mais, jusqu'au XIVe siècle, quatre d'entre elles sont les lieux d'une activité cosmopolite : Provins, Lagny, Bar-sur-Aube et Troyes. S'y croisent hommes et marchandises venus, selon un axe nord/sud, des mondes flamand et méditerranéen, et un axe est/ouest, d'Allemagne et de l'ouest français. Divers atouts concourent à leur développement : l'articulation des dates, la ferme implication des comtes assurant à la fois le « conduit » (protection des marchands), une police et une justice spécifiques, sur lesquelles veillent des « gardes de foire », et la surveillance des poids et mesures. La proximité de ces quatre places entre elles, la régularité de leurs tenues font des foires de Champagne un lieu essentiel d'échanges, régional et international. Y convergent des marchands venus des quatre coins de l'Europe. Les Italiens s'y montrent particulièrement actifs ; ils relaient un commerce venu de la Méditerranée, tout comme les Flamands relaient celui des Anglais. Les textiles traditionnels du Nord y rencontrent les produits précieux du Sud et les marchandises lourdes s'y échangent contre des denrées légères.

D'autres places accueillent également des foires : en Flandre, la foire de Torhout est citée dès la fin du XIe siècle ; celles d'Ypres et de Lille émergent au XIIe siècle ; celle de Bruges est active depuis 1200 ; tandis que la foire de Saint-Denis, dite foire du Lendit, est très fréquentée grâce à sa proximité avec Paris. Cinq foires sont connues en Angleterre, d'autres en Allemagne. Tandis que l'Europe continentale explore les voies terrestres, la Hanse, communauté constituée des places marchandes de l'Europe du Nord, exploite les voies maritimes de la Baltique et de la mer du Nord, s'enfonçant aussi dans les terres jusqu'à Novgorod.

L'échange de marchandises appelle paiement. Acteurs de la circulation des biens, les marchands sont aussi des utilisateurs de l'argent sans que se distingue vraiment dans leurs affaires ce qui relève spécifiquement du commerce ou de la finance. La Champagne a constitué un des lieux privilégiés où se sont élaborées, perfectionnées et généralisées les techniques financières. Le XIIe siècle est aussi celui de la reprise de la circulation monétaire. Le commerce a-t-il généré la monnaie ou celle-ci a-t-elle rendu ce dernier possible ? Vaste débat. Il est de fait que la découverte de mines de métaux argentifères, notamment en Europe centrale, d'où ils sont exportés vers le sud et l'ouest, se traduit par un redémarrage du monnayage. Celui-ci répond aussi à un appel : de plus en plus nombreux sont les hommes qui se déplacent et ont besoin d'argent : aux marchands s'ajoutent par exemple tous les participants aux croisades, les pèlerins, les savants. Un flux incessant d'hommes, de biens et de capitaux circule par mer et par terre entre l'Europe et le Proche-Orient durant tout le Moyen Âge.

Chantier à Saint-Denis pour la construction de douze églises, *miniature extraite de* La Vie du très noble comte Gérard de Roussillon, *1448.*

Tandis qu'un nouveau paysage s'impose au cours de ce XIIIe siècle – que les successeurs qualifieront avec nostalgie de beau siècle – un renversement se produit : la pyramide sociale bascule pour distinguer le riche du pauvre, lequel devient, dans la mentalité religieuse, soit un idéal à choisir, soit un malheureux à secourir. Les grandes constructions (cathédrales, édifices communaux, fortifications) coûtent cher, princes et villes s'endettent pour les financer. L'argent est devenu une valeur. Tandis que les souverains imposent une fiscalité – qui à l'origine

Le duc de Bretagne remet son épée aux rois d'armes, *miniature extraite du* Livre des tournois de René d'Anjou, *vers 1460.*

était occasionnelle – c'est en prix que se définissent maintenant les redevances. Et on fait argent de tout : les tournois si prisés par les seigneurs démontrent certes le savoir-faire des armes, mais rapportent aussi de solides sommes aux vainqueurs ; et à la guerre – par ailleurs coûteuse en équipement et en hommes qu'il faut maintenant payer – on préfère des prisonniers libérables contre rançon à des vaincus trépassés.

Le roi de France Jean II est fait prisonnier par les Anglais, *miniature extraite des* Chroniques de Jean Froissart, *XVe siècle.*

Rançons de roi, rançons de poids

Massacrer l'armée de son ennemi, c'est le priver de sa force militaire. Mais capturer un chef est une opération fructueuse. On crée chez l'adversaire un vide dans l'exercice du pouvoir et son affaiblissement politique se double d'une ponction économique. Lourdes sont les rançons exigées. De puissants souverains ont dû payer leur libération : l'Anglais Richard Cœur de Lion, les Français Saint Louis, Jean le Bon, et plus tard François Ier. On raconte qu'il fallut quatre mois pour compter les douze millions d'écus dus par ce dernier à Charles Quint. Les fortunes versées viennent autant enrichir le vainqueur qu'elles assomment le vaincu.

Commerçants à la foire du Lendit, à Saint-Denis,
miniature extraite des Grandes Chroniques de France, *1375-1379.*

Apparues tôt dans le siècle, les foires de Champagne et de Brie entrent bientôt en concurrence avec de nouvelles places émergentes. Les ducs de Bourgogne, à l'imitation de leurs voisins champenois, lancent une foire à Chalon-sur-Saône, qui deviendra un grand marché du textile. Genève en accueille une à son tour. Gand et Cologne profitent de la croissance des volumes commerciaux. Bruges aussi, dont l'avant-port de Damme accueille les marchands venus par terre et par mer et assure le contact avec la Hanse. L'installation, en 1309, de la papauté à Avignon crée un véritable appel de négoce dans le Bas-Rhône. Partout s'étale un goût pour le luxe, dont les produits viennent de loin. En même temps s'ouvrent de nouveaux itinéraires : en 1277, les Italiens, dont les navires contournent l'Espagne par le détroit de Gibraltar, ouvrent des voies permettant de s'affranchir des routes terrestres que le long conflit franco-anglais rend périlleuses. Pise, Gênes, Venise en apprennent tôt le chemin. Le centre de gravité se déplace, de nouveaux foyers remplacent le vide laissé par le déclin des foires de Champagne. Signe et moteur de croissance d'une place : la présence de succursales ouvertes par les compagnies italiennes, toujours et partout présentes là où se traitent les affaires.

La position de Lyon est à cet égard exemplaire. Deux foires s'installent dès 1420 sur cette place bien située sur le sillon nord/sud, ouverte sur la Suisse, elle-même voie de transit entre Allemagne et Italie. À l'origine, ces deux foires ne sont qu'un relais pour celles de Genève, quelque peu enclavée. Une troisième puis une quatrième foire se mettent en place dans une cité qui capte peu à peu le commerce franco-italien. Dans la seconde moitié du XVe siècle, les Italiens sont massivement présents à Lyon, notamment les Florentins, suivis par les Lucquois, les Génois et les Bolognais. Place commerciale, Lyon est également un centre financier. Ceux qui la fréquentent maîtrisent les techniques de maniement de l'argent, désormais pratiquées partout. Décision significative : les Médicis ferment, en 1470, leur comptoir de Genève pour le transférer à Lyon. Malgré la pression exercée sur les successeurs de Louis XI pour supprimer ces derniers, Lyon demeure sans réelle concurrence au XVIe siècle pour les échanges continentaux de l'Europe de l'ouest. Sans doute la place a-t-elle à souffrir, à cette époque, des guerres de religion et se trouve-t-elle affaiblie par l'insolvabilité de princes qui y ont fait des emprunts ; mais elle renaîtra au XVIIe siècle, pour devenir la grande place commerciale et financière qu'elle restera.

De son côté, le monde atlantique cherche des voies de trafic autres que terrestres. En 1492, Christophe Colomb aborde aux « Indes Occidentales » et trente ans plus tard Magellan a réalisé la première circumnavigation. Toute la donne en est bouleversée : un Nouveau Monde s'ouvre aux échanges. Les routes de la richesse vont devenir transatlantiques et les villes de Méditerranée vont perdre pour longtemps leur rôle d'intermédiaires des échanges internationaux. Les marchands ne se retrouvent plus dans des foires mais ils traitent désormais leurs affaires dans des bourses permanentes, créées dès 1531 à Anvers, et en 1565 à Londres (le *Royal Exhange*). Anvers devient une cité capitale pour l'Europe du nord-ouest, profitant de l'ensablement de l'avant-port de Bruges. Suprématie qu'elle perdra, entravée par les conflits engendrés par la domination espagnole à partir du milieu du siècle. De nouveaux centres d'activité émergent, qui ont pour nom Séville ou Amsterdam. Une autre géographie économique naît, les Temps modernes s'annoncent.

Louis XI, le roi fondateur

Louis XI (1423-1483) joue un rôle déterminant dans le développement des foires de Lyon, trop heureux de détourner les flux qui se portaient sur Chalon-sur-Saône, ville relevant de son meilleur ennemi, le Bourguignon. Le roi y met en place une sorte de monopole national. Il intercepte le trafic qui passait par Genève, terre d'Empire, en interdisant, en 1462, à ses sujets de s'y rendre. En 1463, lors de la quatrième tenue annuelle de la foire à Lyon, il accorde aux marchands français et étrangers les mêmes privilèges que ceux dont ils jouissent à Genève et les autorise à faire circuler librement sa monnaie, opération en principe interdite hors des limites du royaume. Les quatre foires de deux semaines se tiennent – quel hasard ! – aux mêmes dates qu'à Genève.

Portrait du roi Louis XI de France, école française du XVIIe siècle.

Moyen Âge : nouveaux besoins, nouveaux outils

Vendre et acheter dans un espace qui s'élargit. Quels moyens de paiement quand le volume devient élevé ? Quelle sécurité quand la destination est lointaine ? Quelle efficacité pour se placer devant les concurrents ? Pour les hommes du Moyen Âge, le renouvellement des échanges va de pair avec l'invention d'indispensables outils…, où les Italiens jouent un rôle de pionniers.

Au Moyen Âge la monnaie consiste en pièces. On serre ces dernières en vrac dans des sacs de cuir, proies faciles pour les malandrins qui circulent sur les routes. Le numéraire est rare et le nombre des monnaies en circulation infini. Héritée de l'Empire romain, la règle réserve au seul souverain le droit de battre monnaie. Dans la pratique, tous les princes se le sont arrogé, jusqu'à de petits seigneurs qui émettent une monnaie propre – mais elle ne circule que dans les limites de leur domaine, d'où elle chasse les autres. Celle du roi a cours dans tout son royaume, mais il est interdit de l'en sortir. Seuls des pouvoirs politiques forts peuvent prétendre imposer leur monnayage, et la circulation monétaire reste morcelée et incroyablement complexe.

Les monnaies médiévales se présentent sous trois couleurs : le jaune de l'or, le blanc de l'argent, le noir des vils alliages. Oublié l'or du « sou » de Charlemagne, jusqu'à ce que l'empereur d'Allemagne Frédéric II reprenne, en 1231, une émission du précieux métal, vite imité par les Italiens. En France, Saint Louis échoue à faire circuler l'« écu », de même Jean II – dont la rançon est calculée en monnaie d'or – avec le premier « franc ». Le trésor de Philippe le Bel comptait pourtant des pièces d'or. Mais la pénurie du précieux métal en freine

La Frappe des monnaies, *miniature extraite d'un traité de Nicolas Oresme, XVe siècle.*

Écu d'or de Saint Louis, première monnaie royale, 1266.

Les premiers billets

C'est à Amsterdam, en 1609, qu'auraient circulé les premiers exemplaires de billets-papier. Il s'agit d'un certificat équivalent à un dépôt de monnaie-métal. Les billets sont détruits si la banque se défait des pièces qu'elle a reçues en dépôt. La circulation en fut courte et restreinte.

la circulation. Les échanges se font plutôt en pièces d'argent, sous l'appellation générique de « deniers » ou de « marcs », aux titres variables – et manipulables – dans le temps et l'espace. Les responsables politiques renforcent, aux XIIe et XIIIe siècles, la valeur des monnaies d'argent en créant des « gros », considérés comme des « deniers forts » – ainsi c'est en « gros » que Venise exige en 1204 le paiement par les Croisés du prix de leur passage outre-mer. Quant au commerce quotidien de la majorité de la population, il se fait avec des « billons » – pièces où se mêlent au cuivre divers métaux vils –, voire avec des « méreaux », qui ne sont rien d'autre que des jetons sans aucune valeur monétaire.

On comprend alors que l'attrait de l'or ramené en Europe par les galions espagnols constituait un des moteurs des grandes découvertes. L'arrivée massive du précieux métal va bouleverser le paysage monétaire. Du moins celui des politiques, des marchands et des financiers, car jusqu'au XXe siècle la monnaie est chose rare pour l'immense masse de la population. Posséder des pièces est signe de richesse. Tout le monde calcule en monnaie de compte, dont l'autorité publique fixe les correspondances. Si le souverain estime manquer de monnaie, il augmente les valeurs relatives des unes par rapport aux autres, pratiquant ainsi l'équivalent de nos modernes dévaluations. Philippe le Bel y gagnera son qualificatif de « roi faux-monnayeur ». De leur côté, les marchands italiens, longtemps principaux utilisateurs de la monnaie d'or, font circuler des espèces dont le nom marque leur lieu d'origine : le « génois » de Gênes, le « ducat » (terme dérivé de « doge ») de Venise et le « florin » de Florence, ces deux derniers sont longtemps reçus comme monnaies de référence internationale. Le « franc » de Jean II n'aura, lui, qu'une courte existence.

Présents en Terre Sainte et dans toute l'Europe, les moines chevaliers de l'ordre du Temple (fondé en 1129) se sont organisés pour pallier les dangers inhérents au portage des espèces monétaires. Ils font grand usage du transfert fiduciaire entre commanderies, autant pour leur compte que pour celui de « clients », à travers la Méditerranée et dans toute l'Europe. Les utilisateurs vont du simple pèlerin

Le Temple de Paris dans son enceinte et la rue Royale en 1450,
illustration extraite de Paris à travers les âges.

au prince : tel l'Anglais Jean sans Terre, qui rembourse, en 1215, au Temple de Londres 1 100 marcs qu'il a empruntés aux Templiers du Poitou. La tenue précise de cette comptabilité qu'impliquent toutes ces opérations est à l'origine de l'expression « grand livre ».

Mais ce sont essentiellement les marchands italiens, habitués des transactions sur des marchés lointains, qui ont inventé et porté à leur point de perfection les techniques financières sans lesquelles le commerce se serait asphyxié. À l'origine est un contrat qui deviendra la « lettre de change ». Il met en jeu trois personnes, dont l'une est absente : un marchand fait un achat à un vendeur et lui remet un document par lequel il s'engage à ce que son vendeur soit payé par une tierce personne, à une date et en un lieu dûment mentionnés. La monnaie énoncée pour désigner la somme due est le plus souvent différente de celle où a lieu la transaction, d'où l'expression qui dira cette lettre « de change ». Le contrat originel se perfectionne quand le vendeur transfère la lettre de change qu'il a reçue à l'un de ses propres débiteurs, à qui il reviendra de se faire payer la somme due par le premier marchand. La lettre de change est olographe, et ce n'est qu'à la fin du Moyen Âge que des formules préétablies pourront être signées par des fondés de pouvoir des grands établissements. Une étape de technicité supplémentaire est franchie avec la pratique de l'escompte, lequel autorise le détenteur de la lettre de change à se faire payer, en général par un établissement à vocation financière, avant l'échéance prévue par la lettre. Puis les opérations commerciales étant menées sur une grande échelle, créditeurs et débiteurs pratiqueront la « compensation » les uns par rapport aux autres et ne transféreront plus qu'un solde net.

Ces opérations ne peuvent fonctionner qu'entre personnes offrant des garanties et surtout une confiance mutuelle. Les marchands italiens et les foires de Champagne sont un même laboratoire d'échanges financiers. Le mécanisme va mettre trois siècles à se perfectionner. Apparu au XIIe siècle, il se diffuse au cours du siècle suivant dans toute l'Europe en réponse à l'accroissement des échanges. La documentation comptable de ces opérations a généralement disparu ; elle aurait pu permettre d'en suivre les étapes. Mais les fondements des techniques financières modernes sont nés au cours de cette période.

Gardiens du Trésor

Moines et soldats, les Templiers ont pratiqué des activités proprement bancaires. Ils offrent la garantie de leur état religieux et la force de leur épée. En France, Louis VII a confié au Temple la garde du Trésor royal, que leur confirme Saint Louis. Mais Philippe le Bel la lui enlève, en 1295, pour le déposer au Louvre, prémice de la grande opération menée contre les Templiers en 1307.

Toutefois, payée à un moment postérieur à la transaction, exprimée dans une monnaie autre que celle de l'achat, ce qui entraîne un taux de change, la somme, qui fait l'objet de la lettre de change, constitue une opération proche du prêt à intérêt. Le principe en est interdit par l'Église, qui fonde sa condamnation sur un ensemble de huit textes bibliques, mais il est légalement pratiqué par les juifs envers les chrétiens. Entre chrétiens, il est « usure », une expression qui ne renvoie pas à la pratique d'un intérêt exorbitant mais à tout intérêt quel qu'il soit. Et « l'usurier » d'être voué à l'opprobre en ce monde et à l'enfer dans l'autre. À l'époque féodale, les ordres monastiques pratiquaient le prêt en prenant en gage quelque bien foncier. Mais à une époque où l'argent circule, où seigneurs et villes s'endettent, le recours au prêt devient une nécessité objective. Pour la théologie, bien que pratiquant une activité qui reste condamnable, le prêteur se rachète s'il restitue avant sa mort ce qu'il a illégalement gagné.

L'Église ayant déclaré qu'il existe dans l'au-delà un « purgatoire » où le pécheur rachète durant un certain nombre de jours une peine qui lui permettra d'accéder au paradis, une porte de salut s'ouvre pour l'usurier. De même l'indispensable marchand, qui fait lui aussi travailler son argent, ne peut être rangé tout de go dans la catégorie des exclus du salut éternel. Au XIIIe siècle, la pensée religieuse en vient à reconnaître la valeur objective du travail, collaboration à l'œuvre de Dieu et non plus malédiction pesant sur l'homme pécheur. La réflexion théologique, conduite notamment autour de Thomas d'Aquin, aboutit à établir la notion de « justice », exigence qui fait entrer l'activité humaine dans une collaboration à la Création. Elle s'adresse à tout homme, qu'il soit prince ou simple fidèle. Les activités marchandes s'insèrent dans cette nouvelle vision ; elles sont contribution

Transaction avec un usurier, *miniature extraite de* Pèlerinage en Terre Sainte *de Bernard de Breydenbach, 1486.*

à la construction du monde et leur bénéfice est récompense du travail fourni. Quant à celui qui prête de l'argent, il renonce au « juste » bénéfice qu'il aurait pu tirer de son bien, tout en courant le risque de ne pas le recouvrer, toutes choses qui légitiment une rémunération. À condition que celle-ci demeure raisonnable ; on est un peu surpris de constater qu'un taux de 20 % est au Moyen Âge tout à fait admissible. Le « juste prix » des choses s'établit non pas par l'accord des parties, mais en référence à un prix de marché, équilibre des valeurs et harmonie avec une objectivité qui le dépasse. Notre « commerce équitable » n'est-il pas un lointain héritier de cette notion ?

Prêteur sur gages, *détail d'une miniature du XIVe siècle.*

L'usurier, de la condamnation au salut

De nombreuses représentations iconographiques avertissent, au XIIe siècle, de ce que sera le châtiment de l'usurier : il sera entraîné par le poids de sa bourse et empoigné par tous les diables de l'enfer. En 1220, une histoire édifiante raconte comment en Allemagne un usurier fut racheté grâce au Purgatoire. À la même époque, l'Église place au rang de ses saints un certain Homebon, considérant que son état de marchand drapier à Crémone ne l'a pas empêché de mener une vie exemplaire. Au début du XIVe siècle, Enrico Scrovegni de Padoue, héritier d'une fortune marchande, fait pieusement édifier dans sa ville une chapelle familiale dont il confie la décoration à Giotto.

Les plus anciennes organisations marchandes (XIIe siècle) sont le fait d'Italiens engagés dans le commerce maritime. Ces derniers concluent des contrats avec des bailleurs de fonds sédentaires, qui fournissent des liquidités afin de constituer les stocks, puis les deux parties partagent les risques. Plusieurs formules sont possibles, qui prévoient une part variable de bénéfices versée avec la restitution de la somme fournie. Formées à l'origine pour une seule expédition, les associations se concluent pour des durées de plus en plus longues jusqu'à devenir quasi pérennes. Ces groupements sont à la fois assurance contre les événements malheureux, apport de capitaux pour les marchands, placements que l'on espère fructueux pour les bailleurs de fonds. Les associations se constituent souvent au sein d'une même famille, mais tout un jeu d'alliances les rend très complexes. Nées dans les villes de l'Italie intérieure – Plaisance, Milan, Lucques, Sienne, Florence –, elles se dotent de succursales dans les places les plus actives, couvrant ainsi l'Occident de leur réseau de comptoirs : les Bardi, de Florence, comptent cent vingt « facteurs » simultanés. Les activités sont à la fois commerciales et financières ; des sommes d'argent et des volumes de marchandises considérables y sont manipulés. Des liens forts sont maintenus avec la maison mère qui oriente la « politique » de tous et possède des capitaux partout. Ainsi fonctionnent les Bardi et les Médicis, de Florence.

Banqueroute : une opération concrète

Le Changeur d'argent, *miniature extraite de* De Universo *de Rabanus Maurus Magnentius, IXe siècle.*

Le mot « banque » dérive du « banc » des changeurs, lui-même originaire du banc servant à payer leur solde aux légionnaires romains. Il a donné des dérivés dans la plupart des langues européennes, mais n'apparaît en français avec sa signification actuelle qu'à partir du XVIIe siècle. Quant au terme « banqueroute », dérivé de l'italien *banca rotta*, il rappelle que le changeur imprudent ou malchanceux, engagé dans des opérations qu'il ne peut mener à terme, voyait la table où il exerçait son activité disloquée par décision judiciaire, le privant ainsi du moyen de poursuivre son exercice.

Les Compteurs du Trésor royal, *miniature extraite d'un traité de Nicolas Oresme,* XV*e siècle.*

Les changeurs constituent la plus ancienne catégorie de financiers à se spécialiser. La multiplicité des monnaies en circulation et des monnaies de compte fait d'eux les indispensables intermédiaires de toute transaction. Experts des valeurs relatives de l'argent en circulation, ils savent aussi reconnaître l'aloi des pièces. Très surveillés, ils sont chargés par les autorités de retirer de la circulation celles dont l'usure ou une rogne malfaisante auraient fait perdre le titre. Leur activité peut être immédiate et manuelle quand ils échangent les pièces venues d'ailleurs contre la monnaie locale, dont ils possèdent un stock. Ils pratiquent aussi un change « tiré » d'une place à une autre. Spéculateurs, ils se jouent des manipulations monétaires. Rémunérés par une commission, ils font aussi le commerce des métaux précieux. Sur les foires, ils s'installent derrière un comptoir désigné sous le nom de « table » ou de « banc ». Leurs opérations se déroulent au vu de tous. Le métier, apparu au XIIe siècle, a été aussitôt doté de statuts propres. Les premiers à officier étant venus d'Italie, ils en ont gardé dans toute l'Europe la dénomination générique de « Lombards ». Parfois objets de méfiance, ils exercent une activité délicate et lucrative autant qu'indispensable aux échanges.

Le métier de banquier est né de la spécialisation des marchands et des changeurs, personnages rompus aux pratiques financières. Pour eux, l'argent est devenu une marchandise comme une autre, dont on fait commerce et avec laquelle on s'enrichit : argent reçu en dépôt, argent investi et aussi argent prêté. Non sans péril lorsque les débiteurs sont des princes impécunieux. Ceux-ci en arrivent alors à gager leurs emprunts sur la concession de revenus de l'État, pratique pernicieuse qui place la banque dans les rouages même de la fiscalité. Les banquiers les plus entreprenants se haussent dans l'entourage des princes dont ils financent les entreprises. La guerre par exemple : celles des Anglais en France aux XIVe et XVe siècles, celles des Français en Italie au XVIe siècle. Un défaut de remboursement et le banquier est acculé à la faillite : ainsi les Riccardi, de Lucques, ruinés par l'Anglais Édouard Ier au XIIIe siècle ou les Peruzzi, de Florence, par Édouard III au siècle suivant. Ici encore les Italiens sont à la pointe. Au XVe siècle, les Médicis dominent toutes les activités bancaires depuis leur siège à Florence. Présents partout où se pratiquent des échanges, ils ont des succursales à Venise, Gênes, Milan, Rome et ils couvrent toute l'Europe du réseau de leurs comptoirs : Londres, Lübeck, Bruges, Genève puis Lyon. La géographie des places bancaires se déplace au XVIe siècle, les guerres des rois de France en Italie ayant ruiné et désorganisé le pays. C'est surtout l'Allemagne du sud qui récupère l'activité avec Nuremberg, Augsbourg. Au siècle suivant, à la faveur du commerce transatlantique, Amsterdam capte les affaires. Socialement, ces opérations ne concernent qu'un petit nombre d'hommes, appartenant aux mêmes familles et brassant des sommes fabuleuses avec un profit qui atteint couramment 12 à 17 % du capital investi.

Le Pont au Change en 1350, à Paris.

La mémoire des rues

Nombreuses sont les traces des activités financières dans la toponymie. Ainsi à la Lombard Street de la City répond la parisienne rue des Lombards. À Paris encore, le pont au Change localise l'exercice du métier. Le vieux Lyon conserve lui aussi une rue « du Change », à côté d'une rue « Juiverie » et d'une rue « Lainerie ». Limoges a sa rue « des Taules », forme ancienne des « tables de changeurs ». Et grandiose, le palais San Giorgio de Gênes se dresse sur l'emplacement du siège de la banque publique *Casa di San Giorgio.*

Le Banquier Luca Pitti devant son palais, *à Florence, détail d'une prédelle peinte par Alessandro Allori, fin du XVᵉ siècle.*

Parallèlement une nouvelle catégorie de banques est en train de naître : la banque d'État. À l'origine, sa création répond au besoin pour les États de fournir une monnaie validée par leurs réserves d'or et d'attirer les dépôts. Barcelone ouvre la voie, en 1401, avec la Taula de Cambi : elle aura trois siècles d'activité. Une autre est créée à Valence en 1407, mais la plus durable (quatre siècles d'activité) est la génoise Casa di San Giorgio (1408). D'autres suivent : Palerme, Venise (Banca del Rialto), puis Amsterdam (1609).

Au cours de cette évolution, marchands et financiers se révèlent parmi les hommes les plus cultivés de leur temps. Ils maîtrisent la lecture et l'écriture, ont une connaissance approfondie du calcul, de la géographie et des langues. À l'aube du XVIIᵉ siècle, ils ont mis en place tous les outils bancaires : lettre de change utilisée comme une monnaie-papier ou comme un chèque ; pratique de l'escompte et de la compensation. Par ailleurs, l'utilisation généralisée, depuis le XVᵉ siècle, des chiffres arabes (introduits dans la banque au XIIIᵉ siècle) a facilité la comptabilité, couramment tenue en partie double (existence de deux comptes distincts, débit et crédit) depuis les années 1300. Toutes activités prêtes à s'insérer dans la genèse des États modernes.

Hommes d'argent, hommes d'influence

Activités étendues, savoirs élargis, goût pour les belles choses et insatiable esprit d'entreprise, certains hommes d'affaires de la Renaissance, dont l'influence va croissant dans l'Europe des XVe et XVIe siècles, deviennent tout naturellement des hommes de pouvoir. Leur style de vie marque l'ascension sociale de « banquiers » parvenus à des positions prestigieuses.

Ceux que l'Histoire retient comme les grands « banquiers » des XVe et XVIe siècles doivent leur célébrité à des activités plus larges que celles de leurs prédécesseurs ; ainsi pour les Allemands Fugger, les Florentins Médicis et le Français Jacques Cœur. Tous ont en partage le savoir-faire et la fortune reçus de leurs anciens. Premier de la lignée des Fugger connu, Jean est établi marchand de tissus à Augsbourg en 1367. Deux cents ans plus tard, Anton est qualifié de « prince des marchands » ; entre-temps, Jacob le Jeune, dit aussi le Riche, aura, parmi d'autres services, financé l'élection impériale de Charles Quint. À Florence, le Laurent de Médicis, dit le Magnifique, descend d'un ancêtre qui pratiquait le prêt à intérêt dans les années 1240. À la fin du XIVe siècle, la famille compte parmi les notables sans grande clairvoyance politique, jusqu'à ce que Côme l'Ancien consolide le poids du clan, permettant à son petit-fils Laurent d'occuper un haut rang. Les Médicis donneront deux papes à l'Église (Léon X et Clément VII) et deux reines à la France (Catherine et Marie). Quant à Pierre Cœur, besogneux commerçant en pelleterie, grâce à la fortune reçue, lors de son mariage avec la veuve d'un artisan de Bourges, il a pu développer son négoce et introduire ses fils dans la bourgeoisie – l'aîné sera illustre marchand, l'autre évêque.

Les origines familiales ne prédestinaient pourtant pas ces personnages à l'éclat auquel ils sont parvenus : les ancêtres ont commencé petitement. Sans doute ceux-ci comptaient-ils parmi les plus entreprenants, faisant commerce d'argent en même temps que d'autres denrées,

Sandro Botticelli, Portrait de Julien de Médicis, *XVe siècle.*

Une autre dynastie : les Briçonnet

Jean Ier Briçonnet fait le commerce du sel en Val de Loire au début du XVe siècle ; il développe son affaire grâce aux séjours de la Cour et épouse la fille d'un changeur. Son fils Jean II développe le commerce paternel et l'autre, Pierre, se place dans la gestion des finances royales.
Un des fils de ce dernier, Jean III, sera argentier et receveur des impôts de Charles VII après la disgrâce de Jacques Cœur. Il se trouvera, avec son frère Jean le Jeune, à la tête d'une puissante compagnie commerciale.
Si les historiens présentent ainsi les dynasties de marchands, les contemporains ne distinguaient les personnages que par des qualificatifs.

s'associant avec des confrères, empruntant et prêtant, développant des compagnies. Les descendants, tôt initiés, font leur apprentissage en famille ; ainsi Jacques Cœur dans la boutique paternelle. Quand les affaires familiales le permettent, on envoie les jeunes se former dans les succursales ; un principe chez les Médicis. Cas exceptionnel, celui de Jacob le Riche : son père, Jacob l'Ancien, le destine à l'Église, mais la mort de son frère Pierre oblige le jeune homme à prendre en main, en 1473, les affaires de la famille Fugger. Son successeur, Anton, est passé par les comptoirs de Breslau, de Bohême, de Hongrie et de Rome, fleuron de l'entreprise. De tous ces « fils de », le plus aventureux est Jacques Cœur. Impatient de développer ses affaires outre-mer, il accomplit un voyage de prospection qui le conduit en 1432 de Narbonne à Beyrouth, puis à Damas, en Égypte et à Chypre en faisant un retour par la Corse. Il en tire une connaissance unique des marchés et d'utiles relations.

À gauche et à droite : Portrait de Jacques Cœur, argentier du roi, *école française du XVe siècle.*
Portrait de Macee de Leodepard, épouse de Jacques Cœur, *école française du XVe siècle.*

Un vaisseau de Jacques Cœur, détail d'un vitrail du XVe siècle.

Ainsi sont issus de lignées commerçantes les plus brillants représentants de ces grandes familles, et commerçants ils resteront au milieu de multiples activités. Ils demeurent attentifs à la gestion de leurs hommes de confiance : les succursales des Fugger tiennent un journal quotidien des activités, qu'elles envoient à Augsbourg. Jacob est devenu « le Riche » en élargissant le commerce de drap familial aux tissus élaborés, soieries et futaines ; il y ajoute les épices – grâce à ses bonnes relations à Venise – et surtout les métaux, l'argent et le cuivre extraits de l'exploitation de mines. Entrepreneur avisé, il s'associe avec un propriétaire de mines sans capitaux, et pour verrouiller le marché, fonde un consortium qui regroupe ses éventuels concurrents. L'affaire familiale couvre sous sa direction toute l'Europe (Anvers, Lisbonne, la Baltique, la Méditerranée).

Jacques Cœur fait lui aussi feu de tous bois. Il développe la pelleterie paternelle – produit porteur à une époque où l'on se couvre de nombreux vêtements fourrés – et il promeut le grand commerce à travers la Méditerranée, où il s'approvisionne en sucre, poivre, fruits confits, chevaux, colorants et parfums. Non content d'affréter des galées louées – aux Génois essentiellement –, il se fait constructeur de ses propres navires. Les Médicis, quant à eux, bâtissent leur fortune sur le change. Ils ont leur banc à Florence, à Rome et dans toute l'Italie, puis à Genève, Avignon, Londres et font grand commerce de lettres de change. Tous surveillent de près les affaires, sauf un : celui qui a recueilli le plus bel héritage, Laurent, plus soucieux de son paraître que troublé par les faillites qui se produisent de son temps dans les succursales de Londres, de Bruges et de Lyon. C'est lui pourtant qui ouvre le clan Médicis au commerce maritime et aux échanges lointains.

Comment contourner les interdits

Il est interdit d'envoyer la monnaie royale hors de France : ce serait toucher à « l'en-cours ». Mais exploitant de mines dans le Lyonnais, Jacques Cœur peut échanger en toute légalité du métal non ouvré. Il devra par ailleurs se défendre d'avoir fait sortir de l'argent : il l'a échangé contre des quantités d'or bien plus élevées.

Le Banquier Jacob Fugger avec son comptable Matthaus Schwarz, *école allemande du XVIe siècle.*

À l'instar des Médicis, qui ont prioritairement développé cette activité, les grands marchands pratiquent le transfert d'argent et le prêt. D'où leur qualificatif de « banquiers ». Même s'ils possèdent le savoir-faire et les activités de commerce, ni eux-mêmes ni leurs contemporains n'emploieraient ce terme de banquier qui n'existe pas encore. Si « banquiers » ils sont, c'est à travers d'autres fonctions. Jacques Cœur a été « maître des monnaies » puis « argentier de l'Hôtel du Roi », une fonction qui faisait de lui un fonctionnaire appointé pour gérer les besoins matériels du souverain à l'aide d'un budget alloué, mais aussi une position de choix pour répondre, à son compte, aux demandes financières de toute la Cour. Les Fugger fournissent les besoins financiers des princes et des dignitaires ecclésiastiques et gèrent la monnaie pontificale.

Les représentants de ces grandes familles ont souvent assumé des fonctions officielles, conséquences en même temps qu'instruments de leur ascension. Jacques Cœur, dont la carrière se déroule sous le règne de Charles VII – le « petit roi de Bourges » ayant enfin trouvé sa place sur le trône –, joue auprès de lui le rôle d'un ministre des Finances. Il gère le budget. Monnayeur, il redresse la monnaie royale en frappant des pièces contenant leur valeur réelle en or et argent. Il est aussi impliqué dans les ressources fiscales, chargé de recouvrer les « aides » des États du Languedoc puis d'Auvergne, et il est nommé visiteur général des Gabelles. Toutes ces fonctions se mêlent étroitement à ses activités personnelles : le marchand s'y voit ouvrir une clientèle, au premier rang la Cour, et il bénéficie de privilèges face à ses concurrents. Fournisseur de denrées de toutes sortes, Cœur est aussi pourvoyeur d'argent, à commencer pour Charles lui-même : en tant que « fermier des aides » ne lui verse-t-il pas le montant de l'impôt avant même de l'avoir levé ? Profondément impliqué dans l'administration du royaume, anobli en 1441, accueilli au Conseil, il va jusqu'à s'engager dans le débat politique par ses liens avec le Dauphin Louis (futur Louis XI), en conflit avec son père. Ajoutons qu'il a été chargé de missions diplomatiques en Comminges, ainsi qu'à Gênes,

Giuseppe Zocchi, Vue de San Giovannino et du palais Médicis-Riccardi, *à Florence,* XVIII*e siècle.*

où il est l'intermédiaire entre les religieux Hospitaliers et les Turcs, puis auprès du pape Nicolas V. Ces charges relevant de ses activités si diverses seront retenues contre lui lors de son procès, en 1451.

Plus discrets, les Fugger ne remplissent pas de fonctions officielles : ils tiennent les grands par l'argent. Ainsi Jacob le Riche finance le premier contingent de gardes suisses que le pape Jules II fait venir à son service, en 1502, et assure même la montée sur le trône impérial de Charles Quint : ce n'est pas la filiation qui décide de la succession en Allemagne mais le choix par sept Grands Électeurs ; ceux-ci se sont vus remettre, en 1519, des lettres de change payables sur les Fugger après l'élection… si Charles est élu. Relais des finances pontificales, le même Jacob fait grand commerce des « indulgences » dont la papauté a tant besoin pour financer ses constructions romaines. L'organisation interne de l'entreprise Fugger est à ce point développée et sécurisée qu'empereurs et diplomates l'utilisent pour faire circuler leurs propres informations. Ces hauts services vaudront aux Fugger d'être anoblis vers 1530 et de recevoir le titre de comtes héréditaires.

Les Médicis, quant à eux, ont participé à la vie politique de Florence dès 1291 et l'ont dirigée du XIVe siècle à 1737, avec deux courtes interruptions. À Florence, les institutions de la République confient le pouvoir à des conseils présidés par des dirigeants élus. Dans la pratique, ces élections sont orchestrées par les Médicis, rarement en charge eux-mêmes de responsabilités mais qui présentent les candidats. Au XVIe siècle, ils deviendront ducs héréditaires, mais la période la plus insigne de l'histoire florentine est alors passée. Au cours du XVe siècle, le clan Médicis conserve le pouvoir autour de ses éminents représentants que sont Giovanni di Bicci, Côme l'Ancien, Pierre le Goûteux et Laurent le Magnifique. La pérennité de leur toute-puissance repose essentiellement sur la très grande fortune de

Benozzo Gozzoli, Le Cortège des Rois mages, *détail,* XVe *siècle.*

la famille : un patrimoine investi dans le foncier, des rentes sur l'État, le tout assis sur les revenus de la compagnie commerciale et bancaire. Chaque génération la consolide et l'agrandit. Cette fortune leur permet d'entretenir la clientèle indispensable aux manifestations de foule et aux élections. S'y ajoutent le sens politique et l'habileté à saisir toute opportunité. Les Médicis œuvrent au grand jour ; ils se plaisent à organiser fêtes et manifestations populaires et ils entretiennent une cour somptueuse. Dans cette Italie de la Renaissance fertile en conspirations, ils gardent de leurs origines bourgeoises leur désaffection pour le meurtre : chez eux on discrédite l'adversaire, on le ruine, on le fait bannir. Les Médicis ne brandissent pas l'épée. Toutefois, ils se conduisent en princes et sont reconnus comme hommes d'État.

Portrait de Caius Maecenas, gravure anonyme de 1784.

À la suite du grand ancêtre

Ami et collaborateur de l'empereur romain Auguste, dans les dernières décennies avant notre ère, Caius Cilnius Maecenas a laissé son nom dans l'histoire comme soutien des artistes de son temps. De son patronyme dérive le terme « mécénat » désignant une protection financière et désintéressée des beaux-arts par des hommes ou des collectivités disposant de moyens financiers, à seule fin de permettre aux artistes d'exercer leur talent. De nos jours, on parle de mécénat surtout quand il est pratiqué par des personnes privées ou des entreprises.

Grands seigneurs parmi les seigneurs, les « banquiers » de la Renaissance en sont aussi les acteurs. Non qu'ils l'aient eux-mêmes illustrée, mais tous ont financé la vie artistique de leur temps. Ils participent avec discernement – et avec ampleur grâce à leurs exceptionnelles fortunes – au goût pour le luxe et les arts répandu chez le plus modeste bourgeois (et son épouse !) et jusqu'au prince le plus éblouissant. Cet engagement dans les arts participe de leur prestige. Faire l'inventaire, le plus partiel soit-il, des artistes et des œuvres qui doivent à ces mécènes est impossible gageure.

Si Laurent le Magnifique passe pour le plus somptueux protecteur des arts, jusqu'à se faire représenter par Gozzoli conduisant le cortège des Rois mages, son grand-père Côme avait déjà en son temps fait édifier le palais Médicis et l'église San Laurenzo, tabernacle familial. Les Fugger vivent, quant à eux, au milieu d'œuvres d'art dont ils sont grands collectionneurs : tapisseries, pierres précieuses et joailleries, livres, objets exotiques et gravures. Ils entretiennent autour d'eux un cercle d'artistes et d'humanistes. Jacques Cœur, de son côté, édifie à Bourges le palais dont il n'aura guère le temps de profiter et, perpétuant la tradition marchande, offre une chapelle à la cathédrale Saint-Étienne. Il apprécie aussi les œuvres d'art… comme marchandises, dont il approvisionne ses riches clients.

Albrecht Dürer, Portrait de Jacob Fugger, vers 1518.

Dangereux engrenage

Les Fugger ont été sur une grande échelle des intermédiaires financiers. À partir du XVIe siècle, ils empruntent régulièrement pour leur compte à de multiples bailleurs de fonds, afin de pouvoir prêter aux souverains Habsbourg. Ainsi sont-ils entraînés, pour ne pas perdre leurs créances, à prêter toujours plus à des souverains devenus insolvables. Procédé qui entraînera une succession de faillites.

Quelle postérité pour ces illustres représentants ? Jacques Cœur l'aventureux n'a pas laissé de descendance marchande, victime d'une boulimie des affaires qu'il ne voulait pas partager. À force d'avoir soutenu les Habsbourg, les Fugger ont intimement lié leurs affaires à la dynastie mais sont atteints par les vicissitudes des souverains : séparation de l'empire entre les deux héritiers de Charles Quint, engagement dans d'interminables conflits. Ils ont vu se rompre peu à peu leurs circuits commerciaux et s'accumuler leurs propres dettes. Le redressement de la famille en fera pourtant de puissants banquiers des Temps modernes. Quant aux Médicis, ils gouverneront Florence en princes héréditaires mais sans gloire jusqu'au XVIIIe siècle, multipliant les alliances matrimoniales pour soutenir leur renommée.

Les banquiers

Conséquence de la révocation de l'édit de Nantes, la diaspora de la fin du XVIIe siècle permet l'affermissement des réseaux bancaires internationaux, élaborés par les maisons huguenotes en exil. Elle suscite également le passage à des formes mobilières de la fortune… et l'arrivée de nouvelles personnalités issues du protestantisme qui subviendront aux destinées financières du royaume de France.

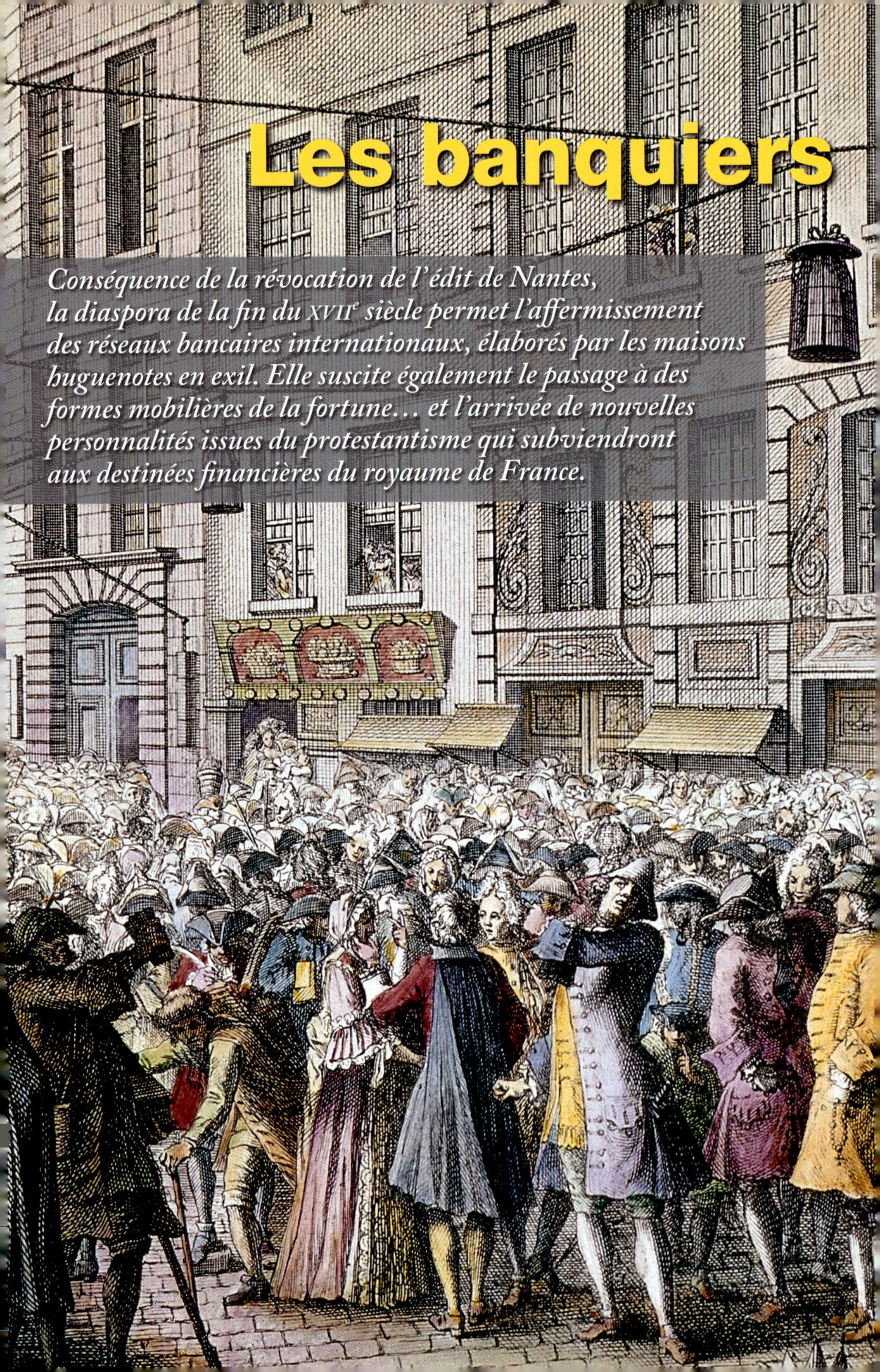

Chapitre II

des diasporas

A. Humblot, L'Agiotage de la rue Quincampoix, *1720.*

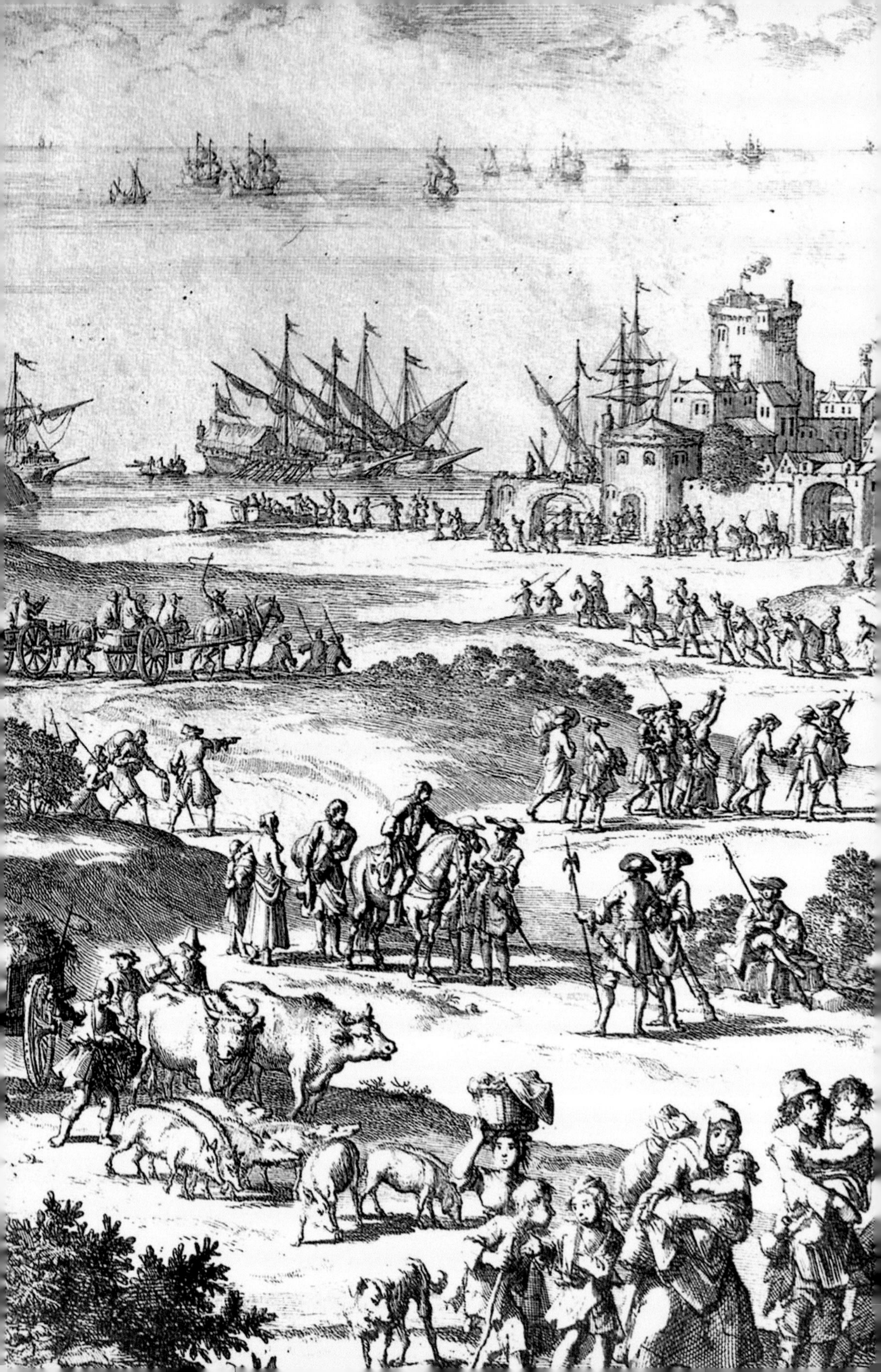

La banque protestante au berceau de l'exil

La fin du XVIIe et le début du XVIIIe siècle marquent un tournant décisif dans la construction bancaire de la France. La révocation de l'édit de Nantes fait émerger une nouvelle génération de banquiers issus d'un groupe social bien particulier : les protestants. C'est dans ce groupe que l'on retrouvera les célèbres dynasties des Mallet, Delessert, Hottinguer ainsi que celles des Vernes ou des Pons.

Définir la banque protestante par la foi serait un raccourci bien dangereux. Certes « l'esprit du capitalisme » et l'« éthique protestante » se sont incarnés dans ce groupe social, mais le calvinisme n'a pas, *a priori*, prédisposé ses fidèles à la banque et à la finance. La banque internationale n'est pas une invention huguenote. Elle est née du commerce des traites et celui-ci n'a pas attendu Calvin pour conquérir l'Europe. Si la « banque protestante » s'inscrit donc, avant tout, dans l'histoire générale du négoce international, elle y tient pourtant une place spécifique. Empêchés, au XVIIe siècle, de faire carrière dans la robe ou l'épée pour des raisons politiques, les huguenots se sont en effet tournés vers le commerce et la banque, qui leur sont apparus comme une possibilité profitable. Cette situation spécifique s'est encore trouvée amplifiée par la révocation de l'édit de Nantes : les opportunités d'acquérir une charge se raréfient alors dans le même temps que l'émigration fait rentrer ces protestants dans les grandes affaires internationales et conduit à la création de ce que l'on a appelé l'« internationale huguenote ».

En 1685, Louis XIV révoque l'édit de Nantes de 1598 – qui avait mis fin aux guerres de religions et permis aux protestants de pratiquer

Les protestants quittent la France après l'édit de Nantes, *gravure anonyme de 1685.*

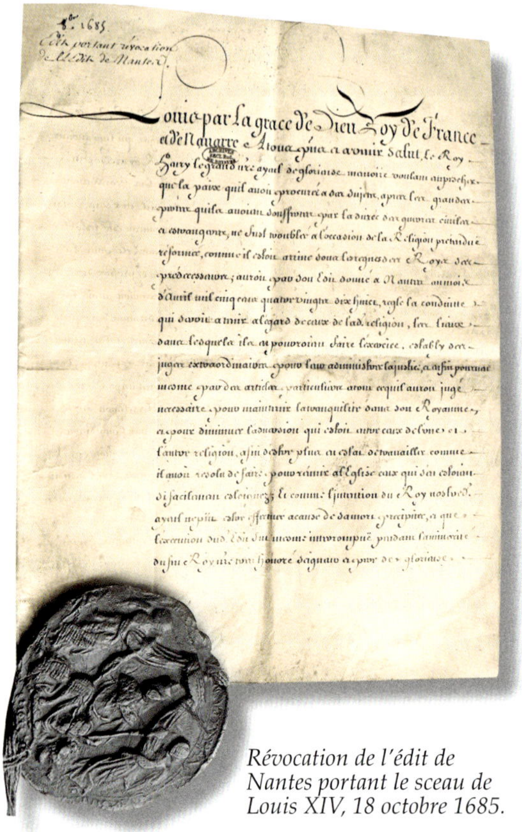

Révocation de l'édit de Nantes portant le sceau de Louis XIV, 18 octobre 1685.

leur culte en toute légalité – avec celui de Fontainebleau. Cette révocation marque en fait l'aboutissement d'un long processus engagé depuis le début du règne du Roi-Soleil, lequel n'a eu de cesse de multiplier les mesures restrictives à l'égard des protestants. L'absolutisme et la volonté d'unité du royaume de ce « Roi très chrétien », comme il aimait à se définir, l'ont conduit à choisir de rompre le consensus religieux. Véritable fait du prince, ce choix est décrété de manière unilatérale sans l'aval des autorités ecclésiastiques, et notamment sans celle du souverain pontife. Si juridiquement rien n'interdit alors la liberté de conscience et de culte, en réalité les « dragonnades », et autres pressions morales et politiques, excluent, de fait, toute pratique de ce que l'on qualifie de « RPR » (religion prétendument réformée). Cette révocation s'accompagne en effet de la mise en place de restrictions et d'interdictions pour tous ceux qui refusent d'abjurer leur foi. Les protestants français n'ont, entre autres exemples, plus le droit d'immigrer. Plus de 200 000 d'entre eux violeront pourtant cette interdiction pour trouver refuge en Allemagne, dans les Provinces-Unies, en Angleterre ou encore dans les Cantons Suisses. C'est le cas de la famille de Pierre Vernes (1665-1706), commissaire à Terrier (tenancier du registre foncier de la seigneurie). Ces nobles du Vivarais installé à Saint-Fortunat-sur-Eyrieux se réfugient alors dans la région de Lausanne et de Genève.

Cet exode huguenot est capital : il permet la création des premiers « réseaux » de la banque protestante française. Dispersés géographiquement par leur immigration dans des villes ou des pays différents, les membres d'une même famille de banquiers trouvent en effet le moyen de se réunir en fondant des réseaux de succursales dans les différentes places économiques. Qu'ils envoient ensuite leurs enfants se former aux métiers de banque à Amsterdam, à Londres ou à Genève, renforce encore leurs liens et tisse de nouvelles relations qui parachèvent l'internationalisation de la banque protestante.

« Dragon missionnaire », *satire des dragonnades par Engelmann,* XVIIe *siècle.*

La Révocation est donc bien le point de départ de la création de l'internationale huguenote.

C'est Genève que de nombreux exilés choisissent pour terre d'accueil. Pour des raisons pratiques d'abord : Genève est géographiquement proche de la France, ce qui permet une fuite aisée et un retour tout aussi pratique, à une époque où quitter le territoire est, rappelons-le, chose en principe interdite aux protestants ; par ailleurs, l'immigration coûte cher, seuls les plus riches peuvent fuir dans des pays ou des régions éloignés. Pour des raisons économiques d'autre part : Genève est une place commerciale et financière d'importance ; elle est redevenue un centre économique incontournable grâce à la «grande fabrique», c'est-à-dire l'horlogerie et la bijouterie, deux domaines qui exigent des capitaux élevés. Les métaux précieux, or et argent, représentent en effet à la fois la matière première et la matière monétaire de cette industrie. C'est donc naturellement que l'on y retrouve des «fabricants-marchands-banquiers», banquiers autant que négociants.

Avec l'arrivée des nouveaux émigrés, Genève devient la plaque tournante des finances de la France, place qu'occupait Lyon auparavant. Mais si Lyon à la fin du XVIIe siècle a perdu de sa superbe avec le déclin de ses foires, elle reste toutefois très active notamment grâce aux banquiers protestants suisses, qui, contrairement à leur homologues de nationalité française, viennent s'installer dans la ville lyonnaise en toute quiétude pour y faire le commerce de la «grande fabrique» ou des cotonnades. C'est à cette période qu'arrivent par exemple les Mallet ou les Delessert. C'est à ces banquiers

Geissler, La Place du Molard à Genève, *1794*

« protestants » suisses que la Couronne en appelle lorsque ses besoins en argent deviennent trop pressants, lorsqu'il s'agit de pourvoir au financement des guerres. Car il n'existe pas de crédit public organisé à l'époque. Lorsque l'État doit trouver des prêteurs, il n'« emprunte » pas auprès du public, il lui « vend », soit des emprunts viagers, soit des offices, soit encore des loteries. En d'autres termes celui qui prête à l'État le fait à fonds perdu ; il aliène en effet son capital au profit d'une rente perpétuelle. Car pour l'État, la règle d'or est alors de ne jamais rembourser le capital.

Ce système financier, si illogique et irrationnel puisse-t-il paraître aujourd'hui, est coutumier à l'homme du siècle des Lumières. La monarchie, pour couvrir ses besoins ordinaires, dispose donc d'un système complexe de charges publiques : les offices, les fermes, les traités sont « vendus » à des « adjucataires » qui doivent avancer l'argent des impôts et se chargent de les recouvrir en réalisant de gros bénéfices au passage. Mais entre l'accaparement de ces « publicains » et les aléas des récoltes, le rendement fiscal n'est pas suffisant pour faire face à des besoins urgents ou exceptionnels, tels que les guerres. C'est pour faire face à ces difficultés que le roi fait donc appel aux banquiers. La spécificité du métier de la banque à la fin du règne de Louis XIV est l'achat des effets publics et semi-publics. Les banquiers prennent en paiement ou en dépôt les promesses du Trésor. Ils avancent les fonds en utilisant l'argent de leurs clients ou de leurs correspondants. En d'autres termes, ils utilisent les disponibilités commerciales qu'ils ne gagent sur aucun bien réel, si ce n'est la promesse de l'État. Système fragile, lorsque l'on connaît la capacité du royaume à honorer ses dettes.

Samuel Bernard (1651-1739)

« C'était le plus riche d'Europe et qui faisait le plus gros et le plus assuré commerce d'argent ». C'est ainsi que Saint-Simon décrit le banquier Samuel Bernard dans ses *Mémoires*. Issu d'une famille protestante originaire d'Amsterdam installée à Lyon, il abjure sa foi lors de la révocation de l'édit de Nantes. Cependant, il réussit son ascension au sommet de la finance en devenant le banquier des émigrés huguenots. Dès lors, il règne en maître absolu sur les paiements extérieurs de la France. Louis XIV est même contraint de le flatter afin d'obtenir des financements. Homme d'affaires redoutable, ruiné par la crise de 1709, il revient sur le devant de la scène notamment en orchestrant des fuites organisées sur des émissions. Anobli, fait comte de Coubert, il meurt à l'âge quatre-vingt huit ans en ayant pris soin de marier ses petites-filles dans la très grande noblesse.

Hyacinthe Rigaud, Portrait du banquier Samuel Bernard, *XVIIIe siècle.*

En 1701 éclate la dernière guerre du règne de Louis XIV. Charles II, dernier roi d'Espagne de la maison des Habsbourg, n'a pas d'héritier ; par testament il a désigné le second petit-fils de Louis XIV, Philippe d'Anjou, comme successeur. Cette situation ne peut satisfaire les autres puissances européennes, en premier lieu les Provinces-Unies et l'Angleterre. Une guerre de succession éclate. Après quelques succès militaires, la France perd un certain nombre de batailles, ce qui prolonge le conflit et coûte cher au royaume. La Couronne a besoin d'argent. C'est le banquier des huguenots, Samuel Bernard, qui sert alors d'intermédiaire entre la banque protestante et le roi de France pour fournir les fonds au royaume. Pour ce faire, il emprunte auprès de ses clients (tous étrangers). En échange, il garantit ses remboursements par des billets émis par le gouvernement français. Les remboursements s'effectuent à Lyon, durant les foires, au moyen des lettres de change de son correspondant sur place. Par un jeu de traite qui renvoie le paiement à la foire suivante, le gros de la dette est toujours repoussé d'année en année. La base du système repose sur l'art de savoir différer les échéances jusqu'à obtenir d'être remboursé par le roi, ce qui n'est jamais chose aisée. Lorsque en avril 1709, Bernard Castan, le correspondant lyonnais de Bernard, émet quelque doute sur ses créances, la place de Lyon s'affole.

Si Samuel Bernard échappe de peu à la banqueroute, la capitale des Gaules paie, quant à elle, un lourd tribu à cette débâcle et perd son rôle de place financière majeure.

Après 1709, Paris lui succède progressivement. Le nombre de banquiers ne cesse d'y croître tout au long du XVIIIe siècle. À peine une vingtaine en 1700, ils sont plus d'une soixantaine au milieu du siècle. Le premier acte de cette conquête économique parisienne se joue peu après la mort de Louis XIV, sous la régence du duc d'Orléans, avec le système qu'élabore alors John Law. Personnage haut en couleur, cet Écossais converti, propose et crée, en 1716, à Paris, une sorte de banque centrale, la banque de Law, dont l'objectif premier est de faciliter et fluidifier le circuit monétaire. En 1717, il met en place la Compagnie de commerce de l'Occident, qui obtient le privilège du commerce de la Louisiane. Structuré autour de ces deux piliers, l'originalité du système de Law consiste dans la réunion de l'un à l'autre. Deux éléments sont nécessaires à la réussite d'un tel système : l'appui des régents et le soutien essentiel des agents économiques. John Law entend faire en sorte que les billets soient plus appréciés que la monnaie métallique. Pari que réussit sa Compagnie, laquelle remporte un franc succès grâce au potentiel qu'offre l'exploitation de la Louisiane.

Alexis Simon Belle,
Portrait de John Law, *XVIIIe siècle.*

Il met ainsi fin à l'ancien système et propose un circuit intégré encore inédit, réunion d'une sorte de banque centrale adossée à une compagnie privée qui soutient financièrement cette banque. Le succès est immédiat. L'Écossais devient même un temps surintendant des Finances, titre qui n'existait plus depuis la chute de Nicolas Fouquet. Mais le succès n'a qu'un temps. Dès 1720, la bulle financière qui se crée ne manque pas d'inquiéter les souscripteurs sur la capacité à tout financer de la banque, soupçonnée d'avoir trop émis de billets. La panique s'empare des acteurs économiques. C'est la chute de Law, laquelle grève pour longtemps toute idée de création de banque centrale.

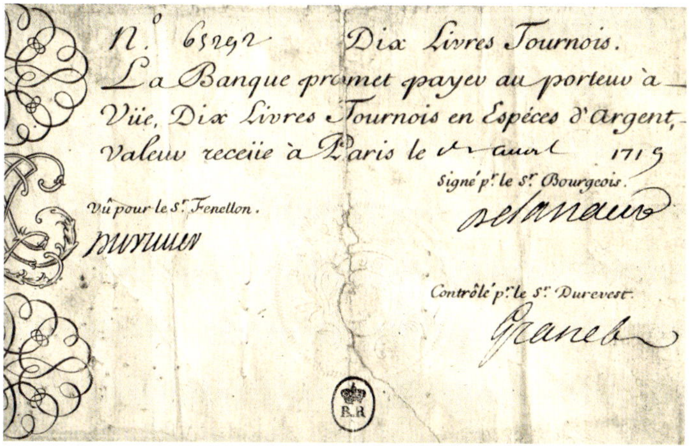

Billet de banque de 10 livres tournois de l'époque du système Law, 1719.

Si la chute de John Law impose à la France, qui ne trouve plus le moyen de lever des fonds pour financer ses guerres, une époque de stabilité politique, elle a des conséquences dramatiques sur le plan bancaire. Elle inscrit profondément dans l'opinion publique la méfiance du papier-monnaie et la défiance pour les affaires bancaires. Elle marque pourtant le faîte d'une période, qui entre 1685 et 1720, voit éclore la banque protestante. Et si la révocation de l'édit de Nantes ne peut être considérée comme l'unique raison de l'émergence de celle-ci, elle demeure incontestablement l'acte fondateur d'une refonte du système financier et des places fortes de l'économie.

Brabant, La Rue Quincampoix à l'époque du système de Law, *XVIIIe siècle.*

La rue Quincampoix et l'agiotage

John Law installe sa banque à Paris rue Quincampoix, transformant cette rue étroite en une vaste bourse à ciel ouvert. La rue est barrée à ses deux extrémités par deux gardes qui ouvrent les grilles à 7 heures et les ferment à 21 heures. Durant cette période, une foule immense se presse pour spéculer.

Les Mississippiens, comme on les appelle (en référence à la compagne de Law), pratiquent l'agiotage avec frénésie. Toutes les échoppes sont garnies de scripts qui tiennent les registres des affaires. La foule est si dense que certains louent leur dos comme pupitre. Les chroniqueurs décrivent la rue Quincampoix comme le lieu où se font les fortunes. On raconte que grâce à l'agiotage des valets deviennent plus riches que leurs maîtres. La princesse Palatine évoque ironiquement le cas d'une cuisinière se rendant au théâtre parée de bijoux gagnés grâce à la spéculation. Cet épisode historique nous est familier car la rue Quincampoix campe le décor dans lequel évolue Lagardère, le héros du *Bossu*.

L'avènement des grandes maisons de banque

Au XVIIIe siècle, la France, qui possède pourtant le plus vaste empire colonial, est dans l'indigence financière. Sans banque centrale pour réguler ses finances, elle s'endette auprès de fonds privés pour ses dépenses. C'est auprès d'établissements spécialisés dans le négoce et les lettres de change que l'État trouve crédit. De ces établissements naîtront les « grandes maisons de banque ».

Réformes et politique d'emprunt jalonnent cette époque apparue avec le siècle des Lumières. Un vent de renouveau souffle donnant naissance à de nouveaux courants de pensée culturels, philosophiques, politiques mais aussi économiques. Cette période prérévolutionnaire qui prône notamment l'enrichissement de la nation tout entière et non celui d'un pouvoir ou d'une caste remet en cause les pratiques de l'absolutisme et le mercantilisme colbertiste. Limitant l'interventionnisme de l'État, une théorie fondée sur le libre-échange et la libre concurrence ouvre la voie à une nouvelle école de pensée : le libéralisme économique. Avec l'effondrement du système de Law, les Français ont perdu confiance dans le papier-monnaie et la centralisation bancaire. « La France fut très riche, en effet, par le crédit », écrit Voltaire. Contrairement à d'autres pays comme l'Angleterre ou la Hollande, toute idée de Banque centrale y est pour longtemps anéantie. Même si la Caisse d'Escompte – créée en 1776 et dont Étienne Delessert est l'un des administrateurs – est considérée comme son ancêtre, c'est seulement en 1800 que la Banque de France est officiellement fondée, sous Napoléon. Malgré son échec retentissant, le système de Law a donné une impulsion au négoce international et amorcé une rupture dans les échanges monétaires. Après son départ, c'est le banquier Pâris-Duverney, son adversaire acharné, qui est chargé de liquider le système. Néanmoins, il faudra attendre la première réforme monétaire de 1724 pour rétablir quelque peu l'ordre dans l'échange des actions.

Joseph Gabriel Rossetti, Manufacture de tissus d'indienne des frères Wetter, *1764.*

Conseil des ministres présidé par le régent Philippe II, duc d'Orléans, et par le cardinal de Fleury durant la minorité de Louis XV, *école française du XVIIIe siècle.*

Un arrêt, établi par le Conseil d'État de Louis XV, donne naissance à la Bourse de Paris, le 24 septembre 1724, imposant une stricte réglementation : toutes négociations de lettres de change, billets au porteur ou à ordre, marchandises, papiers de commerce et autres effets se feront uniquement à l'Hôtel de Nevers. Mais c'est seulement la grande réforme monétaire de 1726 qui permettra de stabiliser la monnaie, sous l'impulsion du cardinal de Fleury. Nommé premier ministre, l'ancien précepteur du roi, imposera un louis plus léger, dont la valeur, fixée à 24 livres, se maintiendra jusqu'en 1785. Le cardinal de Fleury sera l'artisan de la stabilité monétaire et poursuivra dans sa gestion de l'État les pratiques du colbertisme, jusqu'à sa mort, en 1743.

Sous son gouvernement, négoce et affaires se mêlent pour assainir et renflouer les caisses de la monarchie à une époque où le commerce international est en plein essor. L'État s'entoure de banquiers-négociants, qui font alors fortune dans le commerce maritime et dans l'industrie. Issus de la bourgeoisie, ils font crédit à la monarchie et se rémunèrent sur les intérêts des placements réalisés. Mais n'étant pas détenteurs de « maisons de banque », ces financiers ne seront jamais considérés comme banquiers, même s'ils en exercent certaines activités ou en revendiquent le titre. À cette époque où les frontières entre le négoce et la gestion d'affaires sont floues, la clé de cette légitimité reviendra à ceux qui auront su gérer les titres de leurs clients dans la continuité, à l'instar des grands établissements, souvent d'origine huguenote.

Ainsi naissent des banques privées bâties sur la confiance. Deux critères permettent, au fil du temps, de distinguer les grandes « maisons de banque » : d'une part la continuité des établissements bancaires sur plusieurs générations et d'autre part une gestion sans défaillance des affaires de leurs clients sans servir leurs propres intérêts. Une continuité qui ne va pas toujours de pair avec la raison sociale, tant celle-ci évolue avec le nom du dirigeant en place.

L'association se veut le plus souvent familiale, mais l'absence d'héritier direct et la transmission de l'établissement à un gendre ou à un cousin remettent en cause la raison sociale et la notion même de dynastie apparente. Ainsi, sur la période de parution des almanachs royaux allant de 1700 à 1792, une cinquantaine de grands noms y figurent mais le plus souvent en pointillé. Quelques raisons sociales s'inscrivent cependant dans la durée comme celles de Cottin, Cornmann & Cie et Le Couteulx, puis Le Couteulx & Cie. De cette famille catholique de banquiers rouennais naîtra Jean Barthélemy Le Couteulx de Canteleu, nommé plus tard administrateur de la Banque de France puisqu'il en fut l'un des fondateurs, tout comme Guillaume Mallet et Benjamin Delessert.

Parmi les grandes maisons de banque fondées à l'époque de Louis XV, une seule a franchi les siècles et subsiste encore :

Portrait d'Adam Smith.

L'avènement du libéralisme économique

En réaction aux guerres incessantes, au mercantilisme économique et au protectionnisme qui lui est associé, le siècle des Lumières est traversé par l'éclosion du libéralisme politique (contre l'absolutisme) et économique, prônant le libre-échange. Les deux courants inspirés par John Locke, Turgot, Adam Smith, Condillac, mais aussi Voltaire ou Montesquieu, se nourrissent mutuellement et réclament une limitation de l'intervention de l'État dans les affaires économiques. Ce courant s'appuie sur l'application au domaine économique de trois piliers : liberté et responsabilité face au pouvoir souverain, et propriété. Pour les libéraux, le libre exercice du commerce permet d'établir une balance commerciale saine (Adam Smith) et donc d'enrichir la nation, de favoriser la paix en respectant l'ordre naturel et immuable de l'univers (François Quesnay, Pierre Samuel Dupont de Nemours) et incidemment de perfectionner les mœurs (Montesquieu).

la banque Mallet frères & Cie, connue sous le nom de banque Neuflize OBC depuis 2009 (ex-NSMD – Neuflize, Schlumberger, Mallet, Demachy).

La banque Mallet frères & Cie, qui illustre parfaitement une raison sociale fluctuante durant tout le XVIIIe siècle, n'en reste pas moins la plus ancienne banque privée française d'origine protestante. Fondée en 1713 par Isaac Mallet (1684-1779), un huguenot genevois, elle apparaît pour la première fois sous le nom d'Isaac Mallet & Cie avant d'être identifiée à plusieurs reprises sous différentes raisons sociales telles que De La Rive & Mallet, Issac Mallet & Rilliet (1730-1736), Robert Dufour & Cie (174-1750), Dufour, Mallet & Le Royer (1763-1776). Elle devient définitivement Mallet frères & Cie en 1782. Cette dynastie commence avec Isaac Mallet, qui quitte la Suisse pour s'installer à Paris. Un retour au pays, en quelque sorte, pour ce Genevois dont l'ancêtre, Jacques Mallet, avait quitté Rouen en 1557, échappant ainsi aux persécutions économiques et religieuses, pour se réfugier à Genève et exercer la fonction de marchand-drapier. Ses descendants perpétueront la tradition du négoce sur plusieurs générations. À l'exception d'Isaac, qui embrasse la carrière de banquiers dès son arrivée à Paris en s'associant à Antoine de La Rive, un autre Genevois de la rue Quincampoix.

D'abord chargé de procuration puis chargé d'affaires en commission pour le Tout-Genève, Isaac Mallet s'inscrit dans la lignée des banquiers qui ne font pas affaire pour leur propre compte mais pour une clientèle genevoise et bernoise qui lui restera acquise tout le XVIIIe siècle. Solidement établi dans le commerce de banque en commission et représentant une large clientèle dans cinquante-sept villes de France, l'établissement de Mallet se veut une association familiale dont seuls le fils Jacques Mallet et le petit-fils Guillaume resteront aux commandes après le retrait de son fondateur. Impliquée dans tous les événements qui ont marqué l'évolution du système bancaire, la Banque Mallet, fondée en association familiale gérée avec prudence, tient également sa longévité des relations qu'elle a su tisser avec d'autres grandes familles de banquiers protestants comme les Delessert, dont le nom restera intimement lié à la création de la Caisse d'Escompte, mais aussi de la Banque de France et de la Caisse d'Épargne.

À travers des opérations ponctuelles et des mariages, les liens entre les familles Delessert et Mallet se mêlent dès le début du XVIIIe siècle. Originaire du canton de Vaud, Benjamin Delessert, l'aïeul, quitte la Suisse pour fonder une maison spécialisée dans le négoce de soieries et commerce de change à Lyon. En 1725, il devient banquier de la ville et traite pour le compte d'Isaac Mallet. Rapidement, la maison Delessert, qui représente les intérêts de la Suisse, devient l'un des établissements les plus importants de Lyon. De son union avec la fille d'Étienne Brun, un banquier huguenot, Benjamin Delessert a trois fils, Jean-Jacques, Étienne et Paul-Benjamin, qu'il associera à ses affaires sous la raison sociale de Delessert et fils. C'est au jeune Étienne, né en 1735 et âgé d'une vingtaine d'années, que Benjamin Delessert confiera sa succession. De l'union d'Étienne Delessert avec Madeleine Boy de la Tour, issue d'une famille de banquiers très liée à Jean-Jacques Rousseau, naîtront huit enfants dont Benjamin, en 1773, qui, perpétuant l'œuvre de son père, fondera, en 1818, les Caisses d'Épargne de Paris.

Passions genevoises : l'affaire « Vernes-Necker »

Julie et Saint-Preux, *illustration extraite de* Julie ou La Nouvelle Héloïse *de Jean-Jacques Rousseau.*

En 1760, Genève est le théâtre d'une malheureuse histoire d'amour qui fait scandale bien au-delà de la cité suisse et jusque dans les milieux intellectuels de la capitale. Au-delà du fait divers, il aura pour conséquence de discréditer la description idyllique de la société genevoise que fait d'Alembert dans son article « Genève » de l'Encyclopédie. L'affaire met en scène Pierre Vernes (1724-1788), frère aîné du pasteur Jacob Vernes, sa femme, Dorothée (1732-1816), et le galant de celle-ci, Louis Necker, frère du financier Jacques Necker. Pierre Vernes épouse dans les années 1750 Dorothée Goy, fille d'un simple bourgeois, non sans avoir déjà fait scandale en lui faisant, avant le mariage, un enfant illégitime – ce qui vaut au couple quelques mois d'emprisonnement. Sa femme est renommée pour sa beauté et sa culture. Sa maison devient le salon le plus couru de Genève. Elle réussit à charmer la haute société de la ville et fascine la gente masculine. Rousseau n'aura d'ailleurs de cesse de demander à Jacob Vernes, dans leurs nombreuses correspondances, des nouvelles de cette « divine » belle-sœur. D'aucuns ont vu plus tard en elle l'inspiratrice de la Julie de *La Nouvelle Héloïse* ; Voltaire la trouve « exquise ». Rien d'étonnant à ce que Louis Necker tombe éperdument amoureux d'elle. Il devient son galant. Le mari, non moins passionné que ce dernier, est jaloux et décide de se venger ; il intente à la vie de Necker avec un pistolet à grenaille. L'on tente d'étouffer l'affaire, mais le scandale éclate. Les trois protagonistes sont mis au ban de la bonne société genevoise, jugés, condamnés à la prison. Le brillant Louis Necker voit sa carrière définitivement brisée alors qu'il réfutera toujours les accusations de relations adultérines. Aux yeux de beaucoup de Français, l'homme a été sacrifié pour une bagatelle dont la puritaine Genève aura fait « beaucoup de bruit pour rien».

Portrait d'Étienne Delessert, *extrait de* Portraits et histoire des hommes utiles, *1833.*

Quand Étienne Delessert accède à la direction de la banque Delessert & fils, au milieu du XVIIIe siècle, la France entre dans une période politique mouvementée qui aura de lourdes conséquences économiques et financières. Le pays, devenu prospère et qui possède un vaste empire colonial, suscite des convoitises chez les Anglais. Après plusieurs conflits de territoires entre colons français et britanniques en Amérique du Nord, les Anglais déclenchent les hostilités, en 1756, contre la France. C'est le début de la guerre de Sept Ans, qui mettra fin, en 1763, à la domination française outre-Atlantique et donnera naissance à l'Empire britannique. À l'issue de ce conflit, la France cèdera le Québec aux Anglais. « L'État perdit, écrit Voltaire, la plus florissante jeunesse, plus de la moitié de l'argent comptant qui circulait dans le royaume, sa marine, son commerce, son crédit. »

Sous l'impulsion de grands théoriciens, l'économie se transforme. Le « laisser-faire », préconisant la fin de toute restriction dans le commerce, l'industrie, le crédit et la banque, trouve un écho auprès d'hommes politiques comme Turgot, favorable au libéralisme émergent. En ce milieu de XVIIIe siècle, Paris retrouve une certaine effervescence financière après de nombreuses années de léthargie et de faible spéculation. Plus que jamais, la monarchie a besoin de trésorerie pour financer sa politique et combler ses déficits, qu'elle ne parvient plus à contrôler. Les réformes fiscales étant insuffisantes ou vouées à l'échec, elle se tourne vers une nouvelle politique d'emprunt. C'est à ce moment-là qu'Étienne Delessert quitte Lyon pour s'installer dans la capitale. Il y diversifie ses affaires, soutient l'industrie, fonde la première Compagnie d'assurances contre l'incendie et introduit dans ses activités

Prise de Québec par les Anglais lors de la bataille des plaines d'Abraham,
gravure anonyme du XIXe siècle.

la gestion des intérêts de rentes viagères de riches clients qui financent les emprunts de la monarchie. Le montage, dont les placements représentaient un taux de rente de 8 à 10 %, inspirera quelques temps plus tard un de ses compatriotes, le directeur général des Finances du Royaume, Jacques Necker.

C'est à cette époque, en 1776, qu'est créé la Caisse d'Escompte sous l'impulsion du banquier suisse Isaac Panchaud, dont le projet a été approuvé par Anne Robert Turgot, alors ministre des Finances de Louis XVI. Étienne Delessert fait partie du cercle des fondateurs de la Caisse d'Escompte, considérée comme l'ancêtre de la Banque de France – sans en porter le nom pour ne pas sombrer dans les souvenirs de Law – mais aussi de la direction du Trésor et de la Caisse des dépôts et consignations. La Caisse d'Escompte n'a pas pouvoir de battre monnaie mais doit faire baisser le taux du crédit à court terme sur le marché commercial et par conséquent provoquer la baisse des taux d'intérêt des emprunts contractés par l'État pour moderniser l'armée et l'industrie. À son arrivée au ministère des Finances, Jacques Necker s'en sert également pour lancer sa politique d'emprunt et financer

Joseph Ducreux,
Portrait d'Anne Robert Jacques Turgot, *XVIIIe siècle.*

un projet cher à la France après la défaite de la guerre de Sept Ans : l'indépendance de l'Amérique qui mettra fin à l'emprise britannique. Son statut d'entreprise privée indépendante mais chargée du bien public lui vaudra d'être mise en liquidation par la Convention en 1793.

Figure emblématique de la haute banque protestante, favorable à une modernisation des institutions et impliqué dans toutes les évolutions financières qui ont marqué les dernières années précédant la Révolution, Étienne Delessert fonde, en 1782, la Compagnie d'assurances contre l'incendie puis une Compagnie d'assurances sur la vie, qui constitue la première expérience en matière de prévoyance. C'est à cette époque que Jean-Louis Vernes (1751-1823), protestant d'origine ardéchoise, décide, quant à lui, de suivre les traces de son frère, Jacob Vernes (1757-1823), rentré en France pour pratiquer le négoce à Lorient, à Bordeaux et à Paris. Il s'installe à Lyon, en 1780, et y crée la maison Vernes et Cie. La famille Vernes est renommée à Genève. Les sulfureuses déconvenues conjugales de leurs parents, Pierre et Dorothée Vernes, ont, au cours de la fameuse affaire « Vernes-Necker », entaché pour un temps la notoriété familiale. Mais le scandale n'a eu qu'un temps ; la famille a été sans doute rapidement réhabilitée grâce à la réputation de l'oncle des deux frères, le pasteur théoricien et homme de lettre Jacob Vernes (premier du nom, 1728-1791), ami de Voltaire et de Rousseau. Son renom a assurément facilité la mise en place des relations d'affaires des Vernes en France. Entre autres à Lyon, où l'influence des Delessert, eux aussi liés d'amitié avec l'auteur du *Contrat social*, restait sans doute importante.

Au travers de ces grandes familles, dont certaines viennent tout juste d'arriver ou de se réinstaller en France, c'est toute l'histoire de l'avènement des grandes dynasties de la haute banque protestante qui se dessine mais aussi celle des évolutions économiques qui ont marqué le siècle des Lumières à la veille de la Révolution. Des évolutions qui ont laissé une empreinte indélébile dans la fondation d'établissements qui donneront naissance à de grandes institutions bancaires.

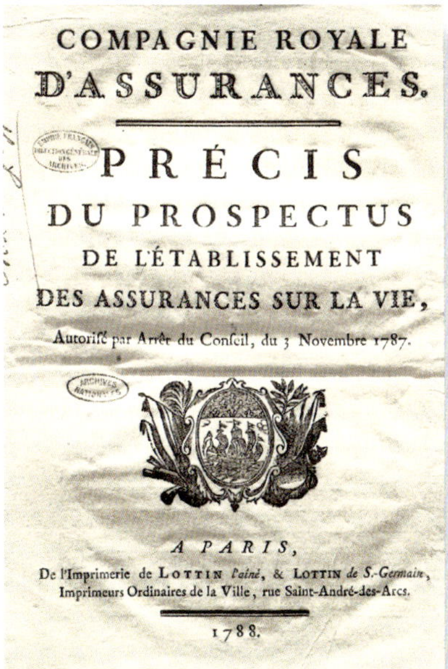
COMPAGNIE ROYALE
D'ASSURANCES.

PRÉCIS
DU PROSPECTUS
DE L'ÉTABLISSEMENT
DES ASSURANCES SUR LA VIE,
Autorisé par Arrêt du Conseil, du 3 Novembre 1787.

A PARIS,
De l'Imprimerie de LOTTIN l'aîné, & LOTTIN de S.-Germain,
Imprimeurs Ordinaires de la Ville, rue Saint-André-des-Arcs.

1788.

Précis du prospectus de l'établissement des assurances sur la vie par la Compagnie royale d'assurances, 1788.

Charles Escot, *Portrait de Jean-Jacques Rousseau, 1874.*

Un débateur au temps des Lumières : Jacob Vernes

Pasteur genevois, Jacob Vernes (1728-1791) est resté célèbre pour la très volumineuse correspondance qu'il a entretenue avec Voltaire et avec Rousseau. Esprit brillant, foncièrement libéral, tant en politique qu'en religion, il s'est livré avec eux à de nombreuses joutes épistolaires portant sur des questions théologiques. Dans ses *Lettres sur le christianisme de Mr J.J. Rousseau* (Genève, 1763), il critique les idées rousseauistes développées dans le « Vicaire Savoyard » de l'*Émile*. Ce pamphlet met fin aux bonnes relations avec le philosophe, qui le vilipende alors à son tour par écrits interposés : « barbouilleur de papier », « calomniateur public », dira-t-il de lui dans les *Lettres écrites de la montagne.* Jacob Vernes s'en prend également aux athées – et à travers eux aux principes de l'école encyclopédiste –, dans un second livre, largement diffusé en Europe. Intitulé *Confidence philosophique* (1771), cet ouvrage, rédigé sous forme de roman épistolaire, met en scène un homme qui fait sa ruine et celle de son aimée pour avoir suivi à la lettre les préceptes encyclopédiques. Cette œuvre fera l'objet de sarcastiques critiques. On lui reprochera en effet, au-delà de sa verve acide, d'être par trop caricaturalement antiphilosophe.

Les financiers sous la Terreur

La révolution française reste une époque noire pour les banquiers, qui au départ étaient plutôt acquis à la cause des insurgés. Les persécutions de la Terreur poussent à nouveau les grandes maisons à l'exil, soupçonnées d'amitiés avec les ennemis de la République. La convention montagnarde met brutalement fin au système financier de l'Ancien Régime, au prix d'une débâcle financière sans précédent.

À l'exception de certains groupes de l'élite de l'Ancien Régime déchus de leurs privilèges, les agents de change notamment, la communauté financière fait plutôt bon accueil à la révolution française. Sinon à avoir fomenté en amont la prise de la Bastille (ce que rien ne permet de prouver), certaines grandes familles de banquiers y prennent une part active avec les insurgés : Fulchiron, banquier lyonnais établi à Paris, se montre, dès la veille, très vindicatif à l'encontre du pouvoir au Palais-Royal. Le matin du 14 juillet aux Invalides, Étienne Delessert, dont la famille avait eu pour ami Jean-Jacques Rousseau, participe à la réquisition des armes qui vont servir à l'assaut de la forteresse. D'après un mémoire publié en 1793, il s'y serait même rendu avec toute sa famille, dont le jeune Benjamin : « Un de mes fils âgé de seize ans, quoique boiteux et blessé à la jambe, y fut tête nue. » Dans l'ensemble, les réformés n'ont guère de sympathie pour les Bourbons. Plus qu'une victoire du peuple des faubourgs sur la monarchie, la reddition de la Bastille signe symboliquement le premier succès des banquiers sur l'Ancien Régime, des créanciers de profession sur un mauvais payeur traditionnel. Elle marque l'avènement d'une nouvelle ère.

Dans une large mesure, en introduisant un régime de type « laisser-faire » plus accentué, la Révolution répond aux aspirations comme aux intérêts du monde de la finance. Les banquiers, s'accommodant aisément des nouvelles mœurs, poursuivent leurs opérations avec un succès et une facilité qu'ils n'avaient pas toujours connus auparavant.

La Prise de la Bastille le 14 juillet 1789, école française du XVIIIe siècle.

Isidore Helmann, Abolition des privilèges à l'Assemblée nationale dans la nuit du 4 au 5 août 1789, *XVIII*e *siècle.*

Quelques grands noms de la banque participent au nouveau régime, à l'instar de Jean-Barthélemy Le Couteulx de Canteleu, premier banquier élu député à l'Assemblée nationale. Au nombre des douze membres du Comité des finances, qui s'entretiennent régulièrement avec le ministre, il exerce au sein de cette dernière une influence notable.

Trouver une solution politiquement viable à la crise financière de la monarchie : tel est le défi lancé aux États généraux, dès mai 1789, puis à l'Assemblée nationale. Le Couteulx de Canteleu joue un rôle central au cours des premiers mois de la Révolution. À l'appel de Necker, les projets de réforme des Finances publiques affluent. L'ordre du jour de l'automne est dominé par la création d'une banque nationale, susceptible de fournir un financement temporaire pour réduire le déficit public. La question divise l'Assemblée. Sur une idée de Mirabeau, une autre possibilité est adoptée : l'émission d'assignats, gagés par les « biens nationaux », les terres nationalisées de l'Église. Le plan est au départ attrayant et semble couronné de succès. Les marchés fonctionnent bien. La communauté bancaire joue le jeu, amortissant les assignats qu'elle reçoit en achetant les biens nationaux. Suivant les bons préceptes révolutionnaires, le banquier Jean Boscary l'Aîné, acquiert, de cette façon, une propriété.

Jacques Necker

Genevois protestant et auteur d'ouvrages remarqués, Necker est proposé par le comte de Maurepas auprès de Louis XVI, en 1776, pour l'administration du Trésor. Arrivée à Paris à l'âge de dix-huit ans, en 1750, il débute comme commis à la banque Thelusson et Vernet avant d'en assurer la co-direction, en 1762. La banque Thélusson, Necker & Cie traite alors les dépôts et comptes courants d'environ 350 clients étrangers, pour la plupart engagés dans les emprunts de la monarchie française. Sa nomination, en 1776, a pour objectif de trouver de l'argent frais pour financer la guerre en Amérique. Ce qu'il fera en ayant recours à la loterie, les emprunts *via* la Caisse d'Escompte créée par son ami puis rival Isaac Panchaud, en 1776, mais surtout grâce à la souscription de rentes viagères pour un total de 530 millions de livres. Partisan d'une gestion équilibrée et interventionniste, Necker s'oppose aux libéraux. Renvoyé en 1781, il est rappelé en 1788 par le roi. Sa « condescendance extrême » pour les États généraux déplait au roi, qui le congédie le 11 juillet 1789, hâtant le soulèvement populaire du 14 juillet. Sa femme, Suzanne Curchod, fondera l'hôpital Necker. Leur fille Germaine Necker, baronne de Staël-Holstein (1766-1817) sera plus connue sous le nom de Mme de Staël, célèbre écrivain.

Joseph Duplessis, Portrait du ministre Jacques Necker, *1781.*

L'embellie n'a qu'un temps. La révolution française perturbe bientôt les conditions de crédit dans toute l'Europe et affecte les maisons de banques parisiennes. Les débuts de l'inflation des assignats déclenchent les premières exportations de capitaux et commencent à inquiéter la communauté financière, qui se fait de plus en plus critique. La révolte des Noirs de Saint-Domingue en août 1791, en signant l'arrêt de la production sucrière, désorganise la balance commerciale de la France et entraîne une chute du change français, aggravée par d'importants phénomènes spéculatifs. La rupture avec l'Espagne et son vaste empire, ainsi que la guerre, lourde de conséquences financières, notamment au moment de sa généralisation, en 1793, interrompent brutalement les relations avec les grandes places financières étrangères et causent une crise générale des circuits financiers internationaux. Devant l'aggravation du déficit public, l'économie de marché, soutenue auparavant par la plupart des députés, est progressivement abandonnée. Face au désordre croissant des finances publiques, la spéculation menée sur un marché des marchandises et de changes étrangers soumis à de fortes variations et l'inflation devenue galopante, les manieurs d'argent sont bientôt montrés du doigt.

La terreur montagnarde a trouvé son bouc émissaire. Elle vient frapper durement les banquiers d'origine étrangère, soupçonnés,

Pierre Demachy, Une exécution capitale, place de la Révolution, *1793.*

en raison de leur richesse et de leurs connexions avec les autres places européennes, de comploter avec les puissances ennemies. Dès le 3 août 1792, Fabre d'Églantine accuse les banquiers payés par William Pitt de mener une campagne de baisse contre les assignats. En 1793, applaudis par les sans-culotte et les montagnards du Comité de salut public, Robespierre et Saint-Just songent à confisquer les biens des grands banquiers pour les partager entre les « patriotes » pauvres des villes, qui sont invités à « enrichir la République » en apportant les trésors de ces manieurs d'argent à la Convention et « alimenter la guillotine par la chute de leur tête ». Le 2 août 1793, la Terreur déclare tous ceux qui entretiennent des rapports avec l'étranger – ce qui inclut tous les banquiers entretenant des connexions internationales – ennemis de la République. Le 7 octobre, des sceaux sont apposés sur toutes les maisons de banque et de commerce conversant avec l'étranger.

Les trente immortelles

En s'inspirant de la rente viagère imaginée par les banquiers genevois, Necker sera accusé de « favoriser le célibat ». Le principe mis en place par Necker est inverse à celui du viager tel que nous le connaissons aujourd'hui. Dans le système genevois, le créancier spécule sur une « tête » parmi trente « têtes » solidaires. La somme est encaissée par le Trésor français en contrepartie d'une rente versée tant que la « tête » reste en vie. Plus la tête vit longtemps, plus l'affaire est intéressante pour le spéculateur, d'où l'importance du choix des têtes, généralement des femmes à l'espérance de vie plus longue que celle des hommes.

À Paris, il n'est guère de banquiers qui échappent aux dénonciations arbitraires et aux arrestations, plus ou moins prolongées. Les Delessert, les Mallet sont jetés en prison ; les Couteulx sont incarcérés douze mois à la Conciergerie. D'autres, ceux qui possèdent une haute clientèle d'immigrés, sont tout simplement guillotinés. Vingt-huit fermiers généraux sont traduits devant le tribunal révolutionnaire sous l'inculpation de concussion et de conspiration contre la République et condamnés à l'échafaud. Dans les départements, les représentants en mission font preuve d'une égale fermeté. L'ex-oratorien Fouché explique, à Moulins, que « les richesses qui sont entre les mains des individus ne sont qu'un dépôt dont la nation a le droit de disposer au comité de surveillance de leur district ainsi que tout l'or et l'argent monnayés dont ils ont la garde ou qui leur appartient ». Collot d'Herbois agit de même à Ville-Affranchie (Lyon). Dans le Pas-de-Calais, le conventionnel Joseph le Bon vilipende « la trahison et l'agiotage ». S'appuyant sur les sociétés populaires, il envoie au tribunal révolutionnaire d'Arras spéculateurs, faiseurs d'affaires et banquiers.

Toutes les compagnies de banque sont supprimées. Pour entraver le commerce d'argent et éviter que sous couvert d'opérations financières, des fonds ne soient mis à la disposition des émigrés, on renouvelle l'interdiction générale de souscrire ou d'émettre des effets, sous peine, pour les contrevenants, d'être condamnés à mort comme faux-monnayeurs. Ils ne restent comme issue aux banquiers que de suivre l'exemple de Jean-Conrad Hottinguer, parti pour la Suisse, puis les États-Unis dès avril 1793 : l'exil. En fermant les institutions publiques, comme la Bourse, le 27 juin 1793, en imposant la liquidation des banques, en condamnant à la faillite, à l'exil ou à l'échafaud nombre de maisons financières, la convention montagnarde « règle son compte » au système financier de l'Ancien Régime. Mais au prix de l'effondrement des opérations régulières de crédit et d'une débâcle financière sans équivalent, dont témoigne l'aventure des assignats.

Dès 1792, un observateur de l'époque déclare : « Ce qui a le plus contribué à discréditer les assignats, c'est qu'il en a été mis successivement en émission pour des sommes trop considérables. » De fait, le montant des assignats en circulation est passé de 400 millions de livres primitivement émis en 1790 à 2 400 millions le 24 octobre 1792. Le 1er février 1793, leur valeur se chiffre à 3 100 millions. À partir de cette époque, on renonce à faire connaître par décret le montant des émissions successives, de peur d'ébranler le peu de confiance dont l'assignat jouit encore dans le public. Et la planche à billet continue à fonctionner : le 7 septembre 1796, elle atteint un maximum de 47 579 millions. Au début, seules des grosses coupures sont mises

Assignat de 300 livres, 1790.

en circulation. Leur valeur élevée ne les destine pas à servir de billets pour la population, mais à être thésaurisées par des particuliers. Le 17 avril 1790, l'assignat est pourtant transformé en papier-monnaie. On crée alors des coupures de moindres valeurs, d'abord de 300 et de 200 livres, puis de 50. En mai de l'année suivante, on voit déjà des assignats de 5 livres et, dès le début de 1792, on échange de grosses coupures contre de petites de 50, 25, 15 et même de 10 sous. Monnaie de singe que ces assignats, dont l'hémorragie d'émissions successives accentue toujours davantage la cadence de l'inflation, rendant illusoire le gage des domaines nationaux, auquel on continue à faire référence. Monnaie de singe qui favorise les opérations spéculatrices de toutes sortes, boursières comme commerciales, et maintes combinaisons avantageuses. Sur les places étrangères, on négocie ainsi les assignats à 50 ou 60 % au-dessous de leur cours nominal. La dépréciation ne se manifeste pas uniquement par rapport à l'or, mais aussi par rapport à d'autres valeurs. Les assignats royaux font prime sur les assignats républicains émis plus tard ; les petites coupures sur les grosses ; celles de 50 livres sur celles de 1 000 et celles de 5, appelées « corsets », sur les assignats de 50 livres.

Faux monnayage à l'époque des assignats

Guère difficile de fabriquer de « faux » assignats. Leur nombre en constante augmentation, le montant de leur valeur faciale en perpétuelle évolution facilitent le travail des faussaires. Aussi en fabrique-t-on un peu partout. D'après certains témoins, on trouve même des imprimeries rudimentaires jusque dans les prisons. Les ennemis de la République encouragent l'impression de cette « fausse monnaie », propre à précipiter l'inflation déjà galopante et la ruine du régime. À Londres, ville d'exil des notables vendéens, sous la direction du comte Joseph de Puisaye et le patronage du duc de Harcourt, un atelier clandestin fabrique de faux assignats à pleine brassée. Lors de la déroute vendéenne, après la défaite de Quiberon, plus de dix milliards (!) d'entre eux sont retrouvés dans les bagages de l'armée vaincue.

S'il profite à certains agioteurs, l'assignat a un coût social catastrophique. Il provoque un renchérissement des prix sans précédent. La cherté de la vie expose les populations modestes à la famine. D'autant que la pénurie alimentaire menace, les producteurs exigeant des monnaies métalliques pour paiement. La situation prend un tour plus dramatique encore lorsque les ouvriers commencent à être payés dans ce papier-monnaie, qui ne vaut d'un jour à l'autre plus rien. La révolte gronde à Paris, comme dans les provinces. Les grèves se multiplient. La situation devient explosive. L'assignat tombe si bas qu'il ne vaut même plus le prix du papier sur lequel il est imprimé. Le 30 pluviôse an IV (19 février 1796) le Directoire décide d'arrêter les émissions et de détruire solennellement la planche à billets, place Vendôme.

Les Planches à billets, poinçons, matrices et assignats sont brûlés sur la place Vendôme, *gravure anonyme de 1796.*

L'assignat est remplacé par un nouveau papier-monnaie, le mandat territorial. La dépréciation de cette nouvelle monnaie est si rapide qu'une seule coupure est imprimée et, le 17 mai, on revient à la monnaie métallique. Le livre de l'échec financier de la Révolution se clôt enfin, le 30 septembre 1797, par la banqueroute déclarée sur la dette du gouvernement, connue sous le nom de « banqueroute des deux tiers ». La chute de Robespierre, le démantèlement des mesures de la Terreur et de l'économie dirigée favorisent le retour d'une certaine confiance et le timide rentrée des capitaux. La Convention post-thermidorienne puis le Directoire restaurent progressivement une économie de marché. Lorsque l'*Almanach national* publie de nouveau, en l'an V (1797), la liste des banquiers de la capitale, on retrouve les mêmes noms que ceux qui s'y trouvaient avant la Terreur.

Et pourtant ! Les enseignes parisiennes ici mentionnées sont pour la plupart moribondes, certaines maisons endeuillées veillent leurs morts, d'autres sont vides de tout effectif, à l'exception de quelques silencieux commis chargés de mettre à jour les écritures. On conserve pignon sur rue dans l'attente de jours meilleurs. Peu à peu, les banquiers exilés, les Mallet, Hottinguer, Delessert, reprennent les rênes de leur entreprise, mais leur puissance de frappe financière s'est lourdement étiolée. Le coup d'État du 18 brumaire porte enfin un coup d'arrêt à l'instabilité politique et autorise la reprise des affaires. Les Vernes vont bientôt faire leur entrée dans la capitale.

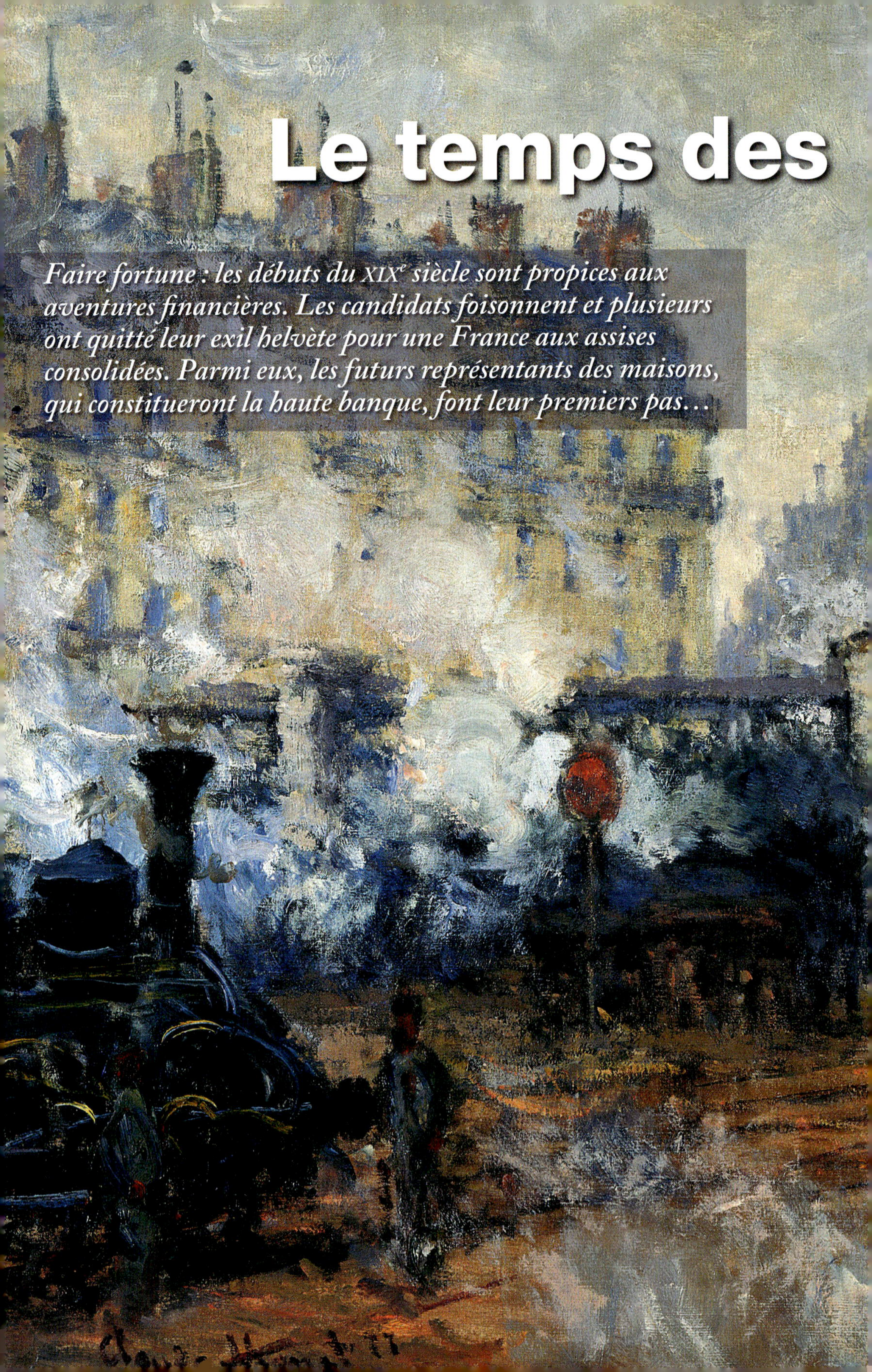

Le temps des

Faire fortune : les débuts du XIXe siècle sont propices aux aventures financières. Les candidats foisonnent et plusieurs ont quitté leur exil helvète pour une France aux assises consolidées. Parmi eux, les futurs représentants des maisons, qui constitueront la haute banque, font leur premiers pas…

Chapitre III

bâtisseurs

Claude Monet, Le Pont de l'Europe et la gare Saint-Lazare, *1877.*

BANQUE DE FRANCE

Le siècle des régents

Sous le règne de Napoléon Bonaparte, la France se dote de nouvelles structures financières. Au sein de la Banque de France, qui se créée alors, les représentants des maisons de haute banque voient désormais leur fonction et leur influence consacrées au sein du Conseil de régence.

Si le début de la Révolution voue un mépris affiché pour les financiers, les choses changent avec l'avènement du Directoire. Banquiers et militaires ambitieux reprennent les leviers du pouvoir. En 1799, le nouveau régime a besoin d'argent frais. Il crée pour en trouver un nouvel impôt fondé sur le capital. Outre cette nouvelle taxe, des mesures contre les spéculateurs sont examinées, qui font craindre aux milieux financiers un retour aux heures noires de la Terreur. C'est à cette époque que Bonaparte se lie d'amitié avec deux banquiers : Le Couteulx et Perrégaux, auxquels il confiera plus tard la création de la Banque de France.

Selon certaines hypothèses, banquiers et gens de finances réfléchissent alors à la possibilité de renverser le Directoire. Le Couteulx et Perrégaux seraient, dans cette perspective, rentrés en contact avec Bonaparte afin de lui proposer une aide financière pour la préparation d'un coup d'État. Sans doute Napoléon Bonaparte n'avait-il pas besoin d'un tel appui pour la réalisation du 18 brumaire, mais le ralliement des banquiers au Consulat n'est probablement pas étranger à la mise en place du futur nouveau système financier. Le 18 brumaire an VIII (9 novembre 1799) marque la fin de la Révolution et le début du Consulat. Bonaparte veut raffermir le pouvoir de l'État et, pour ce faire, rétablir les finances et restructurer le système.

Vue de la Banque de France, *extrait des* Vues de Paris *de Courvoisier, 1827.*

Antoine Jean Gros, Portrait de Napoléon Bonaparte en Premier Consul, *XVIIIe siècle.*

Dès le 24 brumaire, il échafaude déjà une politique de rétablissement du crédit de l'État autour de la création de trois grandes caisses : la Caisse d'Amortissement, la Caisse de Service et la Banque de France.

La première, la Caisse d'Amortissement est créée par une loi du 6 frimaire an VIII (27 novembre 1799). Elle reprend certaines des attributions de l'ancienne Caisse de garantie des receveurs généraux qu'elle cautionnait, notamment en intervenant lorsque ceux-ci ne pouvaient faire face à leurs obligations. À partir de l'an XIII (1804-1805), cette Caisse se voit également confier la gestion des consignations des dépôts volontaires et des capitaux des fonds de retraite. Les bases de la Caisse des dépôts et consignations, qui voit officiellement le jour en 1816, sont d'ores et déjà posées. La seconde, la Caisse de Service, plus connue depuis la Restauration sous le nom de Direction du mouvement des fonds, est mise en place en 1806, en réponse à la crise économique et financière dite des négociants réunis (1805-1806).

Depuis 1800, les receveurs généraux étaient appelés à souscrire chaque mois des traites pour couvrir les sommes à recevoir des contribuables pour l'année à venir. Ces traites étaient payables quatre mois après la date d'exigibilité des fonds. Pour être certain d'obtenir les fonds dans les délais, le Trésor escomptait ces traites auprès d'une douzaine de financiers issus de la haute banque parisienne. La crise des « négociants réunis » met brutalement en lumière les limites du système et provoque la réorganisation de la Caisse de Service, laquelle émet directement depuis des bons en proportion des recettes futures.

*Billet de 1 000 francs
émis par la Banque de France en 1803.*

Les manœuvres frauduleuses dévoilées lors de cette crise ont aussi, et surtout, un impact majeur sur le devenir de la Banque de France. Troisième des « Caisses » élaborées par le Consulat, cette dernière est fondée le 18 janvier 1800 et ouvre ses portes le mois suivant. Depuis la calamiteuse tentative de Law, aucun établissement de crédit n'avaient osé prétendre au nom de « banque », lui préférant, pour des raisons de confiance et de sécurité celui de « caisse ». Que ce vocable « banque » retrouve alors jouvence est sans nul doute symbolique. Il met en évidence la volonté de Bonaparte de s'inscrire en rupture d'avec l'Ancien Régime, de faire du « neuf » en créant une institution nécessaire à la reprise économique.

Aux yeux du Consul, si la Banque de France se doit avant tout de garantir l'escompte de traites de qualité, son rôle est également de stimuler la circulation fiduciaire, qui a été mise à mal par la Révolution et dont le pays a grand besoin pour la relance de l'économie. Satisfaire l'intérêt général, tel est donc le maître mot affiché par Napoléon Bonaparte.

Pour autant, les débuts sont difficiles ; la « Banque » n'inspire pas confiance. Plus de deux ans sont nécessaires pour écouler les 30 000 actions de départ. Sans compter qu'elle doit aussi faire face à la concurrence de six maisons de négoce qui émettent des billets au porteur et à vue. Par la loi du 14 avril 1803 (24 germinal an XI), Bonaparte lui concède alors le droit exclusif d'émettre les billets de banque à Paris.

Robert Lefèvre, François Nicolas Mollien, ministre du Trésor public, *1806.*

Les hommes des finances de Napoléon Bonaparte

Napoléon Bonaparte n'était pas particulièrement intéressé par la finance. Pour régler cette question il a su s'entourer de grands commis qui l'ont aidé à mettre en place les nouvelles institutions financières, par exemple l'ancien maire de Metz, Barbé-Marbois. Nommé ministre du Trésor en 1801, cet élu messin est chargé de la vente de la Louisiane avant de prendre en charge la réforme de l'administration des Finances. Démis de ces fonctions en 1806 à la suite de la crise, il devient en 1807 le premier président de la Cour des comptes. Mais l'homme clé de Napoléon en matière financière est sans nul doute Nicolas Mollien. C'est à lui en effet que l'on doit les principales réformes structurelles du pays en la matière. Notamment la création de la Caisse d'Amortissement ou la Direction du mouvement des fonds.

Quoique indépendante jusqu'en 1806, on la dit par trop liée au pouvoir. Cette suspicion de parentèle renforce encore la défiance envers l'institution. Si la crise de 1805 vient modifier en profondeur les structures de la nouvelle née, elle met fin, dans le fait désormais, à cette indépendance de la Banque de France, à laquelle l'opinion n'a d'ailleurs jamais cru. À la faveur de la crise, les critiques envers les régents de banque s'étaient multipliées. On les accusait d'avoir profité de la panique pour spéculer contre la banque. Napoléon en tire rapidement les conséquences. Le 22 avril 1806, il met fin à l'indépendance complète de celle-ci et impose désormais à la présidence de son Conseil général un gouverneur assisté de deux sous-gouverneurs, tous nommés par le gouvernement. La Banque de France devient une entreprise mixte : une banque privée à la tête de laquelle siègent des représentants de la haute banque, du commerce et de l'industrie, mais aussi des représentants de l'État. Une telle « mixité » reste une spécificité française : à la même époque, la Banque d'Angleterre n'a pour dirigeants que des représentants élus par les actionnaires.

La Banque de France s'installe dès cette époque en l'hôtel de Toulouse, rue de la Vrillière, à Paris. C'est autour de cet hôtel particulier du XVIIe siècle qu'elle s'agrandit et dans lequel elle est domiciliée encore aujourd'hui. Elle y abritera des dynasties de régents, parmi lesquels on retrouve des figures bien connues de la banque protestante

Nouvelle façade de la Banque de France,
rue Croix-des-Petits-Champs, à Paris, XIX*e siècle.*

comme les Mallet, les Hottinguer, les Davillier et bien sûr les Vernes. Comment et pourquoi devient-on régent ? Pour postuler ce titre, il faut d'abord être actionnaire et donc posséder le minimum d'actions. Au-delà, certains, qui s'y succèdent de père en fils, y accèdent de manière quasi héréditaire. Tel est le cas de la dynastie des Vernes. Au poste de régent, on trouve en effet des membres de la famille Vernes de la Restauration jusqu'au début du XXe siècle, succession interrompue par la réforme de la Banque de France instaurée par le gouvernement du Front populaire, en 1936. Que l'on ait statut d'héritier ou non, l'approbation du Conseil en amont reste néanmoins essentielle. Sans elle, point de salut.

Si le poste de régent est tant convoité, c'est qu'il couronne ou récompense une carrière. La figure du régent est auréolée de prestige ; décrite en termes toujours dithyrambiques. Flagornerie de certains sans doute, mais pas uniquement. Les régents jouissent, il est vrai, d'une haute considération. D'une certaine manière, ce poste confère une sorte de titre de noblesse des affaires. Les régents forment l'aristocratie de la haute bourgeoisie bancaire et industrielle. À bien des égards on peut se risquer à faire une analogie entre cette bourgeoisie et la grande noblesse : il s'agit, pour la plupart d'entre eux, d'héritiers millionnaires, dont le cercle restreint est encore renforcé par le jeu des alliances. Aussi, à l'instar des grandes familles nobiliaires, qui s'apparient entre elles, un même processus d'alliance est en effet à l'œuvre chez les régents, et plus généralement dans l'ensemble de la haute banque. Ainsi, toutes les femmes des régents ont un père dans le même milieu que leur époux et apporte une dot élevée. Au cours du XIXe siècle, Louis Vernes épouse Dora Mirabaud, héritière de la banque Mirabaud ; Félix Vernes (deuxième du nom) est marié à Hélène Mallet, nièce du banquier Ernest Mallet ; son cousin germain, Philippe Vernes, à Alice Mallet, sœur d'Hélène ; leur fils François Vernes a convolé en justes noces avec Suzanne Hottinguer. Par ce jeu d'alliances, toutes les familles de la banque protestante se trouvent ainsi liées. Autre caractéristique chez les banquiers protestants : pratiquer des mariages fermés entre membres d'une même famille afin de renforcer les liens et de concentrer la fortune. On trouve alors des unions entre oncle et nièce chez les Delessert, les Périer et les Vernes : Félix Vernes épouse sa nièce Adèle Vernes, fille du sous-gouverneur. De cette union naît la branche principale de la dynastie des Vernes. Cette même pratique est usitée chez les banquiers juifs, notamment chez les Rothschild, où l'on essaie de trouver son conjoint parmi les descendants du fondateur.

La crise de la Compagnie des négociants réunis (1805)

Gabriel Julien Ouvrard.

L'affaire dite des négociants réunis débute par la non-exécution d'un traité entre l'État et un groupe de financiers peu scrupuleux conduit par Gabriel-Julien Ouvrard. La Compagnie doit faire rentrer six millions par mois que l'Espagne s'était engagée à verser à la France. Mais elle n'arrive pas à faire rapatrier les piastres bloquées en Amérique espagnole. Dès lors, Ouvrard imagine faire escompter par la Banque de France des traites imaginaires ou de complaisance, pour se procurer des liquidités en attendant l'arrivée des piastres. Cette manœuvre frauduleuse et la mise en défaut de la Banque de France, prise en flagrant délit de faire fonctionner indûment la planche à billets, provoquent une terrible crise de confiance. Le *run* bancaire est inévitable, amplifié par une conjoncture politique et diplomatique difficile pour la France. Il faut attendre la victoire d'Austerlitz pour apaiser les tensions.

Pour un banquier du XIXe siècle, être régent est une situation certes honorifique mais surtout une position très utile pour les affaires : elle gage aux yeux du public la respectabilité et la confiance de la maison qu'il dirige. Premier des Vernes à occuper une place au Conseil général de la Banque de France, Charles (1786-1858), fils du négociant lyonnais Jacques Louis Vernes, y est nommé au poste de sous-gouverneur. Il s'installe à Paris en 1811 lors de son mariage avec

Exposition des produits de l'industrie dans la cour Carrée du Louvre en l'an IX, *gravure anonyme de 1801.*

Anne Louise Grivel et tient la maison de commerce et de banque de son beau-père. Il est pressenti pour occuper le poste de sous-gouverneur en 1830, appuyé par Odier, Mallet, Pillet-Will ou encore Lefebre. Il prend beaucoup de soin et de sérieux à sa tâche et se spécialise dans l'escompte. Ses connaissances du métier et sa rigueur le rendent très sélectif, ce qui lui vaut quelques inimitiés dans le milieu du commerce parisien. Il démissionne de son poste de sous-gouverneur, en 1857, pour protester contre l'emprise du gouvernement sur la Banque. Son frère Félix Vernes lui succède à la Banque de France au poste de régent, siège laissé quelques années plus tard à son fils, Adolphe.

Le Consulat puis l'Empire ont restructuré les finances et le système économique de la France. À sa chute, Napoléon laisse des institutions solides qui ne seront pas remises en cause par les gouvernements et les régimes successifs. La Banque de France est sans doute le symbole le plus éclatant de cette période, laquelle met sur le devant de la scène tous les acteurs financiers de premier plan : l'État, qui assure son contrôle tout en laissant la banque au secteur privé, ensuite la monnaie fiduciaire, qui, mise à mal par la Révolution, refait son apparition, les banquiers enfin, acteurs de premier plan du régime. Avec trois représentants qui, tout en continuant d'œuvrer aux affaires dans leur propre maison de banque, se succèdent au Conseil général de la Banque de France, dont un sous-gouverneur, la famille Vernes est présente, dès les origines, dans tous les rouages de ce nouvel appareil d'État.

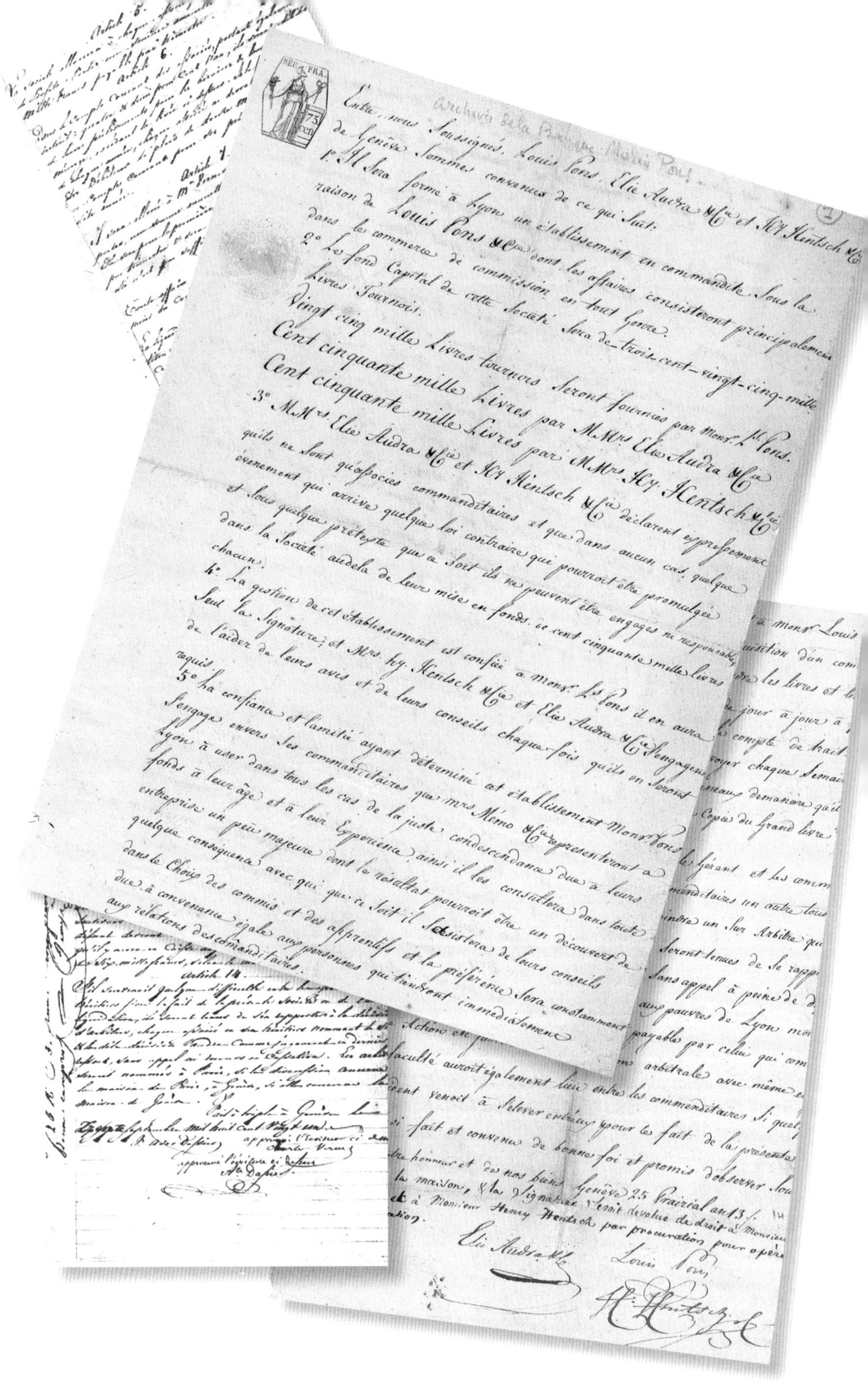
Entre nous Soussignés, Louis Pons, Elie Audra & Cie et Hy Hentsch & Co de Genève Sommes convenus de ce qui Suit:

1° Il Sera formé à Lyon un établissement en commandite Sous la raison de Louis Pons & Cie dont les affaires consisteront principalement dans le commerce de commission en tout Genre.

2° Le fond Capital de cette Société Sera de trois-cent-vingt-cinq-mille Livres Tournois.

Vingt cinq mille Livres tournois Seront fournies par Monsr. Ls. Pons.

Cent cinquante mille Livres par MMrs Elie Audra & Cie

Cent cinquante mille Livres par MMrs Hy. Hentsch & Cie

3° MMrs Elie Audra & Cie et Hy Hentsch & Cie déclarent expressément quils ne Sont quassociés commanditaires et que dans aucun cas, quelque évènement qui arrive quelque loi contraire qui pourroit être promulguée et Sous quelque prétexte que ce Soit ils ne peuvent être engagés ni responsables dans la Société audela de leur mise en fonds. ce sont cinquante mille livres chacun.

4° La gestion de cet établissement est confiée à Monsr. Ls. Pons il en aura Seul la Signature; et Mrs. Hy. Hentsch & Cie et Elie Audra & Cie Sengagent de l'aider de leurs avis et de leurs conseils chaque fois quils en Seront requis.

5° La confiance et lamitié ayant déterminé cet établissement Monsr. Pons Sengage envers Ses commanditaires que mrs Mémo & Cie représenteront à Lyon à user dans tous les cas de la juste condescendance due à leurs fonds à leur âge et à leur Expérience, ainsi il les consultera dans toute entreprise un peu majeure dont le résultat pourroit être un découvert de quelque consequence avec qui que ce Soit il Sassistera de leurs conseils dans le Choix des commis et des apprentifs et la préférence Sera constamment due à convenance égale aux personnes qui tiendront immédiatement aux relations des commanditaires.

… Genève 25 Prairial an 13.

Elie Audra & Cie

Louis Pons

H. Hentsch

Les premiers pas de la banque Vernes

Le Premier Empire a créé les structures nécessaires à la mise en place d'une ère financière nouvelle. L'arrivée dans la capitale d'une génération de banquiers issus de la première révolution industrielle rend compte de ce changement de donne. C'est sur ce terreau que la banque Vernes fait ses premiers pas.

Au début du XIXe siècle, à Paris, la création d'un établissement bancaire est chose aisée. L'entrée dans cette industrie y est en effet libre, aucune délivrance de licence n'est imposée, aucun recensement exhaustif particulier effectué. Suffisent à débuter dans le métier un local quelconque – parfois même en étage élevé dans une arrière cour –, une mise de fonds minimale et une patente – laquelle n'est même pas essentielle pour se lancer dans les affaires, comme en témoignent les Delahante ou les Périer. L'on peut alors faire banque en engageant sa fortune personnelle, et, avec de la chance ou de l'habilité, faire même rapidement fortune. Le début du XIXe siècle, qui correspond parallèlement à l'explosion du marché boursier, est ainsi propice aux commerces et affaires d'argent. Nombre de maisons, qui connaissent un démarrage foudroyant, ne sont pas sans évoquer les starts-up d'aujourd'hui. Revers du décor, les faillites sont, elles aussi, fréquentes. Dans cet univers, la pérennité et la stabilité font figure d'exception plutôt que de règle. On change d'adresse, de raison sociale ou d'associé facilement.

La haute banque ne déroge pas au portait général que l'on peut ainsi faire du milieu. Elle en est une émanation, mais en constitue également un microcosme à part. La « haute banque », le terme

Écrits constitutifs de la maison Ader, Vernes et Dassier à Genève, 15 octobre 1821.

apparaît à cette époque, désigne en effet un nombre limité de familles, de vingt à vingt-cinq maisons, soit 10 % des banques sur un total recensées de deux cents au milieu du XIXe siècle, nombre qui témoigne des créations qui s'ajoutent en quelques années. Les plus anciennes d'entre elles étaient implantées dans la capitale avant 1800 – Davillier, Delessert, Fould, Hottinguer, Mallet, Rougemont, Seillière –, leurs consœurs apparaissent sous le Consulat et l'Empire – André, Hentsch, Lefevre, Périer, Pillet-Will, Rothschild –, puis sous la Restauration – Ardoin, Dassier, d'Eichthal, Odier, Waru.

Joseph Boze, Portrait de Jean-Conrad Hottinguer, *1788.*

Les Vernes font partie de ce dernier contingent. Pour leur majorité, ces familles sont issues de l'immigration, notamment suisse (la plus ancienne remonte au XVIIIe siècle) et allemande – du fait de ces origines, les confessions protestante et juive y sont surreprésentées. Réunies, elles forment une « élite » qui se distingue des autres établissements bancaires par son honorabilité, son renom, sa solidité et sa relative stabilité.

« Honorables et solides », les maisons de haute banque sont reconnues pour la valeur de leur signature, qui inspire « confiance », à une époque où les risques de paiement restent très nombreux. « Stable » : c'est parmi ces maisons que l'on trouve les grandes dynasties de banquiers qui ont su perdurer plusieurs siècles, à l'instar des Rothschild, des Hottinguer ou des Vernes.

Organisée sur une base familiale, ces maisons prennent pour forme juridique la société en nom collectif ou en commandite simple (les deux types sont usités par les Vernes), permettant ainsi une véritable osmose entre l'entreprise et la famille. Si elles risquent ainsi les fonds qui leur appartiennent en propre, et éventuellement les capitaux apportés par des commanditaires, ces maisons n'engagent pas ceux d'actionnaires auxquels elles auraient à rendre des comptes.

Frédéric Bouchot, Les Quartiers de Paris :
le quartier de la Banque, *début du XIXe siècle.*

Les premiers pas parisiens de la banque Vernes offrent un exemple typique des années de gestation de ces grandes maisons. Charles Vernes (1786-1858) arrive de Lyon à Paris en 1811 pour y tenir le comptoir de son beau-père, le négociant-banquier vaudois Isaac-Louis Grivel, filateur de coton à Auschy-les-Hesdin (Pas-de-Calais). Comme de nombreuses autres familles de la haute banque, les Vernes croisent les chemins du négoce avant ceux de la banque. Oncle et père de Charles Vernes le pratiquaient déjà. Rentrés tous deux en France sous le règne de Louis XVI à la suite de la révocation de l'édit de Nantes, ils s'étaient en effet installés pour faire commerce de marchandises, le premier à Lorient, à Bordeaux et à Paris, le second à Lyon. Leur fils et neveu respecte ainsi la tradition familiale

Ainsi que ses confrères, Charles Vernes ne fait pas ses premiers pas seul. Les associations sont en effet fréquentes, surtout au démarrage :

Rougemont, Hottinguer et Cie (1786), Ardoin, Hubbard et Cie (1819). S'orientant rapidement vers la banque, Vernes s'associe, en 1816, à Frédéric Pillet-Will puis fonde, en 1821, avec deux associés genevois, la maison Ador, Vernes & Dassier, succursale d'une grande maison suisse. L'acte de création de cette société dite de commerce est signé le 30 septembre 1821 à Genève et énumère les mises de fonds de chacun des associés, intéressés au prorata de leurs investissements, soit 250 000 francs pour Ador, 120 000 francs pour Vernes et 80 000 francs pour Dassier. L'association est dissoute en 1830, date à laquelle Charles Vernes reprend seul les rênes de la maison de banque, située alors rue Coq-Héron. Son frère et gendre, Félix Vernes (1801-1879), s'établit à Paris l'année suivante et fonde, sous forme de commandite simple, la société Félix Vernes & Cie en association avec le banquier allemand Alexandre Bleymuller ; Charles Vernes n'y est intéressé qu'en tant que commanditaire, pour 300 000 francs.

Une agence de notation avant l'heure

Honoré Daumier, Le Banquier, *caricature publiée dans* Le Charivari *en 1835.*

Les hommes de haute banque sont régulièrement sollicités pour rendre avis sur la solidité de telle ou telle maison. Ils leur octroient ainsi des « notes », indiquant les différents degrés de crédit par lesquelles sont rangés et désignés à la Banque de France tous les commerçants de Paris. À défaut de « bonnes notes », les demandes de l'emprunteur peuvent être refusés ou les crédits octroyés à des taux plus onéreux. Les « mauvaises » notes décernées par Moody's, Standard & Poor's ou Fitch aujourd'hui (des lettres remplacent désormais les chiffres) ne sont pas loin de provoquer les mêmes « sanctions ».

« Paris, le .... 18..

Monsieur et cher collègue,

Monsieur X, rue de Charonne, nous a été indiqué comme n° 2 de sa classe ; l'autre m'est inconnu ; aussitôt que j'en aurai des informations, je m'empresserai de vous les transmettre.

Recevez l'assurance de ma considération distinguée.

Charles Vernes », *Traité des correspondances commerciales*

Cette société est dissoute en 1857, date à laquelle Charles Vernes, démissionnaire de son poste de sous-gouverneur de la Banque de France, entend sans doute reprendre plus activement la direction des affaires, supportant mal l'ingérence de son frère, devenu l'homme fort de la Banque. Il crée, à parité avec ce dernier, une nouvelle société, en nom collectif celle-ci, au capital de 3 millions (montant plutôt modeste) : Vernes & Cie, au nom restée inchangée jusqu'en 1971. Son siège est situé 20, rue Drouot, le quartier de prédilection de la finance, dans un immeuble où est alors également domicilié l'un des enfants de Victor Hugo, François-Victor. À la mort de Charles Vernes, en 1858, Félix reprend la direction de l'entreprise familiale en association avec son fils Adolphe (1836-1906). Ainsi naît la dynastie Vernes.

Les maisons de haute banque travaillent avec une clientèle relativement restreinte, riche et stable et dont les retraits, même en temps de crise conjoncturelle, restent modérés. Foin des entreprises trop hasardeuses, elles privilégient en outre la diversification de leurs activités et placements pour limiter les risques. Nombreuses sont celles qui ne s'adonnent d'ailleurs pas exclusivement à la finance, mais plutôt à un va-et-vient de l'argent à la marchandise, à l'instar des Delessert, qui se lancent dans la fabrication du sucre indigène. La haute banque pratique essentiellement trois types d'activité – dont les frontières ne sont pas étanches –, l'une prenant, selon les époques, la primauté sur l'autre, témoignant ainsi de l'évolution du métier. Classique et ancienne, la première est de nature commerciale, le négoce de marchandises ; la deuxième est bancaire (octroi de crédit, achat d'or) ; la troisième, financière, est axée sur les titres et les valeurs mobilières.

Le commerce de commission, à savoir l'achat et la vente pour le compte d'un tiers de marchandises, métaux précieux ou de valeurs mobilières et la négociation, l'endossement et l'acceptation de lettres de change, constituent au début de la Restauration son activité quotidienne. Le renouveau du commerce international, le renforcement du rôle de Paris du fait de la ruine des grands ports atlantiques frappés par le blocus continental – la capitale française devient ainsi le principal marché pour le coton et les denrées commerciales – stimulent la primauté donnée à cette activité, somme toute assez traditionnelle. Les échanges portent sur le tabac, le coton, le sucre, les céréales, les minerais. En 1845, la maison Félix Vernes est ainsi intéressée (en tant que dépositaire des lettres de change) dans une affaire franco-espagnole de chargement de plomb, laquelle affaire, en l'espèce, s'est vue portée devant les tribunaux pour non paiement des traites à l'échéance.

Les grandes maisons disposent pour briller dans cette entreprise d'un crédit supérieur, d'une correspondance bien renseignée et des relations privilégiées sur les grands marchés internationaux, grâce à

François Bonhomme, La Grande Forge de Fourchambault, *1839.*

leur capacité à tisser et à mobiliser des réseaux de correspondants à l'étranger – notamment en raison de leur origine extra-nationale. Les hommes de la haute banque sont passés maîtres dans l'arbitrage rapide et fréquent entre diverses maisons et diverses places mené avec à propos et habilité. Charles Vernes est ainsi renommé pour ces capacités à jauger la valeur réelle d'un portefeuille commercial et pour la qualité de son jugement.

Aguerrie aux opérations bancaires, la haute banque entretient également d'étroites relations avec l'État et continue d'alimenter, *via* des crédits chèrement payés, les caisses du Trésor. Certes, elle avait refusé, en 1820, de lui apporter son aide, obligeant la France à emprunter à l'étranger auprès de la Barings et de la Hope, mais, très vite, elle renoue pourtant avec cette activité de pourvoyeuse des fonds publics. Elle souscrit ainsi par la suite à tous les emprunts nationaux et internationaux émis sur le marché français. Compagnies ou entreprises de travaux publics bénéficient également massivement de son ouverture des lignes de crédit.

Un jeune homme lors des Cent Jours : une visite de Charles Vernes

Le monde de la banque voit d'un bon œil la chute d'un gouvernement impérial, devenu très gourmand financièrement, et la mise en place de la Restauration. Le retour de Napoléon au pouvoir pour ces Cent Jours ne semble pas avoir été applaudi par un

Le Retour de Napoléon de l'île d'Elbe, le 5 mars 1815. *Gravure populaire.*

Charles Vernes plutôt favorable à Louis XVIII et resté attentiste et méfiant face aux événements. En atteste ce témoignage.
« J'aurais dû revenir à Genève, car ma présence à Paris était sans but depuis ces événements ; mais j'étais jeune, mes souvenirs se rattachaient tous à l'empereur et je me trouvais au milieu d'anciens camarades qui n'avaient aucun scrupule de servir Napoléon. Je pris le parti de ne pas me presser de quitter Paris, pour voir la tournure que prendraient les choses, et sachant fort bien que mon hésitation ne serait point du goût de mes parents, je pris aussi la résolution encore moins convenable de ne pas me hâter de leur écrire. J'étais donc sourd et muet pour eux depuis plus de quinze jours, lorsqu'un beau matin je vis entrer dans ma chambre Charles Vernes, sous-gouverneur actuel de la banque parisienne, alors associé de mon ami Dassier, à la demande duquel il agissait au nom de ma famille. Il était porteur d'une liasse de lettres de Genève et, en outre, d'un plaidoyer verbal tendant à me prouver, par mille bonnes raisons, que je ne devais pas embrasser une aussi mauvaise cause que celle de Napoléon, cause d'ailleurs si mal vue à Genève. Je fus encore plus touché de son ton obligeant et modéré que de ses raisons. […]
Je ne pouvais plus longtemps faire la sourde oreille : je me rendis. »

Jean-Louis Rieu, *Mémoire*

Si élevés que soient les crédits qu'elles consentent, ils ne sont qu'un des volets d'une activité économique très diversifiée. Car les chefs de ces maisons surveillent également de près le développement industriel naissant, notamment les secteurs des mines, de la sidérurgie, de la métallurgie lourde, en France comme en Europe. La maison Félix Vernes et Cie est ainsi administratrice de la société propriétaire des houilles de Roche La Molière et de Firming (Loire), puis de la concession de chemin de fer qui la dessert. Les plus grands noms de la haute banque sont investis, dès les 1820, dans les mines et la métallurgie, à l'instar de Bartholony, promoteur de la fusion des mines de la Loire, d'Hottinguer, financeur des charbonnages d'Ougrés (Belgique) et de la houillère d'Épinac, de Pillet-Will, co-fondateur et administrateur des Houillères et fonderie de l'Aveyron, ou bien encore de Rothschild, intéressé dans de nombreuses mines et dans la sidérurgie en Belgique et exploitant, avec ses frères, les mines de mercure d'Almaden, en Espagne.

Les services publics que sont les canaux, les messageries, les routes et les ponts constituent aussi des placements privilégiés des grandes banques parisiennes sous la Restauration. D'autant que ces grands ouvrages d'intérêt général nécessaires à la reconstruction d'un territoire dévasté ou laissé en jachère pendant les années révolutionnaires et impériales sont généralement confiés à des sociétés privées par un État à la recherche d'économie budgétaire tout au long des années 1820. La haute banque entre massivement au capital de ces sociétés fondées en commandite, dont les titres (au porteur) sont négociables par ailleurs en bourse. Charles Vernes est ainsi administrateur, avec Dassier et Ador, de la compagnie de l'emprunt pour l'achèvement du canal de Bourgogne, fondée pour fournir au gouvernement les 25 000 francs de sa finalisation. Il est également partie prenante dans la Compagnie des quatre canaux, créée en 1822 pour réunir les montants indispensables à la construction des canaux de Bretagne, du Nivernais, du Berry et le canal latéral à la Loire. Dans les années 1830, le ferroviaire prend l'ascendant sur les canaux.

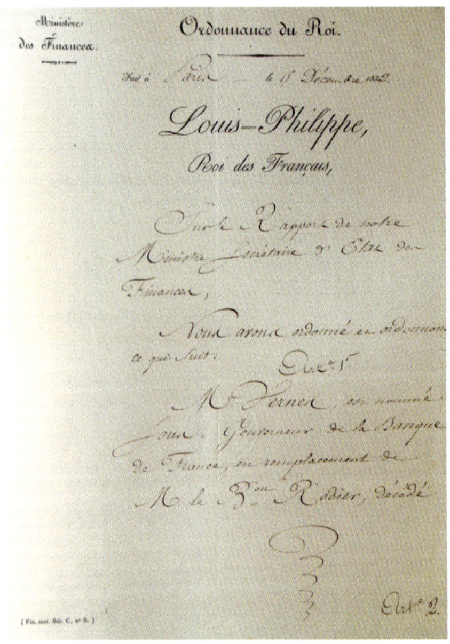
Ministère des Finances.

Ordonnance du Roi.

Fait à Paris le 15 Décembre 1832.

Louis-Philippe,
Roi des Français,

Sur le Rapport de notre Ministre Secrétaire d'État des Finances,

Nous avons ordonné et ordonnons ce qui suit :

Art. 1er

M. Vernes est nommé Sous-Gouverneur de la Banque de France, en remplacement de M. le Bon Rodier, décédé.

Art. 2.

Nomination de M. Vernes au rang de sous-gouverneur de la Banque de France par le roi des Français Louis-Philippe Ier, ordonnance du 15 décembre 1832, archives de la Banque de France.

Pierre Courvoisier, La Place de la Bourse, à Paris, *1820.*

Les Vernes y sont précocement intéressés. La maison Félix Vernes & Cie est associée ainsi aux Rothschild dans la Compagnie des chemins de fer du Nord, depuis sa fondation et jusqu'au début du XXe siècle. Elle joue par ailleurs assez tôt un rôle de placeurs de titres ferroviaires, par exemple avec la Société anonyme du chemin de fer de la Sambre à la Meuse, en 1839.

À partir de 1815, les compagnies d'assurances représentent aussi des investissements de choix entièrement contrôlés par la haute banque. Les trois grandes compagnies, la Royale incendie, les Assurances générales et la Phénix réunissent à elles trois plus de 74 millions de capital à leur fondation, vers 1819. Charles Vernes est administrateur de la Royale ; son frère Félix siège au conseil des compagnies La Réunion et l'Union-vie. La famille Vernes entre également de manière précoce à la Phénix, puis à la Mutuelle industrielle. À l'image des Vernes, les grandes dynasties de banquiers conserveront longtemps ces liens historiques avec le domaine de l'assurance.

Le bilan économique et financier de ce qui constitue finalement une petite poignée d'hommes est impressionnant. Les archives lacunaires empêchent de faire un portrait de l'activité précise de ces hautes banques au dynamisme « tous azimuts ». Banque de toutes les affaires, la haute banque parisienne intervient partout en France – dans la capitale comme dans les provinces – et rayonne à l'international, pratiquant négoces, emprunts, investissements industriels multiples et ferroviaires. On lui doit ainsi la réalisation des grandes infrastructures de la France, la mise en place des compagnies d'assurances, de quelques grandes entreprises françaises des secteurs clés d'aujourd'hui, etc.

La maison Pons s'impose à Lyon

Aux côtés des grandes maisons de la haute banque parisienne, les provinces françaises disposent du dynamisme d'acteurs de proximité. Parmi eux, on compte la maison Pons. Sa réussite s'appuie logiquement sur l'industrie et le commerce de la soie, mais aussi sur la précoce diversité de ses contacts avec l'étranger.

Les banques de province du début du XIXe siècle constituent un monde à part. Dispersées dans l'espace français, très spécialisées en raison de l'étroitesse locale de leur sphère d'influence, elles répondent aux besoins de la première industrialisation des petites et moyennes entreprises de proximité. La faiblesse de leur capital, leur sensibilité accrue aux fluctuations économiques régionales en font des acteurs économiques fragiles au destin parfois éphémère. La longévité de certaines de ces banques, qui couvrent, à l'inverse, l'histoire locale sur parfois plusieurs siècles, n'en est que plus exemplaire. La nature, le nombre et l'importance de ces acteurs financiers provinciaux varient selon les régions et leurs spécificités. Ainsi, dans les grands ports maritimes (Marseille, Bordeaux, Nantes), le commerce de l'argent est aux mains actives des armateurs. Ailleurs, à quelques exceptions près, le réseau bancaire, malgré des variations sensibles, ne montre encore guère de grand dynamisme.

À Lyon, le réseau bancaire, autrefois puissant, est en décadence depuis le XVIIIe siècle. En 1805, il renaît peu à peu de ses cendres

Portrait de la veuve Morin-Pons (1807-1886) et son fils Adrien Morin.

Giovanni Migliara, La Filature de la soie, *1828.*

révolutionnaires et consulaires. En ce début de XIXe siècle, la ville connaît une croissance sans doute plus forte que dans le reste du pays. Adossée aux traditionnels fabriques et commerce de la soie qui génèrent échanges financiers (prêt, change, escompte…), sa nouvelle vitalité économique repose également progressivement sur les secteurs de la première révolution industrielle. De toujours plaque tournante du commerce, elle se restructure pour mieux stimuler la réviviscence de ses échanges avec l'Europe et le monde : la chambre de commerce a été réorganisée, la Condition publique des soies de Lyon et l'Entrepôt de denrées coloniales viennent d'être fondés…

Aux côtés d'anciennes et modestes institutions de prêts de capitaux, lesquelles fournissent, au petit patronat local, les liquidités qui lui manque parfois pour « faire saison », de nouveaux acteurs bancaires locaux voient le jour pour répondre à cette dynamique et à ses besoins. Ces entreprises souvent familiales, si elles ne dérogent pas à la tradition et restent, pour la plupart d'entre elles, liées au commerce de la soie, s'inscrivent dans des circuits commerciaux vastes, européens et transatlantiques. Elles sont au cœur des flux d'exportation de soieries vers les villes allemandes, britanniques et américaines. Elles procurent

Portrait de Louis Pons (1778-1847).

l'argent qui permet l'achat des soies dans la vallée du Rhône et, de plus en plus, en Lombardie ou au Piémont, ainsi que dans plusieurs pays méditerranéens.

Ces entreprises financent toute la chaîne du traitement des soies, avant d'intervenir dans le soutien du négoce : l'argent lyonnais rayonne sur une aire géographique étendue, des Cévennes et du Vivarais jusqu'au Forez et au Dauphiné, au creux des vallées et dans les bourgades industrieuses… Les banquiers négociants Maison Guérin (disparu en 1930) ou Prosper Dugas, les protestants de la Maison Galline (fondée en 1809, devenue banque Cambefort et Saint-Olive en 1887) comptent au nombre de ces célèbres dynasties lyonnaises qui perdurent tout au long du XIXe siècle… Parmi elles, celle des Morin-Pons…

C'est, en effet, dans un contexte lyonnais d'un potentiel de croissance retrouvée et de renouvellement des acteurs financiers locaux que débute son histoire, dans les toutes premières années du XIXe siècle, lorsque Louis Pons (1778-1847), protestant d'une famille originaire du Languedoc émigrée à Genève, décide de rejoindre Lyon et d'y tenter sa chance dans le commerce. Il a alors vingt-sept ans. Il a l'expérience du négoce, a voyagé en Allemagne et en Angleterre. Louis Pons n'arrive pas en *terra incognita* et sans appui. Il a le soutien local de son ami Samuel Debar. Comme lui protestant genevois, ce dernier a fondé, en 1801, une maison de commerce de produits chimiques destinés aux industries régionales de la soie et du coton, dont est issue la Société chimique des Usines du Rhône. Louis Pons a également la confiance et l'aval financier de deux maisons de banques genevoises, Élie Audra et Cie et Henri Hentsch et Cie, qui lui avancent en commandite trois cent mille livres tournois. C'est ainsi qu'il fonde, grâce à ces fonds de commandite, le 20 juin 1805 à Lyon, sous la raison sociale Louis Pons et Cie, une maison de « Commerce de soumission en tout genre », appellation usuelle donnée à l'époque à une entreprise financière liée aux escomptes de marchandises.

La « Veuve Morin-Pons »

Eugène Lami, Un salon du grand monde, *XIXe siècle.*

En 1829, Louis Pons assure sa succession à la tête de la banque en y prenant pour associés ses deux beaux-fils, Jean-Jacques Steiner et Auguste Morin. Leur décès à un an d'intervalle (1842-1843) laisse l'entreprise orpheline. Il ouvre la voie à la régence de Charlotte Anne Antoinette, fille de Louis, veuve d'Auguste, qui léguera à la banque son nom, celui de « Veuve Morin-Pons ». Si certaines sources relèvent que la veuve, formée par son père, pourrait avoir joué un rôle actif dans les affaires, les rênes de l'entreprise familiale resteront néanmoins confiées à des hommes : à son père, à son beau-frère, Adrien Morin, qui préside aux destinées de la Maison de 1844 à sa mort, en 1874, et à son troisième fils : Henry. La veuve Morin-Pons n'en est pas moins une personnalité de la vie mondaine lyonnaise. Elle tient un salon renommé sous le Second Empire : « On y reçoit beaucoup dans cette maison, un peu de toutes les sociétés, même les artistes, un grand large dans l'hospitalité, une aisance qui se communique du maître de la maison à leurs invités la rendent une des plus agréables », raconte un contemporain. D'autres veuves célèbres ont laissé leur patronyme en héritage. Certaines ont pris une part active dans la direction de leur entreprise. Tel est le cas de Barbe Nicole « Veuve Cliquot », laquelle hérite à vingt-sept ans d'une maison de champagne légué par son époux et en assure, d'une main de fer, la direction jusqu'à sa mort, à quatre-vingt-neuf ans.

Il installe ses bureaux au Pont-Saint-Clair, proche du quartier du même nom, celui des affaires et de la finance ainsi décrit par Jules Janin : « Presque plus de boutiques ; mais des caisses, des bureaux, des magasins au premier de superbes hôtels. C'est là que la haute finance a fait élection de domicile. Banquiers, fabricants, agents de change, négociants en gros, tout est là. On n'entend que le son des écus, on ne rencontre que des hommes riches [...] Tout le jour est livré aux spéculations commerciales. » La maison Louis Pons fonctionne, à ses débuts, plus comme un comptoir d'escompte ou une maison de négoce. Elle ne se différencie en cela pas des autres banques privées locales, encore fort indifférenciées, qui font du commerce autant que de la banque. Le principal instrument de crédit à court terme alors utilisé est « l'effet de commerce ». Consenti à son client par un commerçant, en général pour 60 à 90 jours, le prêt est garanti par les marchandises (matériaux et stocks de soies par exemple) et par le recours, jusqu'en 1867, à la condamnation du créancier impénitent à la prison pour dettes. L'effet de commerce est endossable et peut donc facilement passé de main en main. Il peut ainsi être

Hyppolite Leymarie, Le Pont de l'Archevêché à Lyon, *vers 1835-1840.*

escompté (racheté moyennant un rabais correspondant au délai à courir) par le banquier, qui se charge alors directement de l'encaissement auprès du client et garantit aux détenteurs d'effets le recouvrement de leurs liquidités.

Pour faire ses premiers pas, la maison Pons ne se limite pas à l'industrie de la soierie : elle accepte tous les effets de commerce (textiles, aliments) qui se présentent. Non sans risque. Car certains se soustraient parfois à l'échéance et la maison Pons se voit alors obligée de recourir aux protêts du notaire pour faire constater les impayés. En quelque deux ans, la maison Pons a néanmoins acquis expérience et notoriété. Elle est liée d'affaires avec moult négociants, en France comme en Europe. Affaires de soie bien sûr, mais aussi de draps pour Lübeck ou Abbeville, transactions de coton à Saint-Gall, de savon à Beaucaire ou encore de riz en Lombardie témoignent de l'éclectisme de ses activités. On juge de ses progrès au nombre de traites qu'elle émet, d'abord écrite de la main de Louis Pons, puis imprimées à son filigrane, de l'expansion de son activité à l'embauche, en 1807, d'un « commis », en la personne d'Auguste Morin, futur beau-fils de Louis. Le succès de l'entreprise se jauge également à la confiance que lui renouvellent ses commanditaires suisses dès le 1er janvier 1808 en augmentant leur fonds de commandite à quatre cent mille livres tournois. La société gagne encore en influence, continuant même d'afficher une bonne santé économique lorsque la fin de l'Empire aurait pu, avec le rétablissement des barrières douanières et le frein que met la Restauration aux négoces internationaux, porter un coup d'arrêt à son expansion. En 1822, Louis Pons peut ainsi rembourser ses associés genevois, ne conservant comme unique commanditaire que son frère, Jean-Charles Pons. En moins de dix ans, il devient ainsi le maître indépendant de sa maison.

La révolte des canuts

La Révolte des canuts de Lyon du 9 au 14 avril 1834. *Image d'Épinal, XIXe siècle.*

Les canuts, dont le nom proviendrait du mot « canette » (dévidoir à fil utilisé sur le métier à tisser), sont des artisans qui tissent la soie à domicile. Ils travaillent pour le compte des soyeux, qui leur fournissent la matière première et récupèrent le produit fini. Dans les années 1830, en raison de l'apparition du métier Jacquard, lequel a accru la productivité des ateliers, leurs revenus (1 franc/jour, soit l'équivalent d'un kilo de pain) ne leur permettent plus qu'une vie de misère. En 1831, puis en 1834 lors de la semaine sanglante, les canuts se soulèvent sur la colline de la Croix Rousse, aux cris de « Vivre en travaillant ou mourir en combattant ». Ils réclament que soit fixé un tarif minimal pour leur service. Ils s'en prennent au métier Jacquard, qu'ils jettent en nombre dans le Rhône. Ces insurrections lyonnaises rendent compte de la montée des inégalités sociales accentuées par l'apparition des fabriques et par l'avènement de l'ère industrielle.

À partir 1829, Pons et Cie – devenu « Maison Louis Pons, Morin et Steiner » depuis que, promis à la succession, les deux gendres de Louis Pons sont devenus associés de l'entreprise – revêt une dimension bancaire plus évidente. Sur les actes et dans les correspondances, les associés sont alors dits banquier et non plus négociants. Ni la révolte des canuts, de novembre 1831 (600 morts), ni les journées d'émeute d'avril 1834 ne paraissent devoir ralentir cette évolution. La maison est dynamique et entreprend de diversifier ses activités. Comme d'autres homologues de la finance locale, elle commence en effet à se tourner, à partir de 1830, vers l'industrie – industries minières et métallurgiques notamment –, dont le développement réclame des besoins en capitaux considérables. Le montant, au départ modeste, de ses participations atteste une politique de soutien industriel encore timide, sinon attentiste. Mais le ton est donné. La Maison Louis Pons, Morin et Steiner se retrouvera ainsi investie, avec d'autres banquiers locaux, comme les Delahante ou les Galline, dans la Compagnie générale des mines de la Loire et la Compagnie des houillères de Saint-Étienne. Ces deux compagnies se rapprocheront pour former, à partir de 1844, un puissant trust du bassin stéphanois, dans les concessions desquelles est extrait près d'un quart de la production du charbon française de l'époque. Cette évolution augure une époque nouvelle, au cours de laquelle l'établissement financier lyonnais, autrefois investi dans le « commerce de commission en tout genre », mettra ses compétences

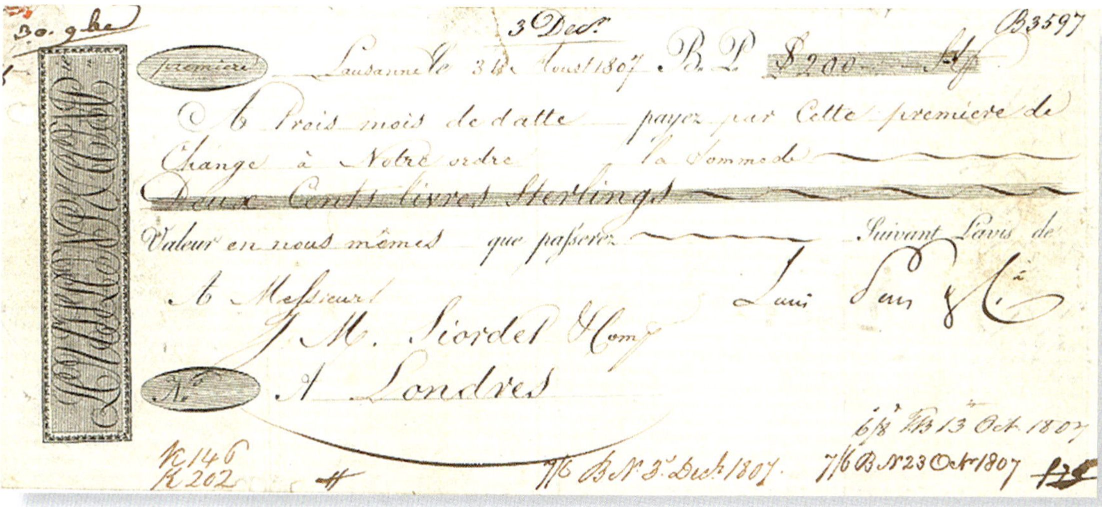
première

Lausanne le 31e Aoust 1807 B. P. £ 200.- Stg

A Trois mois de datte payez par Cette première de Change à Notre ordre la Somme de Deux Cents livres Sterlings

Valeur en nous mêmes que passerez Suivant l'avis de

Louis Pons & Cie

A Messieurs J. M. Siordet & Comp. A Londres

No

Lettre de change du 23 octobre 1807 au filigrane de Louis Pons & Cie.

et ses fonds au service de l'industrialisation de la France, des transformations urbaines, prendra des participations dans les compagnies de chemin de fer, notamment en liaison avec les Rothschild, dont elle est, avec la Maison Guérin, le correspondant lyonnais.

Comme ailleurs en province, la vitalité retrouvée de la place financière lyonnaise (les banques locales ont été multipliées par trois entre la fin de la Restauration et la fin de la monarchie de Juillet) et de l'activité économique s'est heurtée pourtant au sous-développement du système de paiement et de crédit. En cette première moitié du XIXe siècle, l'argent circule en effet peu entre les régions, sinon pour le paiement des impôts, des rentes foncières ou des dépenses publiques. Les commerçants refusant de faire crédit à des clients en dehors de leur cercle de connaissances locales, le paiement inter-région par lettres de change reste rare et chaque ville vit en réalité dans une quasi-autarcie monétaire et sur un marché autonome. Plus banque de Paris en dépit de sa dénomination que banque de l'hexagone, la Banque de France restreint, quant à elle, ses services à la seule capitale et sa haute banque. Elle n'entend pas épauler le développement monétaire et financier des provinces et sa politique d'une excessive prudence constitue plutôt un frein à l'essor d'un marché unifié du crédit.

C'est pour pallier cet état de fait que des revendications régionales naissent, ici et là, pour une meilleure intégration nationale du marché monétaire et l'accès des commerçants et industriels locaux à des taux d'intérêt plus faibles et plus stables. C'est dans ce cadre et pour ces raisons que sont fondées, entre 1818 et 1838, des banques d'émission départementales à Rouen, Nantes, Bordeaux, puis Marseille, Toulouse, Orléans, Le Havre et Lille. À Lyon, un consortium de dix grandes maisons lyonnaises crée ainsi, en 1835, une banque d'émission chargée, à l'instar de la Banque de France mais sur son ressort géographique local, de faciliter les escomptes, de rendre la circulation plus aisée et de régulariser le taux d'intérêt. Témoignage de son dynamisme et de la place qu'elle a prise en quelques décennies dans le cercle de la finance lyonnaise, la Maison Pons, Morin et Steiner est au premier rang des promoteurs de celle qui prend pour nom Banque de Lyon. Son capital, de deux millions de francs, est souscrit à parts égales par les dix maisons fondatrices. Aux titres de ces souscripteurs, Louis Pons en est tout naturellement nommé régent.

Henry Morin-Pons : banquier atypique

La veuve Morin-Pons a trois fils. Une telle descendance aurait dû aisément permettre de préserver le capital familial. Las ! L'aîné manifeste précocement le désir de s'orienter vers la carrière militaire, provoquant l'ire de son grand-père : « Ton choix est de la pure démence, je n'y donnerai jamais mon approbation. » Le cadet délaisse lui aussi rapidement la charge qui lui est promise, préférant l'aventure à la banque. Reste le benjamin, Henry, qui n'a de passion que pour les arts : « La passion de la musique, écrit-il en 1855, ne me laisse pas de repos… » Il se fera pourtant banquier, par raison et sacrifice : « C'est comme du rivage des morts que je regarde ceux qui s'élancent dans la carrière artistique. » Banquier contraint, banquier atypique, il consacrera sa vie privée à ses passions culturelles éclectiques. Musicien, il compose plusieurs opéras et drames lyriques dont *Les Malatesta*, représenté en 1879 au Grand Théâtre de Lyon. Ce mélomane est membre de la Société lyonnaise des Concerts de musique classique, fondée en 1879. Il est aussi numismate et poète. Membre fondateur de la Société des bibliophiles lyonnais, président de 1894 à 1899, il est également l'auteur de recueil de poésies en vers et en prose et entre à l'académie des sciences, belles-lettres et arts de Lyon en 1861. Il en sera le président en 1890 et en 1891. Il se consacre par ailleurs à l'amour des vieilles choses. Dans une de ses propriétés de l'île Barbe, il crée un musée de curiosités, dont l'abondante collection sera léguée de son vivant à la ville de Lyon. Il devient aussi, en 1865, associé correspondant national de la Société des Antiquaires de France.

Jean Seignemartin, Le Ballet de *Faust,* opéra de Charles Gounod, *1871.*

Portrait d'Henry Morin-Pons (1831-1905), dernier fils de la veuve Morin-Pons.

Son titre de régent est aussi symbolique. Il témoigne de la place de premier plan désormais prise par Louis Pons et sa maison de banque dans la vie politique lyonnaise. Car le succès professionnel se jauge également à l'adoption par les cercles des notabilités locales, qui tissent ou détissent les renommées. Citoyen français depuis 1825, Louis Pons est administrateur puis, en 1828, vice-président de la Caisse d'Épargne naissante, qui compte à son Conseil tout ce que Lyon connaît de membres influents. Il multiplie par ailleurs les charges au sein du conseil municipal, où il est réélu trois fois, ou auprès de diverses œuvres philanthropiques, et tient une place importante au sein du consistoire de l'Église réformée. Son petit-fils Henry Morin-Pons perpétue cet engagement dans la cité et fortifie les liens ainsi tissés par son grand-père. S'il se présente sans succès aux élections municipales, il participe avec passion à la vie des différentes entités culturelles de la ville. Il soutient de nombreuses associations de bienfaisance et d'intérêt général : certaines d'obédience protestante, telles que l'Union chrétienne des jeunes gens et le Comité protestant pour l'évangélisation, l'instruction et l'assistance des protestants des Hautes et Basses-Alpes ; d'autres plus œcuméniques, telles que la Croix-Rouge, dont il est le trésorier, la Société de la charité maternelle, la Société lyonnaise pour le sauvetage de l'enfance, créée en 1890 et dont il est l'un des membres fondateurs, l'Œuvre lyonnaise des tuberculeux indigents (il est administrateur fondateur de la Société du sanatorium lyonnais en 1897), etc. Henry Morin-Pons reste un notable emblématique de la société protestante lyonnaise aux côtés des principales familles de la ville. À l'image de ses pairs banquiers, il perpétue la tradition philanthropique inaugurée dès la Restauration.

Les banquiers philanthropes

« Certain législateur, écrit Voltaire, vient de créer un mot qui manque à Vaugelas ; ce mot est la bienfaisance ; il me plaît... » Ce commentaire suffit à résumer toute une époque : celle de la naissance de la philanthropie moderne et de son apogée dans la France du premier XIXe siècle. Ce mouvement réunit les élites dirigeantes françaises, les banquiers notamment, parmi lesquels figurent les Vernes et les Pons.

Quoique encore timidement, la France du début du XIXe siècle s'ouvre à l'ère industrielle. Le système de la proto-industrie cohabite alors avec l'industrie mécanisée, laquelle fait naître un nouveau type de travailleur : l'ouvrier des fabriques. Venu souvent des campagnes, ce déraciné est confronté à des conditions de travail extrêmement difficiles. En l'absence de toute protection sociale, il mène une vie de précarité, aux lisières d'une indigence (maladie, invalidité, chômage) dans laquelle tout aléa peut un jour le précipiter. L'inquiétude devant cet état de pauvreté engendre auprès des élites la réflexion sociale et la recherche de solution adéquate pour remédier à une montée du paupérisme susceptible de remettre en cause l'ordre établi. C'est sur ce terreau particulier que naît la philanthrope.

Nourri aux idées des Lumières, le philanthrope est convaincu que la bienfaisance est le fondement de toute société et le plus sûr moyen d'accéder au bonheur, tant individuel que collectif. Il a vu naître et se développer la révolution industrielle. Il en a souvent été un des acteurs ou financeurs. Il en mesure aussi rapidement les conséquences sociales et s'inquiète des dangers que la pauvreté fait courir à la société, dont il constitue l'élite, par sa fortune ou sa renommée. À ses yeux, l'État libéral, pour lequel il milite, n'a pas à pourvoir

François Gérard, Portrait d'Alphonse de Lamartine*, 1830.*

Charles-Henri Pilles, La Cantine municipale, *1871.*

à l'assistance des pauvres. Les secours publics sont réservés à la frange la plus démunie d'entre eux. Le reste est du ressort de la bienfaisance privée, de la sienne notamment. Désir de moralisation du pauvre (laïque ou religieuse), volonté de l'émanciper de toute dépendance (charitable comme étatique), de vulgariser auprès de lui l'innovation (culturelle, pédagogique, médicale…), souhait, plus ou moins avoué, de contrôle social : voilà ce qui guide le philanthrope. « Nous, vos aînés dans la civilisation, dans la richesse, dans le bien être social, nous viendrons à votre secours », s'enflamme ainsi Alphonse de Lamartine à la chambre des Députés en 1835.

Vertu « active », la bienfaisance est militante : l'époque est marquée par le développement d'innombrables initiatives philanthropiques qui, à une série de propositions réformatrices, joignent un ensemble de création de sociétés bienfaisantes. Et la presse de l'époque de se faire l'écho de semblable éclosion. « Depuis 1815, la classe aisée en France a montré qu'il n'était rien qu'elle ne fût capable d'entreprendre pour venir au secours de la classe indigente. Les associations, les bureaux de charité se sont multipliés à l'infini pour répandre la consolation dans les familles en proie à la misère », lit-on dans *Le Bon Français* du 28 décembre 1817. La philanthropie a ses célébrités. En 1817, à cinquante ans, Edme Champion, joaillier millionnaire, se fait bienfaiteur publique. Durant vingt ans, celui que l'on a baptisé « l'homme au petit manteau bleu » sillonne les rues de la capitale pour distribuer, par tout temps, des écuelles de soupe aux mendiants et ouvriers en quête d'ouvrage. La littérature n'a pas mis longtemps à s'emparer de ce mythe philanthropique. Le roman populaire y a puisé de nouveaux héros exemplaires : le Rodophe des *Mystères de Paris* comme le Jean Valjean des *Misérables*.

La philanthropie a aussi ses professionnels de la finance, car par le montant et la multiplicité des libéralités qu'il peut accorder le banquier en devient, tout naturellement, une figure centrale. Il a pour nom Delessert, Lafitte, Rothschild, Hottinguer, Périer, Pillet-Will, Davillier ou Vernes. Il n'est pas rare qu'au-delà de ses dons, il mette aussi ses compétences financières au service de telle ou telle œuvre dont il devient trésorier. Les œuvres que ces banquiers renommés fondent, financent et administrent recouvrent trois champs d'actions principaux : l'enseignement, le patronage et la prévoyance, large (tout instrument pour prévenir l'ignorance, la maladie, l'indigence, la délinquance…) ou étroite (épargne individuelle ou solidaire). C'est ainsi qu'à Paris, à l'instar de ces confrères de la haute finance, Charles Vernes soutient de multiples associations de bienfaisance dans ses différents domaines.

La philanthropie

La philanthropie est un mot d'occurrence tardive. Il désigne d'abord, sous la plume de Fénelon, qui le premier l'emploie en France, en 1712, dans le *Dialogue des morts*, l'amour du commerce des hommes et il s'oppose alors à la misanthropie. Il faut attendre le milieu du XVIIIe siècle pour que peu à peu le vocable prenne une signification tout à la fois plus étendue – la philanthropie désigne désormais l'amour de l'humanité – et plus spécialisée – il intègre le champ lexical des sciences et de la morale sociales. Notre langue aurait tôt fait de confondre la philanthropie avec la charité, dont la figure du Christ – dans la Passion duquel s'incarne cet « amour de l'humanité » – est le symbole. Or, la seconde fait clairement référence au monde de la religion, quand la première est enfant du siècle des Lumières : elle est laïque, nourrie de rationalité, éprise de progrès social et économique. Là où la charité propose de soulager les symptômes de la détresse et ne peut en modifier les causes, sinon à contrarier quelque dessein divin, la philanthropie est un engagement structuré qui entend trouver des solutions durables aux problèmes de société.

Antoine Jean Gros, Portrait du duc de La Rochefoucauld-Liancourt, *XIXe siècle.*

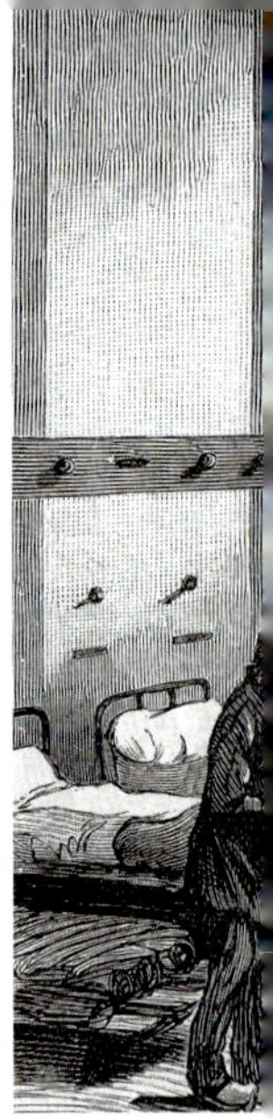

Il est administrateur de la Société pour l'instruction élémentaire (enseignement), du Bureau de la charité maternelle ou de la Société pour le patronage des jeunes libérés du département de la Seine (patronage), de la Société philanthropique et de la Caisse d'Épargne (prévoyance individuelle), du Conseil des hospices (prévoyance). Trésorier de cette dernière œuvre, il a la charge de la supervision financière des dix-neuf hôpitaux et hospices de la capitale et de ses quarante-huit bureaux, qui secourent alors un cinquième de la population parisienne.

La haute banque parisienne au berceau de la Caisse d'Épargne

Lors de la création de la Caisse d'Épargne de Paris, figurent également aux côtés des philanthropes Benjamin Delessert et du duc François de la Rochefoucauld-Liancourt les grands noms de la haute banque – pour beaucoup régents de la Banque de France – Jean-Conrad Hottinguer, Henri Hentsch, Jean-Charles Davillier, Jacques Lafitte, Antoine Scipion Perrier, Michel Pillet-Will, mais aussi le baron James de Rothschild et Charles Vernes. Ce dernier en est président à sa création, en 1818. Née comme institution philanthropique, la « plus aboutie d'entre elles » selon certains, la Caisse d'Épargne est conçue comme un moyen d'acculturer les populations modestes à la geste de l'épargne, de lui inculquer le « bon usage » de l'argent. Il s'agit, aux yeux des créateurs de former de « bons » citoyens, autonomes et responsables, et de lutter contre le paupérisme et ses dangers, qui pourraient menacer l'ordre libéral établi. Ces bonnes fées financières penchées sur le berceau de la nouvelle née Caisse d'Épargne lui ont offert un cadeau sans pareil : leur caution, au double sens financier et moral du terme. Sans ces administrateurs « remarquables », la Caisse n'aurait sans doute pas recouvré la *success story* qu'on lui connaît. Conjoncture singulière, et quelque peu oubliée, celle qui a ainsi permis, en 1818, de voir réunis sur ce projet de création les savoir-faire des plus grands noms de la finance parisienne : des administrateurs aux mains d'argent, animés d'intention de « bien public » et porteurs d'avenir…

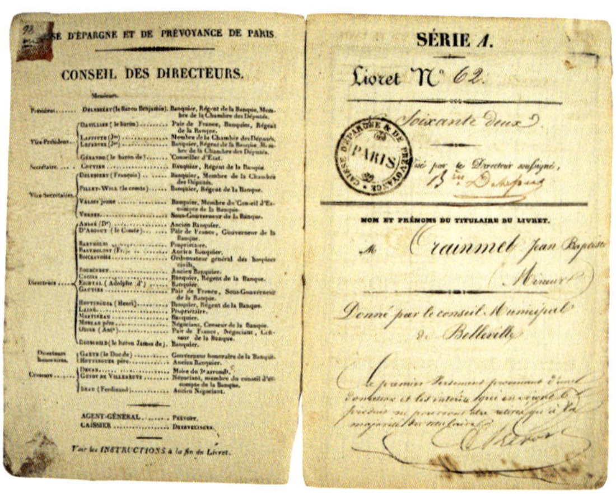

…E D'ÉPARGNE ET DE PRÉVOYANCE DE PARIS

CONSEIL DES DIRECTEURS.

AGENT-GÉNÉRAL

CAISSIER

Voir les INSTRUCTIONS à la fin du Livret.

SÉRIE A.

Livret N° 62.

Soixante deux

PARIS

NOM ET PRÉNOMS DU TITULAIRE DU LIVRET.

Un des premiers livrets de la Caisse d'Épargne de Paris signé Benjamin Delessert, vers 1820.

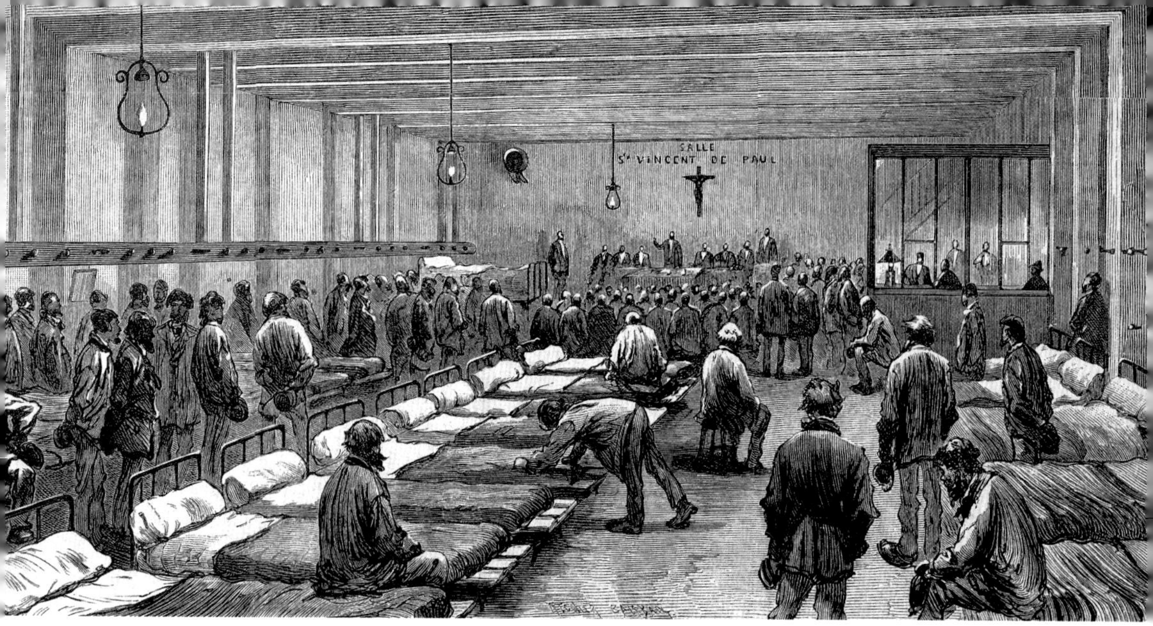

Régnier et Barban, L'Œuvre de l'hospitalité de nuit, refuge de la rue de Tocqueville, *1882.*

Liens familiaux et amicaux, relations professionnelles ou confessionnelles, fréquentations des mêmes milieux ou des mêmes salons dessinent les cercles philanthropiques parisiens de cette époque. C'est ainsi que les mêmes personnalités se retrouvent et se croisent au sein de telle ou telle société de bienfaisance. D'illustres familles de philanthropes se dessinent alors, qui de père en fils, mari et femme, multiplient leur participation aux œuvres philanthropiques. Dans le domaine, les Delessert, banquiers d'origine lyonnaise, sont l'archétype de cet activisme familial. Bien que de manière moins prononcée, la famille Vernes ne déroge pas à la règle. Charles Vernes siège ainsi dans plusieurs sociétés en compagnie de son beau-père, Isaac-Louis Grivel, banquier de la maison Fulchiron-Grivel et Cie. Sa femme, Anne, participe à diverses œuvres de bienfaisance avec sa mère. Les quatre membres de la famille sont tous réunis au sein de la Charité maternelle.

Cette dernière institution fait partie des quelques dizaines de sociétés d'obédience protestante fondées à la Restauration dans un Paris qui n'en comptait aucune. Très actives, ces sociétés philanthropiques permettent d'affermir les solidarités confessionnelles entre protestants de Paris et des provinces de France, voire de l'étranger. Dans un milieu aussi étroit que celui des Réformés parisiens – leur effectif est alors estimé à 24 000 individus –, rien d'étonnant d'y retrouver sans cesse les mêmes administrateurs et militants, dont beaucoup sont membres du Consistoire, parmi lesquels les Delessert, Mallet, Hottinguer, Grivel ou Vernes. Ces derniers sont tous présents au sein de la Société de la morale chrétienne. Fondée pour répandre les préceptes évangélistes auprès de tous les échelons de la société,

Godefroy Dugand et A. Jacob, Distribution gratuite d'aliments à la Maison Eugène Napoléon, *XIXe siècle.*

elle est exemplaire de dynamisme et de rayonnement. On y met en place de nombreux cercles de réflexions et d'actions spécialisés pour traiter les sujets les plus divers. Au sein du Comité de la traite, les banquiers Vernes et Delessert s'y insurgent de la persistance du trafic clandestin des armateurs négriers et militent activement, et jusque sur les bancs des assemblées, pour la condamnation de l'esclavage, dont l'abolition est finalement obtenue en 1848. Prosélyte, la Société de la morale chrétienne crée son propre canal de diffusion. Elle publie ainsi son *Journal*, largement diffusé sur la place parisienne. Au Comité de rédaction, toujours les mêmes noms, parmi lesquels celui de Vernes encore. Dans cette société, comme dans les autres associations philanthropiques d'obédience protestante, les femmes jouent un rôle particulièrement actif. Toutes ces œuvres comptent ainsi un Comité des dames. Mme Vernes et sa mère comptent parmi les membres les plus diligents de la Charité maternelle ou bien encore de la Société de prévoyance, où elles se font dames-visiteuses pour assister les malades à domicile.

Paris n'a pas l'apanage de la philanthropie. Ce que la France connaît de grandes fortunes, de riches aristocrates et de membres de la haute banque y ont élu résidence il est vrai. Et dans la capitale, plus qu'ailleurs, la bienfaisance y profite des renommées de ses apôtres. Pour autant, la province n'est pas en reste. Une même ferveur philanthropique anime les grandes villes françaises. Lyon tout spécialement, baptisé alors « ville des bonnes œuvres », où « le sentiment religieux, l'humanité ou le simple goût de faire le bien ont créé à Lyon

Avers d'un jeton de présence gravé par Paul-Marcel Dammann représentant un Verseau.

des institutions sans nombre où sont soulagées les misères humaines », souligne le député et banquier Édouard Aynard. Dans *Calixte ou l'introduction à la vie lyonnaise*, Jean Dufourt rappellera de manière humoristique cette prolifération : « Filles repenties, femmes en couches, enfants tuberculeux, orphelins, incurables, sourds muets, vieillards indigent, pas une misère, pas une infortune, pas une déchéance » qui ne soient alors secourues. Comme celle de Paris, la notabilité lyonnaise engage argent et temps dans l'action philanthropique. À l'exemple du banquier Louis Pons, que l'on retrouve parmi les fondateurs et administrateurs de la Caisse d'Épargne de Lyon, créée en 1821. À la fin du XIXe siècle, son petit-fils, Henry Morin-Pons poursuivra cet engagement familial, en participant aux œuvres de la Croix-Rouge, dont il sera trésorier, de la Société de la charité maternelle ou encore de l'Œuvre des tuberculeux indigents.

En France, la prise en main de la question sociale par l'État donne, à la fin du XXe siècle, un coup d'arrêt aux floraisons philanthropiques auxquelles ont tant contribué les banquiers. Sans doute la geste bienfaitrice continuera de se perpétuer par-delà les époques, mais la ferveur se fera néanmoins plus timide. L'utopie philanthropique (changer et éduquer l'homme au bénéfice du bonheur universel) a fait long feu. Elle aura néanmoins contribué à tisser et affermir des liens de notabilité qui perdureront.

La France renouera au XXIe siècle avec la philanthropie, à la faveur du déclin de l'État-providence, de l'urgence des questions sociales et de la montée en puissance du poids du tiers secteur dans la sphère de l'intérêt général. La multiplication des fondations d'entreprise d'intérêt général atteste une dynamique naissante. Le visage de ces nouveaux philanthropes s'est modernisé, leur action s'est professionnalisée et demeure en quête d'efficacité et de retour social sur investissement. Le secteur bancaire s'est emparé du domaine. Nombre de banques financent désormais des actions philanthropiques à travers leur fondation et ont créé des départements dédiés. À l'adresse de leurs clients, certaines banques intègrent même des conseils en philanthropie à leur ingénierie patrimoniale. Par leurs actions novatrices et leur inventivité, elles sont les héritières modernes de ces banquiers philanthropes du XIXe siècle, créateurs de sociétés de bienfaisance dynamiques, parfois précurseurs de ce que l'on appelle aujourd'hui la responsabilité sociale et environnementale des entreprises.

Les financiers du

Entre ruptures et évolutions, le XIXe siècle s'éteint alors que naissent, non sans soubresauts, les éléments structurants de l'économie moderne. Le monde bancaire se redessine, accompagne la naissance de nouveaux intervenants sur la scène financière et répond aux besoins de l'innovation technologique et des urgences de la société.

Chapitre IV

nouveau monde

Adolf Menzel, Le Laminoir, travail dans la forge, *1875.*

L'après 1848 : affaires de crédit, crédits à faire

La révolution de 1848 signe l'effondrement d'un système de crédit hérité du Moyen Âge, désormais inadapté à une économie marquée par l'essor industriel. Elle annonce aussi l'avènement d'un système financier rénové et l'arrivée de nouveaux acteurs sur la scène bancaire, que président les représentants des grandes maisons parisiennes.

Le système bancaire français atteint dans les années 1840 un degré de développement inégalé aux rouages bien huilés. La multiplication de ses acteurs favorise une croissance brillante. D'un côté, la haute banque – telle la maison Vernes – pratiquait un taux d'escompte avantageux, mais n'escomptait qu'auprès de quelques gros clients connus et solvables ; la Banque de France, elle aussi, prêtait à moindre coût, mais sélectionnait, selon des règles draconiennes, les papiers à escompter. De l'autre, les escompteurs privés acceptaient de prendre plus de risques, moyennant des taux d'intérêt plus élevés. De nombreuses banques s'étaient ainsi créées, en province et à Paris, pour faciliter les escomptes, non admises par la haute banque et la Banque de France, notamment pour le petit commerce et la petite industrie. En témoigne l'activité de la maison Pons.

Ce système souffre pourtant de fragilités. Le crédit n'est, à l'époque, pas unifié. Il repose tout entier sur la circulation de lettres de change. L'ensemble du système bancaire est alors fondé sur la circulation de billets à ordre ou de lettres de change, papier sur lequel le débiteur contractualise son engagement à rembourser son créancier à une date donnée. Les billets de banque, uniquement de grosses coupures, circulent peu et n'ont pas de cours légal. En outre, s'ils sont nombreux, les acteurs bancaires sont donc vulnérables,

La Bourse de Paris : la corbeille des agents de change, *gravure d'après M. G. Roux, 1865.*

en raison de la faiblesse relative de leur capital et de leur taille somme toute modeste.

La révolution ferroviaire vient mettre en lumière cette fragilité. Elle réclame des financements de long terme inédits par leur ampleur, auxquels ne peuvent répondre, tous seuls, les banquiers. Le recours au marché boursier devient alors inéluctable, ce, afin de permettre l'accès à une épargne plus large que celle que peut offrir le seul monde bancaire. À partir de 1844, la fièvre spéculative bat son plein. Particuliers comme entreprises se ruent sur les titres des nouvelles compagnies en formation, attirés par la promesse de profits faciles. D'autant qu'à la souscription, il est alors d'usage de ne verser qu'une fraction infime du capital nominal, le restant étant considéré comme un fonds de garantie, souvent jamais appelé. Les acteurs bancaires, eux aussi, sacrifient aux sirènes des chemins de fer, en utilisant une partie de leurs capitaux à des opérations de commandites industrielles et à des souscriptions de titres, immobilisant ainsi des ressources pourtant exigibles à vue. Cet engouement entraîne la constitution d'une vaste bulle boursière. Un tel drainage de capitaux a son revers de médaille. Il contribue à ralentir la consommation, ponctionnant les épargnes ; il assèche le crédit, qu'il monopolise au dépend du commerce et de l'industrie.

À partir de 1846, l'eldorado ferroviaire tourne court. Sous-estimé, le coût des investissements nécessaires au démarrage et au développement des compagnies éclate au grand jour, lorsque sont effectués les premiers appels de fonds. Les cours s'effondrent et, avec eux, leur cortège d'épargnants ruinés et de travailleurs sans ouvrage. Dans ce contexte déjà tendu, explose en 1847 une crise frumentaire. Le prix du pain s'envole. La Banque de France se voit dans la nécessité d'effectuer des achats à l'étranger et s'inquiète bientôt de la diminution de son encaisse métallique. Charles Vernes, au titre de sous-gouverneur de la Banque, est mandaté pour aller négocier à Saint-Pétersbourg la vente de 50 millions de rente française à 5 % avec la Russie. Le succès de cet emprunt, aussi inattendu qu'inespéré, offre à la France les moyens de couvrir financièrement ses achats céréaliers. Le remède est de court terme ; la situation financière reste explosive.

Face à la *railway mania*, la prudence de la Banque de France

Les chemins de fer ont suscité longtemps la défiance des régents de la Banque de France, qui se refusent, jusqu'en 1852, à venir en aide aux compagnies ou à prêter sur leurs titres. « Nous n'aimons pas les chemins de fer », auraient affirmé, selon Émile Péreire, les régents Vernes, Argout et Gautier vers 1850, devant une assemblée réunissant l'ensemble des représentants des compagnies de chemin de fer de l'époque, lesquels souhaitaient instituer un « comptoir des chemins de fer ».

Henri Félix Philippoteaux, Alphonse de Lamartine rejetant le drapeau rouge en 1848, *XIXe siècle.*

La révolution de 1848 éclate comme un coup de tonnerre Elle sert de déclencheur à l'effondrement paroxysmique de ce système bancaire affaibli et pointé du doigt pour son inefficacité. Mis en défaut depuis 1846, ses rouages se grippent soudain. La confiance, sur laquelle repose toute l'architecture du crédit, est brutalement rompue par la crise politique. Titre, effet de commerce, reconnaissance de dépôts ont perdu toute valeur aux yeux des déposants, créanciers, rentiers, qui ne jurent que par les espèces métalliques et cherchent sans délai à récupérer leurs avoirs. Comme un château de cartes, le monde bancaire s'écroule. En premier lieu les Caisses parisiennes créées en commandite sous la monarchie de Juillet pour subvenir au besoin de l'essor industriel, notamment la plus ancienne d'entre elles, la Caisse générale du commerce et de l'industrie, fondée par Jacques Lafitte en 1837. Insuffisamment capitalisées – toutes fonctionnaient avec un capital inférieur à celui qui était initialement prévu, leurs engagements dépassant parfois de vingt à trente fois la valeur de leurs fonds propres – ces Caisses, loin de se contenter de leurs opérations commerciales, avaient aussi utilisé une partie de leurs ressources, entre autres les comptes courants créditeurs, à des opérations de commandite industrielle

Portrait de M. Lafitte, 1830.

et à des souscriptions de titres de compagnies ferroviaires. Incapables de mobiliser leur actif en février et mars 1848 et de réaliser leurs actions, qui sont devenues invendables, elles sont très vite obligées, face à la ruée des déposants, qui exigent le remboursement de leurs fonds, et à l'insolvabilité de nombreux débiteurs, de suspendre leurs paiements. Nombre de petits établissements de province les suivent dans le naufrage.

Bien que plus solide, la haute banque perd également quelques-uns de ses fleurons : la banque Delessert, installée à Paris depuis 1777, ou celle du baron d'Eichthal. Les Rothschild eux-mêmes sont dits en souffrance. Car la crise ne se limite pas à la France et se propage dans toute l'Europe, à la faveur des marchés de change et du commerce. La convertibilité des monnaies en or provoque d'importants mouvements de fonds, qui grippent rapidement l'ensemble du marché européen, multipliant faillites et impayés. Lorsque l'on sait l'importance prise par les affaires internationales dans les activités de la haute banque, cette généralisation de la crise hors des frontières rend compte de l'acuité des difficultés. La Maison Vernes, comme les autres, aura sans doute été en peine. Connu sur la place parisienne pour l'extrême exigence avec laquelle il choisissait ses traites et ses commanditaires, Charles Vernes par sa rigueur, voire son « rigorisme » décrié en d'autres temps, aura sûrement évité à sa Maison les risques inconsidérés de la banqueroute.

La folie de l'agiotage : un thème cher à la littérature

« Vous abusez, cher ange, si vous croyez que c'est Louis-Philippe qui règne, et il ne s'abuse pas là-dessus. Il sait, comme nous tous, qu'au-dessus de la Charte, il y a la sainte, la vénérée, la solide, l'aimable, la gracieuse, la belle, la noble, la jeune, la toute puissante pièce de cent sous. [...] Enfin, l'éternel allégorie du Veau d'or ! », écrit Balzac dans *La Cousine Bette,* fustigeant déjà les dérives boursières de la Restauration, et au-delà le monde de la finance. La littérature de la monarchie de Juillet développe cette même critique. Entre 1830 et 1848, elle foisonne de petits épargnants convertis à l'agiotage par des hommes de bourse véreux et ruinés par leur folle imprévoyance. Le personnage n'est pas ici l'ouvrier des faubourgs, mais le bourgeois plus fortuné, tenté par la bourse comme le prolétaire l'est par le jeu ou la boisson. Le héros de vaudeville Robert Macaire (incarné par Pierre Brasseur dans *Les Enfants du paradis* et immortalisé par le caricaturiste Honoré Daumier dans *Les Cent Un Robert Macaire*) et sa victime, M. Gogo, sont des figures exemplaires de l'émergence de la spéculation et de la nouvelle menace qu'elle constitue pour l'épargnant. Robert Macaire, de bandit de grand chemin à la Restauration est devenu chevalier d'industrie sous la monarchie de Juillet. Tout un symbole ! Il s'emploie en 1834 dans un vaudeville, qui porte son nom, à engloutir l'épargne mal gérée d'un pauvre M. Gogo dans les actions d'une société d'assurance contre le vol (qu'elle favorise tout au contraire !). Élevé au rang de mythe littéraire, personnification du XIXe siècle, comme Tartuffe l'est du XVIIe et Figaro du XVIIIe, cette truculente incarnation du bandit-boursicoteur dénonce ouvertement la folie de boursicotage qui s'est emparée de la population et ne tarde pas à provoquer la crise de 1848. La critique est si virulente que, le 11 septembre 1835, redoutant les réactions populaires, Adolphe Thiers, ministre de l'Intérieur, décide de faire censurer *ad vitam aeternam* toute allusion au personnage sur les scènes théâtrales.

Honoré Daumier, Monsieur Gogo et les nouvellistes de la Bourse, *caricature publiée dans* Le Charivari *en 1856.*

En ce début de mois de mars 1848, la situation bancaire française est dramatique. Le gouvernement provisoire ne tarde pas à prendre des mesures pour éviter la débâcle. C'est de ces mesures « républicaines » prises dans l'urgence que nous sommes encore héritiers. Le 7 mars, pour pallier la disparition de nombre de banques locales, assurer le financement du petit commerce exsangue et rétablir les circuits moribonds du crédit, soixante-cinq comptoirs d'escompte sont institués.

Construction du Comptoir national d'escompte, 15 février 1881.

Leur création doit beaucoup à Charles Vernes, qui, au sein du conseil de la Banque de France, a milité âprement à leur mise en place et rédigé un rapport détaillé sur leurs bienfaits. C'est ainsi que naissent les Comptoirs d'escompte de Paris et de Mulhouse (ancêtres de la BNP). Les innovations mises en œuvre, comme l'association des capitaux privés et publics, ou les facilités accordées aux entrepreneurs par la création de magasins généraux et de sous-comptoirs, favorisent une « révolutionnaire » démocratisation du crédit.

Le 15 mars, pour faire face à l'effondrement de son encaisse or, la Banque de France impose le cours forcé des billets, qui étaient jusqu'alors en libre cours, obligeant particuliers et entreprises à les accepter à titre de paiement sans référence à l'étalon or (c'est alors qu'apparaît le billet de 100 francs). Elle en reçoit le monopole d'émission. Ce cours légal, supprimé dès 1850, puis rétabli en 1870, date depuis laquelle il n'a plus été remis en cause, appuie une lente, mais inexorable, pénétration du billet auprès des Français. Stabilisée, la Banque de France peut venir financièrement au secours des organismes en perdition, afin d'éviter l'effondrement de tout le système. Pour la première fois, elle assure de fait, sans encore l'assumer de droit, son rôle de prêteur en dernier ressort. Elle devient l'instrument clé de l'urgence financière.

Au-delà de ses réactions immédiates, la crise permet de tirer les leçons des défauts du système bancaire antérieur. La faible taille des nombreux organismes, leur prise de risque excessive, l'instabilité du marché boursier, que l'on entend désormais mieux encadrer et contrôler, sont montrés du doigt. Résultante de cette prise de conscience, les grandes transformations de la sphère financière, amorcées dès la IIe République se poursuivent sous le Second Empire avec la création, en deux vagues, d'organismes d'un type inédit. La haute banque classique suit de près l'arrivée de ces nouveaux venus ; elle participe à nombre de leurs créations, guidée dans ses choix par des jeux d'alliances et des enjeux financiers parfois complexes.

L'année 1852 marque l'apparition de deux grandes institutions spécialisées dédiées au développement de crédit de long terme. La première est fondée, à l'origine, pour répondre aux besoins du crédit hypothécaire, notamment rural : c'est le Crédit Foncier. Sa naissance aide à l'essor d'un marché foncier jusqu'alors très décentralisé et pour l'essentiel concentré dans la main des notaires. Son fonctionnement est assis sur l'émission d'obligations foncières dans le public, lui permettant de se procurer des ressources aisément et à moindre coût. Sa création est appuyé par diverses maisons de haute banque, parmi lesquelles les Vernes : « Il ne s'agit pas de créer le crédit foncier : il existe, il ne faut que le dégager des entraves qui le comprime », souligne ainsi Charles Vernes.

La seconde institution a moins de longévité, mais son modèle fait florès : c'est le Crédit Mobilier. L'idée est de permettre à un panel élargi d'épargnants d'investir, *via* des obligations liquidables en Bourse, dans des entreprises de leur choix et d'utiliser ces ressources sur le marché financier dans des activités industrielles, de transports ou de promotions immobilières. Les frères Périere, forts de l'appui de Napoléon III et du concours de familles de la haute banque, vont ainsi, en quelques années, faire de leur entreprise une banque puissante

La Cour du Crédit Foncier un jour d'émission, gravure anonyme du XIXe siècle.

Le Bon Marché en 1879, gravure populaire.

et dynamique. Secoué par une crise en 1866, le Crédit Mobilier ferme ses portes en 1867. Il marque pourtant l'essor d'un nouveau modèle bancaire capable d'utiliser le marché boursier pour placer des titres afin de lever des fonds pour l'industrie. À son image, d'autres établissements voient le jour dans les années 1860 : les ancêtres des grandes banques d'affaires. Naissent ainsi, en 1864, la Banque des Pays-Bas (elle fusionne, en 1869, avec la Banque de Paris, l'ensemble formant la future Paribas), la banque de l'Indochine, en 1875 (ancêtre d'Indosuez), ou bien encore la Banque impériale ottomane, institution turque, fondée en 1863 avec des capitaux anglais et français et l'appui du Crédit Mobilier. Hottinguer et Cie, Mallet frères, Neuflize et Vernes & Cie en sont les principaux protagonistes. Félix Vernes puis son fils Théodore y siègent comme administrateurs. Les Vernes entrent également, dans ces mêmes années, au conseil de divers établissements bancaires dédiés aux affaires internationales, dont la banque hypothécaire franco-argentine et la banque de Syrie. Pour finir, en 1904, sur les fondations de l'ancienne Banque parisienne, qui souffre d'un manque de capitaux, ils créent, avec d'autres maisons de la haute banque protestante (Heine, Hottinguer, Mallet, Mirabaud), la Banque de l'Union parisienne.

Des acteurs d'un autre type font parallèlement leur entrée sur la scène : les banques de dépôts. À l'inverse des premiers, leur stratégie repose sur la création de réseaux d'agences destinés à recueillir l'épargne d'un public élargi et à drainer les capitaux repartis dans tout le pays. Ils utilisent des démarcheurs, font – pour la première fois – appel à la publicité pour faire valoir la qualité de leurs placements, la richesse de leur offre (service de titres, octroi de carnet de chèques, dont l'usage est autorisé en 1865, multiples formules de dépôts). Dans une certaine mesure, il s'agit d'appliquer à l'activité bancaire les principes de centralisation et de conquête par la publicité qui font alors parallèlement leur apparition dans les grands magasins (le Bon Marché naît en 1863). Le Comptoir national d'escompte avait commencé à se développer sous cette forme en obtenant le droit d'installer des agences hors les murs de la capitale. Mais c'est le Crédit Industriel et Commercial qui, en 1859, constitue la première véritable banque de dépôts. Il n'a pas de succursale, mais fonctionne avec un réseau de banques sœurs en province : Lyonnaise de Dépôts (1864), Marseillaise de crédit (1864), Crédit Industriel et de Dépôts du Nord (1866).

Très proche par son fonctionnement, le Crédit Lyonnais est fondé en 1863 par des Lyonnais en rupture avec l'hégémonie de la finance parisienne. Il n'en est pas moins, au départ, au centre d'un réseau d'actionnaires-banquiers susceptibles de servir de relais pour des affaires internationales. C'est pourquoi, aux côtés des banquiers Rhône-Alpins, Vve Guérin et Fils, Aynard et Rüffer, figurent également des maisons de la capitale et notamment les Vernes, dont le séjour à Lyon avant l'Empire a sans doute laissé des traces d'influence et tissé des courants d'affaires qui ont perduré. Le Crédit Lyonnais n'hésite pas rapidement à implanter de nombreuses succursales aux quatre coins de l'Hexagone. Il propose immédiatement toutes les activités de banque (escompte, encaissement, compte de chèques) et développe, avec succès, une activité d'opération en bourse. Stratégie gagnante : à la veille de la Grande Guerre, il devient la première banque française.

La naissance des banques mutualistes

Nées à la fin du XIXe siècle, les banques mutualistes viennent combler un vide laissé par la haute banque ou les banques régionales. Celui de fournir aux « petits » l'accès au crédit. Si la révolution bancaire s'est attachée à fournir ce dernier aux catégories supérieures et aux grandes industries, elle a délaissé une frange plus modeste de la population : artisans, agriculteurs ou petites entreprises qui, pour emprunter, doivent avoir recours à de coûteuses maisons d'escompte, aux notaires ou à des organismes pratiquant des conditions de prêt proches de l'usure. La IIIe République favorise l'émergence et le développement d'institutions inédites, capables de soutenir ces exclus de la « révolution bancaire ». Deux types de crédit entrent en concurrence sur ce nouveau marché : d'une part, les Caisses aidées par la puissance publique – Crédit Agricole ou Banques Populaires –, d'autre part celles qui refusent l'interventionnisme étatique, lui préférant un système confessionnel ou mutualiste fondé sur l'entraide des sociétaires, seuls possesseurs de l'entreprise. Quel que soit leur type, elles développent une réponse originale au besoin de financement des « petits ». Malgré le scepticisme de nombre de contemporains à leur création, force est de constater que, malgré de lourdes pertes durant la crise des années 1930, les banques mutualistes ont passé le siècle d'existence et comptent aujourd'hui parmi les plus grands groupes bancaires.

Dernière et, non des moindres, des grandes fondations du Second Empire, la Société Générale. Au berceau de celle-ci, on retrouve une nouvelle fois la maison Vernes. Elle est créée, en 1864, sous le haut patronage de Rothschild, qui amène, dans son sillage, nombre de représentants de la haute banque. À l'origine du projet : elle entend contrer le Crédit Mobilier, dont l'expansion commence à faire ombrage et concurrence aux activités de la haute banque traditionnelle. Pour y parvenir, Rothschild avait entrepris, dès 1856, de fédérer divers banquiers pour créer une banque aux statuts de société anonyme, dans le cadre de ce qui avait été baptisée la Réunion financière. Parmi les participants, la maison Vernes et Cie, mais aussi les Davillier ou bien encore Dassier et Bartholony. Ils sont prêts d'aboutir, en 1856, avec un projet de Comptoir impérial des travaux publics, du commerce et de l'industrie pour la création duquel une demande officielle est déposée au ministère des Finances le 12 décembre, mais qui obtient une fin de non-recevoir du Conseil d'État. Moins de dix ans plus tard, ils concrétisent enfin leur projet avec la création de la Société Générale, qui bénéficie de leurs réseaux relationnels et de leur renommée. L'étendue de son capital, la qualité de ses souscripteurs et son rapide essor en province en font, dès l'origine, un poids lourd de la place financière.

Bertall, La Foire aux idées, *caricature sur les élections de 1848 publiée dans* Le Journal pour rire, *XIX*[e] *siècle.*

La révolution bancaire issue de la crise de 1848 s'est donc faite avec les représentants de la haute banque parisienne, et non à son désavantage. Cette osmose a permis une redéfinition harmonieuse des champs d'actions de chacun des acteurs : les banques d'affaires et la haute banque s'occupent surtout d'opérations à terme, de grosses affaires financières, notamment à l'international ; la « matière escomptable » (*via* les effets de commerce qui tiennent une place considérable) sont essentiellement recherchés par les banques locales et régionales et par les banques de dépôts. Des critiques pourtant s'élèvent. Ces grandes banques de dépôts, qui placent dans leur clientèle beaucoup de titres étrangers comme les « emprunts russes », font l'objet d'une violente campagne, qui culmine en 1906-1910. On accuse cette « oligarchie financière » de détourner l'épargne nationale vers l'étranger aux dépens de l'équipement du pays. On regrette qu'elle ait négligé l'agriculture, poussant l'État à favoriser la formation de Caisses de crédit agricole Les petits entrepreneurs et les artisans se plaignent d'accéder difficilement aux prêts des banques, poussant le ministre des Finances Joseph Caillaux à mettre en place, en 1911, une commission chargée de combler cette lacune du système bancaire en préparant une loi, votée en 1917, soutenant le développement des banques populaires. Cette loi parachève la mise en place du système bancaire. L'économie a désormais à sa disposition des crédits commerciaux abondants et relativement bon marché et des structures financières bien diversifiées. De quoi garantir le financement de la modernisation d'une France qui vit, tambour battant, sa seconde révolution industrielle.

Les acteurs de la modernisation industrielle

Après la violente crise de 1848, le Second Empire offre une période de croissance pour les revenus et la consommation. L'État s'engage résolument dans le développement des infrastructures et l'urbanisation du pays. De leur côté, les banques soutiennent l'industrialisation, le financement des transports ou la rénovation urbaine, en France, comme à l'étranger.

Premier axe de la politique économique de l'empire : la reprise des investissements dans les transports, les chemins de fer en particulier. Le gouvernement impérial est avant tout préoccupé d'accélérer le rythme de la construction des lignes afin de satisfaire l'attente, désormais unanime, des Français. Restée réticente au ferroviaire, notamment en raison de l'ingérence de l'État et de la grande débâcle de 1848, la haute banque reprend peu à peu, après 1852, ses investissements dans les compagnies, dont le grand financier reste la famille Rothschild. Sous l'empire, son hégémonie est néanmoins freinée par un nouvel acteur, qui fait son entrée en scène en 1852 : le Crédit Mobilier des frères Périere. À l'issue de la bataille qui se joue alors autour des chemins de fer entre les Rothschild et les Pereire, les premiers prennent le contrôle du Chemin de fer du Nord, du Paris-Orléans, du Lyon-Méditerranée et du Lyon-Genève ; les seconds gagnent la mainmise sur le reste du réseau, jusqu'à la chute du Crédit Mobilier, en 1867. Ce conflit financier divise la haute banque entre ces deux camps. Administrateurs de la Compagnie des chemins de fer du Nord depuis sa fondation, la maison Vernes choisit celui des Rothschild, dont elle est depuis toujours proche. Avec d'autres maisons

Camille Pissarro, L'Avenue de l'Opéra, soleil, matinée d'hiver, *1898.*

Chemin de fer de Lyon à Saint-Étienne : train de marchandises, *gravure populaire du XIXe siècle.*

de haute banque (Blount, Cahen d'Anvers, Dassier, Davillier, Durand, Marcuard, Mirabaud, Paccard), elle a ainsi fait partie, entre 1855 et 1860, du groupe que le baron avait créé pour contrecarrer ses adversaires : la Réunion financière.

En 1859, l'État met fin à la multiplication des concessions ferroviaires et favorise un regroupement des compagnies existantes. De trente-trois en 1846, ne subsistent plus, en 1860, que six grandes compagnies, exploitant chacune six grands réseaux, avec lesquels l'État signe désormais des conventions. La première bataille du rail prend fin. La maison Vernes, présente au sein de la Compagnie des chemins de fer du Nord et présente au conseil d'administration de celle de Paris-Orléans – en la personne de Théodore, fils de Félix Vernes –, siège à la table des vainqueurs. L'héritage est solide. En atteste l'évolution des profits d'exploitation nets de la Compagnie, de 56 millions en 1896 à 129 millions en 1913 (à une époque sans inflation).

Les capitaux lyonnais sont également intéressés à la construction des lignes. Sans que l'on puisse, faute d'archives, assurer que la banque Morin-Pons ait, elle aussi, financé la construction de chemin de fer dès la monarchie de Juillet, Louis Pons, en tant qu'élu municipal, en connaît les projets des tracés, celui de la ligne Lyon-Genève notamment. Si Morin-Pons ne figure ni au capital du Lyon-Avignon ni à celui de la Compagnie de l'Union (Paris-Lyon), Adrien Morin est néanmoins membre du conseil d'administration de cette dernière. Plus qu'ailleurs toutefois, les banquiers lyonnais semblent être restés à l'écart de la fièvre ferroviaire. D'autant que la capitale des Gaules restera longtemps contournée par

Compagnie du Chemin de fer du Nord
Compagnie des Chemins de fer de l'Est
COMPAGNIE DU CHEMIN DE FER
GRANDE CEINTURE DE PARIS
Obligation de Cinq cents francs Nº 121,035
Compagnie du Chemin de fer de Paris à Orléans
Compagnie des Chemins de fer de Paris-Lyon-Méditerranée

Obligation de chemin de fer pour la Grande Ceinture de Paris.

les principales voies ferrées issues de la première extension des réseaux (Nord-Sud et Est-Ouest) !

Le transport fluvial et maritime, longtemps surreprésenté par les investissements dans les canaux – dont les actions deviennent peu à peu des valeurs refuge de « pères de famille » –, intéresse également l'investissement de la haute banque et des banques locales. Dès 1827, la maison Morin-Pons était ainsi entrée au capital de la Compagnie de navigation de la Saône par la vapeur, la première du genre. Elle est propriétaire d'actions de la Compagnie (de navigation fluviale) des Aigles de Breittmayer en 1854, qui fusionne en 1855 avec d'autres compagnies en difficulté (Compagnie générale, Compagnie méridionale, les Serins) en une société en commandite. En 1912, la banque Vernes fonde, quant à elle, la Compagnie auxiliaire de navigation destinée au transport des marchandises en mer Baltique. Elle se spécialisera peu à peu dans le transport des produits pétroliers, avant de fusionner avec Total, en 1978.

Une autre orientation stratégique prend corps au milieu du siècle. Financer et parfois contrôler – en tant que principal actionnaire ou que chef de file du syndicat des principaux investisseurs – des compagnies minières ou métallurgiques devient peu à peu un choix commun à la haute banque parisienne comme aux grandes banques de province. Le dynamisme de ces entreprises industrielles, dont le nombre se multiplie et qui se voient cotées en bourse, est sans équivalent. Elles attirent les investisseurs de toute catégorie, haute banque comme grandes maisons de province, banques de dépôts naissantes comme épargnants individuels tentés par les profits escomptés sur ces sociétés aux activités porteuses d'avenir.

La banque Morin-Pons est exemplaire des financeurs locaux de l'industrie. Présente depuis la fin de la monarchie de Juillet dans le capital des sociétés sidérurgiques – Mines de la Loire, de L'Horme et des Forges et fonderies de Pont-Évêque –, elle investit, en 1869,

*Couverture de l'*Album n°2 de la Société métallurgique du Périgord*, 1903.*

dans la Société civile des mines de Roche-la-Molière et Firminy, dont le siège social est d'ailleurs situé dans les locaux de la banque. Henry Morin-Pons est, par ailleurs, administrateur de la Société sidérurgique de Terrenoire, La Voulte et Bessèges, conglomérat régional organisé en 1858. Cette société assure l'ensemble de la chaîne de production sidérurgique, depuis l'extraction à la mine jusqu'à la distribution des produits. Elle compte plusieurs établissements de quelque centaines d'ouvriers. Dans la capitale, sacrifiant à des intérêts analogues, la maison Vernes est, elle aussi, administratrice d'une maison investie dans la sidérurgie, le Comité central des houillères de France, des Houillères et chemin de fer d'Épinac, des Mines de houille de Blanzy. Elle est également intéressée dans la Compagnie générale des Asphaltes (mine de Seysel, Val de Travers, etc.), société en commandite fondée en 1855.

Au-delà de ces investissements directs et à l'instar des autres acteurs bancaires, l'investissement de ces deux maisons dans telle ou telle société industrielle reste néanmoins circonscrit, le plus souvent limité à 100 ou 200 actions. La diversification des placements est la règle d'or pour limiter les risques. N'intervenant que rarement dès la formation des entreprises industrielles, les acteurs de la finance souscrivent plus volontiers lors d'une ouverture du capital. Pour autant, la précocité de leurs investissements, dans certaines des entreprises nouvelles, a eu des effets d'entraînement essentiels à la réussite de ces dernières. Ces banquiers aux portefeuilles si diversifiés n'en spécialisent pas moins parfois leurs placements dans des secteurs « de pointe » qui font figure de « niches ». Tel est le cas dans l'industrie spécifique de la soie, où le recours aux banquiers est devenu inévitable. En pleine modernisation, cette industrie a besoin d'argent frais et attire quelques gros investisseurs, notamment les maisons Morin-Pons et Vernes. La première est qualifiée en 1880 de banque de prêt sur la soie. Après avoir abandonné, à partir des années 1830, la commission de marchandises pour l'escompte du papier, elle développe, à partir des années 1870, le prêt sur consignation, après s'être dotée d'un magasin de soies particulier. La seconde est actionnaire-fondateur, depuis 1859, du Magasin général des soies, pour défendre le commerce des soies et le faire revenir de Londres à Lyon. Le conseil d'administration regroupe des banquiers lyonnais et parisiens ainsi que des fabricants ou anciens fabricants, excluant les principaux marchands de soie, dont l'activité de réexportation décline. Le Magasin reçoit des soies en dépôt pour 90 jours, prélève une commission de 0,5 % de la valeur et organise des ventes publiques. Cette entreprise est un succès malgré les réticences initiales des marchands de soie et crée des succursales en Avignon et à Marseille. Ce Magasin général se transforme, en 1888, en Société lyonnaise des magasins généraux des soies.

Le financement des entreprises industrielles ne se limite pas à la France. C'est sans doute à l'échelle internationale que les maisons de haute banque, pour augmenter leur profit et étendre le champ de leur activité, montrent le plus de singularité. Elles assurent ainsi l'introduction sur le marché français de titres de sociétés étrangères dont elles sont elles-mêmes actionnaires ou parfois propriétaires. Les occasions d'affaires sont notamment procurées par l'intégration croissante de l'Europe centrale et orientale au mouvement de croissance modernisatrice et d'intensification de l'équipement en capital productif et marchand. C'est ainsi que sur l'aire germanique et qu'en Europe centrale, l'Union financière, dont Félix Vernes fait partie, est investie dans les chemins de fer autrichien du sud et le réseau lombardo-vénitien. Sur cet axe, où a pu jouer le relais de la maison sœur des Rothschild à Vienne, voire à Francfort, symbole du rayonnement de la place parisienne en Europe du centre-est, la haute banque brasse apparemment un volume d'affaires abondant portant sur du papier commercial et des titres.

Les grandes banques de province, elles aussi, bien qu'à moindre grande envergure, comptent à leur portefeuille certains de ces titres étrangers : la maison Morin-Pons souscrit dans la Société en commandite par actions des boulangeries danubiennes en 1865 ; Henry Pons entre au conseil d'administration des Charbonnages hongrois d'Urikany, créés en 1891. Sur l'axe oriental, la banque Ottomane, qui compte pour co-fondateur Adolphe Vernes, domine le marché. Ce financement direct de l'investissement à l'étranger, par la place parisienne notamment, est stoppé par la guerre de 1870-1871. La position internationale de la finance française se recentre alors sur

Affiche pour la compagnie de chemin de fer PLM par G. Cuggetti, XIX*e siècle.*

les fonds d'États étrangers. Cette tendance est accentuée par le krach de l'Union générale en 1882. Elle marque le développement des placements des emprunts étrangers, entre autres des emprunts russes, jugés alors plus sûrs – n'en déplaisent aux déconvenues à venir – par les épargnants français.

La seconde phase de ce qu'il est d'usage d'appeler la révolution industrielle débute dans les années 1880-1890 par le développement de l'électricité, de l'automobile et des innovations de la sidérurgie et de la chimie. Elle ouvre ainsi des débouchés massifs nécessaires à ces technologies innovantes : nouvelles sidérurgie de l'acier, aciers spéciaux (nickel), métallurgie non ferreuse (cuivre pour les télécommunications, plomb pour les réseaux aquifères). L'époque, marquée par les grandes mutations débutées sous Haussmann, est également à l'*aggiornamento* des centres urbains, dont la population explose. Pour s'en convaincre, Lyon a vu le nombre de ses habitants passer de 100 000 individus en 1800 à 460 000 en 1900 et s'est métamorphosée. En 1852, la ville a absorbé les faubourgs de la Croix-Rousse, de la Guillotière et de Vaise. À partir de 1853, sous la férule du préfet du Rhône Vaïsse, ancien ministre de l'Intérieur de 1851 à 1853, elle a vu ses vieilles rues de la presqu'île disparaître au profit de larges avenues haussmanniennes. Le nouveau quartier des Brotteaux est sorti de terre. En 1853, l'État a autorisé la création de l'unique société immobilière de Lyon, la Société de la rue Impériale, à laquelle la Morin-Pons a sans doute participé, ne serait-ce qu'en plaçant dans la (nouvelle) pierre une part des fortunes lyonnaises. Toujours est-il, qu'une fois la rue achevée, la banque a quitté le quartier Saint-Clair et la rue des Feuillants pour rejoindre, en 1857, son nouveau siège dans la récente rue Impériale (actuelle rue de la République), symbole de sa prospérité et de sa notoriété. La capitale, elle aussi, a changé de visage, bénéficiant pour sa mue des concours financiers du Crédit Foncier.

À Lyon comme à Paris, les banquiers accompagnent cette mutation sans précédent en investissant dans les secteurs liés à cette urbanisation massive (sociétés concessionnaires de services publics de distribution de gaz et d'eau) et aux transports, en particulier (tramways). Dès 1853, la banque Morin-Pons a ainsi étudié sa participation dans l'entreprise des eaux et des égouts de Lyon. Si la « fée »

André Gide rentier, client de la banque Vernes

André Gide à Biskra, en Algérie, en 1896.

« Les considérables dépenses du voyage [...] m'ont forcé à demander du renfort à M. Vernes. J'ai demandé 1000 francs d'un coup », écrit André Gide à sa mère le 13 avril 1894, à qui il explique les embarras pécuniaires qu'il rencontre au cours du long périple qui le mènera durant neuf mois en Afrique du Nord et en Italie. Non que celui qui deviendra l'auteur des *Faux monnayeurs* ou de l'*Immoraliste* ait eu réellement un jour à connaître les difficultés financières d'un Balzac ou d'un Dumas, condamnés à écrire pour payer leurs nombreux créditeurs. L'homme, client de la banque Vernes, qui gère sa fortune, est rentier ; l'écrivain n'aura jamais à vivre de sa plume. Sa correspondance atteste qu'il fera plus d'une fois appel à son banquier en cas de besoin de fonds – pour financer une affaire par exemple – ou recommander un ami dans la détresse et qui cherche à souscrire un crédit : « Ai écrit à M. Vernes ceci : je vous serais obligé d'avancer pour une durée de 90 jours la somme de 3 000 francs à M. X.... Il est entendu que je vous garantirai par ma signature et par celle de mon ami. M. Y.. », explique ainsi André Gide à son ami Eugène Rouart en juillet 1906 (en l'espèce le banquier refusera le prêt demandé).

Vue du Palais de la bourse à Lyon, carte postale, début du XXe siècle.

électricité – dont la prospérité boursière sera assurée jusque dans les années 1930 – fait encore figure de secteur technologique de pointe, elle attire déjà quelques investisseurs-pionniers. Parmi eux, la banque Vernes, qui, en 1892, participe aux côtés des banques Demachy et Seillères, à la création de la Société lyonnaise des forces motrices du Rhône, principale société d'électricité de la ville.

Le financement d'une *start-up* : Air Liquide

Créée en 1902, Air Liquide entend exploiter et vendre des procédés de liquéfaction de l'air, une nouvelle technologie liée aux progrès de la chimie minérale de la fin du XIXe siècle. À l'époque, l'idée est aventureuse. Le développement de l'affaire incertain. Si de nombreuses sociétés « innovantes » disparaissent corps et bien, après quelques années, faute de moyens, de débouchés ou de technologie, tel ne sera pas le cas d'Air Liquide, qui connaît une expansion spectaculaire. Devenu rapidement un groupe de dimension international, Air Liquide est aujourd'hui le leader mondial des gaz industriels. La banque Vernes sert de « capital réputation » à la société naissante. Elle accepte dès 1906 d'investir dans l'affaire. Grâce à son prestige sur la place parisienne, grâce également à la clairvoyance dont elle a fait preuve en lui accordant sa confiance, elle reste, aux yeux des premiers dirigeants d'Air Liquide « celle qui a sauvé la société ». Une jolie paternité, porteuse d'avenir et de partenariat au long cours…

G. Farrazin, L'Omnibus Madeleine-Bastille devant le Café de la Paix, à Paris, *1892.*

Les maisons de haute banque parisienne, comme les grandes banques locales, ont ainsi participé aux grandes affaires industria-lo-financières du siècle et deviennent, durant la seconde moitié du XIXe siècle, des acteurs essentiels de l'économie. Qu'elles soient actionnaires directes ou rassembleuses de fonds, elles ont su, grâce à leur vitalité, leur capacité d'initiative et de diversification, accompagner la course aux eldorados ouverte sur plusieurs champs sectoriels et géographiques. Elles ont également réussi à renouveler, en défrichant ou en animant telles ou telles affaires de secteurs encore inconnus, mais promis à un bel avenir, leur fonds de commerce, au-delà de leurs activités classiques. Une capacité d'innovation longtemps restée leur « marque » de fabrique. L'euphorie affairiste de cette Belle Époque prend brutalement fin avec l'entrée en guerre.

On les aura !
2e EMPRUNT
DE
LA DÉFENSE NATIONAL
Souscrivez

Les banquiers et l'effort de guerre

L'insouciance de la Belle Époque n'a pas effacé les traumatismes de la perte de l'Alsace-Lorraine, que les Français ont à cœur de récupérer. En juin 1914, l'assassinat de l'archiduc héritier d'Autriche précipite le monde dans une guerre dont personne, encore, n'imagine ni la durée, ni la portée, ni les efforts financiers qu'elle réclamera.

Par son gigantisme et son caractère destructeur, la Première Guerre mondiale a donné, rétrospectivement, aux Français l'illusion qu'ils avaient vécu avant elle une Belle Époque. La réalité est autre. À la veille de la guerre, la bourse et les banques d'affaires sont à la peine. Après avoir connu, entre 1909 et 1913, une période d'expansion économique marquée par une exceptionnelle hausse des profits, la France renoue avec la crise, engendrée, comme souvent, par une spéculation irrégulée. En témoigne le cas de la Société Générale dont, le président-directeur général, Louis Dorizon, a fortement investi dans les pays balkaniques proches de l'Allemagne. Événements diplomatiques faisant, l'homme est poussé à la démission en 1913 et la banque mise à mal, en mai-juin 1914, par la défiance d'un public alarmé par l'importance des placements internationaux allemands et balkaniques de l'établissement. La rumeur circule qu'elle serait même en cessation de paiement, provoquant panique et hémorragie de retraits. Pour rétablir un semblant de confiance, le ministre des Finances et la Banque de France se voient amener à vérifier et à certifier la liquidité et le portefeuille de la Société Générale.

Affiche de Jules Abel Faivre pour la souscription du deuxième emprunt de la Défense nationale, 1916.

La foule se presse devant le siège de la Banque de France pour retirer des valeurs, 1914.

Survenue un mois à peine avant le déclenchement de la Grande Guerre, et bien qu'elle n'ait guère passionné les historiens, cette crise aura néanmoins un impact majeur sur le déroulement de l'entrée en guerre et la mise en place de mesures bancaires draconiennes.

La guerre de 1914-1918 est à la fois prévisible et imprévue. C'est le sentiment qui ressort de la préparation à un futur conflit que l'on savait inévitable, mais dont on ignorait qu'il serait d'une nature très différente de celle des conflits du siècle précédent. Et la préparation des établissements financiers n'a sans doute pas été en adéquation avec la réalité d'un conflit moderne. Un conflit court : telle est l'idée générale qui prévaut en 1914 ; une guerre expresse qui n'entraînerait pas de réaction particulière de la part des épargnants. Et pourtant ! Dès l'attentat de Sarajevo et jusqu'aux ultimatums de la fin du mois de juillet 1914, les clients se pressent déjà aux guichets des établissements financiers. Nul n'échappe à la règle, depuis les grandes maisons jusqu'aux petites Caisses d'épargne, en passant par les banques de dépôts. Toutes connaissent un début de *run* bancaire. Avec l'annonce de la mobilisation, le mouvement s'amplifie et c'est une foule désormais immense qui se précipite dans les établissements pour retirer ses dépôts ou accéder aux coffres.

La mobilisation est massive : c'est près de trois millions d'hommes dans la force de l'âge, généralement soutiens de famille, qui sont appelés à partir dans la hâte au début du mois d'août 1914. Les futurs Poilus ne souhaitent pas laisser leurs proches dépourvus de moyen de subsistance et retirent massivement des espèces sonnantes et trébuchantes, créant ainsi des files interminables devant les établissements financiers.

D'autant que les femmes mariées, alors juridiquement considérées comme « incapables majeures » n'ont, dans l'ensemble, pas accès aux comptes bancaires. L'importance des retraits est telle que le gouvernement prend une décision lourde de conséquences. Le 31 juillet 1914, il ordonne le moratoire sur les dépôts bancaires, qui limite à 50 francs par quinzaine le montant maximal des remboursements. Devant la gravité de la situation financière, la décision est légitime : depuis le 25 juillet, le système financier, dans son ensemble, est gravement touché, la bourse a dévissé et de gros établissements de crédit manquent de réserves. On craint que la Société Générale, au bord de l'effondrement, n'entraîne avec elle l'ensemble du système. Si brutal soit-il, le moratoire permet rapidement de limiter les sorties de billets et d'empêcher la crise financière. Pour salutaire qu'il ait été, il a toutefois provoqué la colère des épargnants, qui se sentent sacrifiés sur l'autel des banquiers.

L'entrée en guerre est donc difficile ; la population inquiète, voire indignée. L'histoire bancaire nous invite donc à relativiser l'image idyllique d'un départ la fleur au fusil. La veille de leur départ, les conscrits n'ont pas la tête à faire la fête : ils font plus prosaïquement la queue aux guichets des banques ! Pour les autorités militaires comme civiles, la guerre devait être courte. La puissance de feu des armées modernes avec une artillerie de pointe comme le canon de 75 français ou la « grosse Bertha » allemande devait conduire à une victoire rapide de l'un ou de l'autre camp. Las ! Après une première phase de mouvements que l'on a qualifiée de course à la mer, les deux armées se figent sur la Marne. La guerre change radicalement de physionomie et s'enterre dans les tranchées. Elle prend une tournure et une durée imprévues.

Les *runs* bancaires

Le *run* bancaire consiste à courir à la banque pour y retirer ses placements. Il témoigne de la perte de confiance des déposants dans la capacité de la banque à pouvoir les rembourser. Les *runs* sont surtout courants lors de crises bancaires ou de la faillite d'un établissement. Durant la Première Guerre mondiale, le processus est autre : c'est la peur du blocage des comptes qui fait réagir les déposants. L'entrée en guerre a ainsi été le théâtre de scènes de *runs* d'une extrême violence : de très longues files d'attente se forment aux abords des banques et des Caisses d'épargne et plusieurs heures sont nécessaires pour accéder à un guichet ou à la salle des coffres. Ces mêmes *runs* se renouvèlent dans les années 1930, en mars 1936, et surtout en septembre 1938, date où les épargnants ont cru revivre les heures terribles de l'entrée dans la Grande Guerre.

Poilus dans les tranchées, guerre de 1914-1918.

Parce qu'elle n'a pas été préparée, la mise en place de l'économie de guerre pose alors d'énormes difficultés. D'abord du point de vue de la main-d'œuvre. Le départ au front de la population masculine a provoqué une pénurie d'ouvriers, notamment dans l'armement et dans l'agriculture. Pour une bonne part, ce sont les femmes qui prennent alors la relève. Les usines d'armement fonctionnent grâce aux fameuses « munitionnettes ». Ensuite, d'un point de vue purement financier. Certes pronostiquée, la guerre a été fortement sous-estimée. Le 11 novembre 1911, deux conventions secrètes ont été signées entre le gouvernement et la Banque de France pour un montant de 2,9 milliards. En temps de guerre et dès le début de la mobilisation, il est prévu que la Banque de France remette au ministre des Finances des lettres d'ouverture de crédits sur ses succursales. Choses faite le 5 août 1914, à la faveur du vote d'une loi qui met également fin, provisoirement, à la convertibilité du franc en or. Le coût de la guerre est alors évalué à 3 milliards de francs, à l'instar de ce qu'avaient coûté les conflits précédents. L'on déchante bientôt. Car ce n'est pas trois, mais près de trente-cinq milliards – par année ! – que l'État va devoir débourser, soit un total de 140 milliards. Pour comparaison, le budget de la France s'élève à 5 milliards en 1913, et des études de l'époque – contredites par les faits – avaient montré que la France ne pouvait pas se permettre de dépasser 20 milliards de francs pour un conflit.

Le monument des aviateurs Vernes et Peinaud

« Ils prennent le vol comme des aigles. Ils courent et ne se lassent point » (Isaïe)
« Ils marchent et ne se fatiguent point. Que chacun de vous mette au service des autres le don qu'il a reçu » (Pierre IV, 20).
Tels sont les quelques mots gravés sur la tombe du lieutenant-observateur Vernes et du sergent-pilote Peinaud, située près du chemin des Dames, dans la petite commune d'Ussel. Remarquable tant par sa taille que par la qualité de sa réalisation, ce monument fut érigé à la gloire de ces deux aviateurs, tombés en 1917. Le lieutenant Marcel Vernes (1886-1917) était l'arrière petit-fils de Charles Vernes et l'oncle de Jean-Marc...
Son père, le pasteur Amédée Vernes (1856-1940), fut l'un des pionniers de l'industrie électrique française. Ingénieur en chef de la compagnie Edison, il a construit, en autres, les premières stations d'éclairage de Paris et fut chargé d'une partie de l'électrification de l'Exposition universelle, de Paris, en 1889. Précurseur, Amédée Vernes s'est également intéressé aux ascenseurs et au téléphone. Ainsi, dès sa création, il fut l'administrateur de la Société des Téléphones et le président-fondateur du Conseil d'administration de la Société Vernes, Guinet, Sigros et Cie, ascenseurs Roux-Combaluzier.

Comment ce temps de pénurie ne peut-il pas engendrer un mouvement spéculatif ? Le 1er juillet 1915, le ministre des Finances réunit une conférence sous la présidence d'Edmond de Rothschild à laquelle participent Vernes, Hottinguer, Neuflize, Sergent, Mallet, Lehideux, Davillier ainsi que les représentants du Crédit Lyonnais de la Société Générale du CNEP ou encore du CIC. Cette conférence examine les problèmes financiers que rencontre la France depuis le début de la guerre, cherche des remèdes et interroge le rôle que doit jouer le banquier dans cette période d'exception. L'augmentation des impôts aux fins de financement du conflit et de renflouement des caisses de l'État n'est pas le moyen privilégié pour pallier la crise : l'imposition sur le revenu, votée avant la guerre et rentrée en application en 1916, ne rapporte en effet qu'à peine un milliard ; les impôts extraordinaires tout juste un milliard et demi. Les impôts indirects, en constante augmentation durant tout le conflit, offrent certes un gain substantiel au budget de l'État, pour autant, l'ensemble n'entre finalement que dans une proportion infime des ressources totales, à peine 15 %. Il faut donc imaginer d'autres moyens pour financer le conflit.

Le premier est l'émission de bons du trésor, rebaptisés pour la circonstance Bons de la défense nationale. Les banquiers sont largement mis à contribution. Leur lancement est un véritable succès. Ces bons offrent un taux d'intérêt particulièrement intéressant pour l'époque, soit de 3,6 ou de 5 %. C'est aussi un pari sur le long terme.

Affiche de Jules Abel Faivre pour un appel à la souscription, 1915.

Un remboursement massif à échéance aurait en effet mis à mal la puissance publique. Il n'aura finalement pas lieu. D'abord, parce que jusqu'en 1916 le moratoire fait hésiter les épargnants à placer leur liquidité dans les banques ; ensuite, parce que le taux élevé des «bons» les laisse croire que le placement leur est profitable financièrement. À l'époque, l'inflation est encore un phénomène méconnu des Français, qui ne peuvent présager que leur investissement peut se dévaluer.

Les fameux emprunts de la Défense nationale sont le second levier du financement de la guerre. Ils sont restés célèbres grâce aux affiches patriotiques éditées afin de favoriser leur souscription et qui sont devenues les illustrations incontournables de la Grande Guerre. Ces emprunts perpétuels sont au nombre de quatre : novembre 1915, octobre 1916, octobre 1917, octobre 1918. À l'instar des «bons», leur taux d'intérêt est très avantageux, supérieur à 5 %. Tout comme eux, leur valeur réelle sera en réalité annihilée par l'inflation. Les emprunts nationaux ne suffisent néanmoins pas à couvrir les dépenses. Il faut faire appel à l'étranger, principalement à la Grande-Bretagne et aux États-Unis. Les emprunts américains sont d'abord privés, contractés surtout auprès de la banque Morgan, puis publics, souscrits auprès du gouvernement américain, qui lui-même emprunte à des organismes privés pour le couvrir. Au final, c'est plus de 60 milliards de francs que l'État français récolte par ce biais.

Dernier des moyens utilisés : la planche à billet. C'est par l'augmentation de la monnaie fiduciaire, qui passe de 6 milliards de billets en circulation avant la guerre à plus de 40 milliards en 1919, que la France achève ainsi de financer l'effort de guerre. Pour le public, l'effet inflationniste est masqué par la collecte d'or, qui permet à la Banque de France de toujours disposer d'une quantité équivalente de métal précieux. L'étalon or et la parité des monnaies semblent ainsi maintenus. Mais la couverture de la masse monétaire par la Banque de France passe d'un peu moins de 70 % en 1914 à 21,5 % en 1919.

En 1918, l'ensemble des moyens financiers mis ainsi en œuvre a permis à la France de financer la guerre. Mais au prix d'un bouleversement économique sans précédent. Le pays sort du conflit considérablement endetté, avec l'apparition d'un phénomène nouveau : l'inflation. À l'issue du conflit, la population n'aspire qu'à revenir à la situation d'avant-guerre, rêve d'un retour à la Belle Époque. Euphorie chimérique et éphémère de la paix revenue, laquelle masque aux yeux des Français, qui s'illusionnent encore à l'idée que « l'Allemagne paiera », la situation réelle du pays. Le franc, dont la convertibilité en or, avant le 5 août 1914, était de 322,5 mg, n'est plus envisageable. Il perd donc de 30 % à 40 % par rapport à la livre ou au dollar. Au-delà, le bilan est également lourd : plus d'un million de morts ou de disparus, des dégâts matériels, certes géographiquement limités, mais considérables. À l'évidence, ce n'est pas parce que la guerre était attendue qu'elle a été bien « calculée ». Sa préparation s'est fondée sur des calculs datés et sur une perception faussée du coût réel d'un conflit moderne. L'effort financier fourni par la France est à l'image du pays : l'unité de la première heure s'est bien effritée au fil du temps. L'image des banques est, quant à elle, gravement altérée : par le moratoire, mais aussi, et surtout, parce que nombre d'épargnants sortent de ces années noires ruinés par l'inflation, ou les emprunts russes. La haute banque vit des heures difficiles et doit se contenter de gérer ses positions en attendant des jours meilleurs.

Affiche d'Auguste Leroux pour le 3e emprunt de la Défense nationale, 1917.

D'une crise à l'autre

D'une guerre à l'autre, les crises – politique, économique, financière, sociale – se succèdent sur un horizon qui s'est élargi à l'international. Malmené par les difficultés économiques, attaqué politiquement, entravé aux heures sombres de l'Occupation, le monde bancaire est à la peine…

Chapitre V

Panique à la Bourse de Paris à la suite de la nouvelle du krach boursier de Wall Street de 1929, *dessin anonyme, milieu du XXe siècle.*

VOUS SEREZ :
1920
UN CULTIVATEUR
6%
NET D'IMPÔT
PRÉVOYANT
UN OUVRIER
EMPRUNT 6%
AVISÉ
SI VOUS SOUSCRIVEZ A L'EMPRUNT
6%
6%
UN COMMERÇANT
6%
HABILE
UN BOURGEOIS
ON SOUSCRIT ICI
PRATIQUE
A. RAYNOLT
6%

Les années folles de l'épargne

La crise économique qui secoue le monde en 1929, et à laquelle la France a pensé un temps avoir échappé, la frappe de plein fouet en 1931. Seuls les grands réseaux de banques de dépôts ou la haute banque parviennent à éviter le sort dramatique qui touche alors les banques locales.

La Première Guerre mondiale a bousculé le monde économique et inauguré les mouvements quasi inédits de l'inflation et de la dévalorisation monétaire. Au sortir de ce gigantesque conflit, la France reprend difficilement son souffle. L'appareil bancaire et financier du pays en est diversement affecté. Les trois grandes banques de dépôts que sont le Crédit Lyonnais, la Société Générale et le Comptoir national d'Escompte de Paris ont perdu de leur magnificence d'avant-guerre ; la reconstitution de leurs ressources se révèle rude. Leurs fonds propres sont érodés par l'inflation. Soucieux de maintenir plus fermement que jamais à leurs emplois une liquidité aussi étendue que possible, ces établissements se cantonnent à des crédits à très court terme et privilégient l'escompte, qui constitue le gros de leurs opérations. Les banques d'affaires interviennent surtout en Europe centrale et orientale ainsi que dans les Colonies.

La haute banque parisienne a conservé, quant à elle, sa solidité et la confiance de ses clients, notamment grâce à la stabilité d'un actionnariat majoritairement familial, qui lui assure une permanence dans la gestion des affaires. La composition du capital de la banque Vernes des années 1930 est sur ce point exemplaire. Les 4,5 millions de francs de cette société en nom collectif sont détenus par les associés Pierre, Gérard et Édouard – les trois fils de Félix Vernes (fils d'Adolphe Vernes, l'un des fils du Félix Vernes du XIXe siècle), décédé en 1934 –, par la veuve de celui-ci et par Philippe Vernes (fils de Jules Vernes, l'autre fils du Félix Vernes du XIXe siècle) et son fils François.

Appel à la souscription de l'emprunt national de 1920.

Rouvay : entre chasse et phalanstère

Affiche touristique d'Henri Polart pour la forêt de Rambouillet et ses alentours, 1907.

Comme toutes les familles de la haute banque, les Vernes ont acquis une propriété aux alentours de Paris : le château du Rouvray à Condé-sur-Vesgre, en lisière de la forêt de Rambouillet. À l'origine du château dans les années 1830 : une tentative de construction d'un phalanstère. Cette première expérience échoua, mais fut retentée sur une ancienne partie de la propriété. Les Vernes sont ainsi les voisins de la « Colonie », l'une des plus célèbres expériences fouriéristes. Cette propriété achetée probablement à la fin du XIXe siècle leur sert de lieu de villégiature et leur permet de s'adonner à la chasse dans l'immense domaine forestier de Rambouillet.
En 1936, dans l'affaire Seznec, la propriété du Rouvray est fouillée et l'étang sondé à la recherche du corps de Quéméneur. Très attaché à la région, Pierre Vernes se présente aux élections municipales de 1935 à Rambouillet. Une des rues porte le nom de son épouse, Antoinette Vernes, montrant ainsi leur implication dans la vie locale.

De manière générale, ces grandes maisons parisiennes font montre de prudence : elles se sont refusées, à l'inverse de banques d'affaires, à ouvrir leur capital en bourse, veillent à préserver leurs actifs personnels, se défendent de multiplier les prises de risques excessives. En ces temps troublés de l'après-guerre, elles se contentent ainsi souvent de gérer leurs positions antérieures avec circonspection.

Leur présence au sein des conseils des grandes institutions bancaires collectives, à la Banque de France entre autres, leur assure l'accès à des informations privilégiées ainsi qu'à des opportunités d'affaires dont elles peuvent plus aisément jauger la fiabilité. Ces grandes maisons sont également étroitement associées aux opérations menées par certains organismes financiers servant la politique d'expansion de la place parisienne à l'international. C'est le cas de la Banque ottomane, à la fois banque d'émission et banque commerciale dans l'immense Empire ottoman, dans laquelle l'influence française, et notamment celle de la haute banque, est aussi importante – voire supérieure – à celle des Britanniques. Un Hottinguer y assure la vice-présidence et la maison Vernes y est représentée au conseil depuis sa création. Les liens étroits qui unissent ces financiers aux grandes compagnies d'assurances, aux conseils desquels ils siègent massivement, leur apportent par ailleurs des réseaux de courtage de titres. Cette capacité d'influence, discrète mais efficace, est plus notoire encore au sein de la Banque de l'Union parisienne. Devenue une sorte de « coopérative capitaliste », un cartel formalisé en société anonyme, cette banque d'affaires agit en filiale commune à six maisons de haute banque, parmi lesquelles la maison Vernes ; elle leur permet d'affirmer leur influence au sein des associations bancaires informelles qui contrôlent certaines émissions, agissant ainsi en force de levier pour renouveler leur portefeuille ou pénétrer au cœur des affaires internationales – dans l'aire danubienne, en Amérique latine, en Afrique. *Via* la Banque de l'Union parisienne, Vernes et Cie investit ainsi notamment dans divers secteurs clés en Afrique du Nord : avec les Mallet dans la Compagnie algérienne (banque), avec ceux-ci et les Hottinguer dans la société d'exploitation minière Sidi-Bou-Aouane (plomb) ou les mines de la Douaria (fer), filiale des aciéries Firminy, au sein de laquelle elle se verra très tôt associée à la famille Béghin.

La Table de la Banque de l'Union parisienne

Affiche d'Adolphe Willette pour la Banque de l'Union parisienne, 1918.

Le *modus operandi* adopté au sein de la Banque de l'Union parisienne pour les opérations financières témoigne de l'influence qu'y possèdent les maisons de haute finance. Un groupe informel baptisé la Table rassemble les membres du conseil, en grande partie constitué des représentants de la haute banque. Ces VIP reçoivent régulièrement une part des émissions de garantie et de placements de titres (pour leur propre compte et pour celui de leur maison) qu'ils font alors souscrire, grâce à leur réseau de courtage, auprès d'investisseurs (institutionnels ou clientèle aisée), ou qu'ils assument en direct. La moitié du produit des émissions revient à la banque de l'Union parisienne, l'autre est partagée entre les membres de la Table, dont 70 % pour les représentants des grandes maisons.

Face aux grandes banques de dépôts, dont elles entendent ainsi contrer la montée en puissance, ces grandes maisons conservent néanmoins une place à part sur l'échiquier financier. Dans le respect de la tradition, il continue de s'y gérer des « crédits sur mesure » ;

Les aciéries de Longwy, en Meurthe-et-Moselle, 1934.

chaque dossier y reste une « aventure particulière », parfois propice à la naissance de partenariats affermis par les années. C'est ainsi que s'esquissent ou se renforcent, dans les années 1920 et 1930, les liens qui unissent, et uniront par-delà la guerre, la banque Vernes avec des sociétés engagées dans des secteurs de pointe. Son investissement dans Air Liquide, dès sa naissance, en 1902, ou dans Carbone Lorraine, créé à la fin des années 1930, marque son engagement précoce et durable dans le secteur de la chimie. Même processus dans le domaine du pétrole : Vernes et Cie est présente dans les affaires de l'Omnium français de pétrole, dans les établissements Claude Paz et Silva, fondés en 1938, ou bien encore dans la Compagnie auxiliaire de navigation, spécialisée dans le transport pétrolier et rachetée par Total en 1972, ainsi que dans sa filiale, la Compagnie africaine d'armement créée en 1920 avec Saint-Gobain.

Si les banques de dépôts, de même que, dans une moindre mesure, les banques d'affaires et la haute banque sont à la peine, l'époque est favorable au développement des banques locales et régionales, qui connaissent au même moment une certaine renaissance. Elles pallient en effet sur leur territoire le malthusianisme des grands établissements et font preuve de plus de hardiesse pour accorder leur financement aux entreprises industrielles locales. La place lyonnaise recouvre à cette époque un nouveau souffle. En atteste le dynamisme de la banque

Veuve Morins-Pons, dirigée depuis 1906 par Edmond Achard, beau-fils d'Henry Morin-Pons, Paul Vernet, petit-fils d'Adrien Morin, et Jacques de Waterville. La maison prend ainsi part, dans les années 1920, à d'importantes opérations financières, dont les principales sont la création de la Société lyonnaise de navigation et de remorquage (transport rhodanien, 1911), la fondation de la Société centrale des écrus (textile), le financement de vastes opérations immobilières dans toute la France, et tout particulièrement dans la région lyonnaise des gratte-ciel de Villeurbanne.

En partie grâce à la vitalité de ces nombreux acteurs financiers locaux, la France de la fin des années 1920 semble avoir retrouvé une certaine prospérité, ou tout au moins une certaine stabilité, alors que le monde entier est en train de plonger dans une terrible crise, suite du krach boursier d'octobre 1929. La politique de stabilisation du franc menée par Raymond Poincaré, violemment critiquée par le monde anglo-saxon, offre, un temps, un surcroît de dynamisme illusoire. La dévaluation de la livre sterling décrétée en 1931, combinée à la baisse des prix mondiaux, conduit bientôt à un renchérissement très pénalisant du franc, qui est déjà une monnaie forte.

Le financement d'une utopie ouvrière : les gratte-ciel de Villeurbanne

Les « gratte-ciel » de Villeurbanne.

Érigés entre 1927 et 1931, les gratte-ciel de Villeurbanne, financés par la banque Morin-Pons, représentent un cas exemplaire de cité ouvrière avec des immeubles aux logements sociaux : le chauffage est collectif, les terrasses communiquent entre elles et les appartements sont aménagés avec le confort le plus modernes (ascenseurs, eau chaude, gaine ménagère…). La construction est réalisée par des coopératives ouvrières. C'est à un disciple de Tony Garnier qu'échoit la direction de sa construction. L'opération est rendue publique avec sa souscription de capital. Elle fait la une des journaux. Des cartes postales sont éditées et une loterie est mise en place : le premier prix – ironie de l'affaire – une « villa individuelle » !

Distribution gratuite de produits alimentaires à Paris, 1931.

La France cesse dès lors d'être cet îlot de prospérité envié par les autres nations. Elle plonge brutalement dans la tourmente. Si le marasme touche peu les grandes entreprises cartellisées, il frappe de plein fouet les secteurs et entreprises « vulnérables ». Cette crise des investissements et de l'épargne entraîne, en raison de la chute des profits boursiers combinée aux « affaires » (Oustric puis Stavisky), la désaffection brutale des épargnants pour les placements financiers. Les cours chutent. Le crédit s'assèche. La panique s'installe.

Les banques les plus étroitement liées à l'industrie (ainsi que les banques d'affaires imprudemment engagées en Europe centrale comme la Banque de l'Union parisienne) paient, les premières, et le plus lourdement, le tribu à la crise. Parmi elles, ces nombreuses banques locales et régionales si dynamiques qui s'étaient, car trop téméraires, comportées en banques mixtes sans assez diviser leurs risques. Entre 1930 et 1935, plus de cinq cents banques font ainsi faillite, mettant en lumière la fragilité de l'ensemble du système économique. C'est par vagues successives de panique que les épargnants mettent à mal et font tomber les établissements les uns après les autres. Car leur préférence va aux institutions présentant une garantie officielle – Caisses d'épargne (dont le plafond de dépôts est relevé), Banque de France – ou à la thésaurisation, sous la forme de billets de banque, d'or ou de devises.

Pour faire face aux difficultés et à cet amenuisement de ressources de plus en plus volatiles, les banques survivantes réduisent notablement leurs crédits à l'économie, et d'abord leurs avances et leurs découverts. Faisant preuve d'une prudence accrue, elles se cantonnent davantage aux opérations d'escompte, provoquant une baisse de l'investissement, à un moment où la France connaît des déficiences structurelles.

Et les critiques de fuser, à gauche comme à droite de l'échiquier politique. « On se demande l'utilité des banques », s'insurge un plumitif, alors que le président de l'Union des banquiers de Paris se plaint de l'attitude des chambres de commerce « tendant invariablement à faire retomber sur les banques les conséquences de la crise que tous subissent ». Il n'empêche. En 1937, les conclusions du rapport Brunet préconisent des mesures pour « mobiliser les avoirs actuellement immobilisées dans les banques et pour contrôler, coordonner et galvaniser le réseau bancaire devenu inerte et atone après six ans de crise ». Ici réside une des principales causes de la nationalisation de grandes banques de dépôts votée au lendemain de la Seconde Guerre mondiale.

Quasi obsessionnelle de l'équilibre budgétaire et de l'étalon-or avec la parité fixée en 1928, la politique monétaire menée par le gouvernement de 1930 à 1934 marque le pas. À partir de 1934, face à l'échec de la déflation et des politiques d'austérité, Pierre-Étienne Flandin tente une esquisse de keynésianisme. Cette politique se heurte au déficit budgétaire, à la conjoncture monétaire internationale très défavorable mais aussi au conservatisme des financiers, et notamment celui de la haute banque parisienne, partisane d'un franc fort. En 1935, Pierre Vernes, dirigeant de la banque Vernes et Cie, se présente aux élections municipales de Rambouillet. Engagé contre la figure locale, Raymond Patenôtre, magnat de la presse de centre gauche et farouche défenseur de la dévaluation, le banquier prend pour thème de campagne la défense du franc fort. Position qui lui vaut la victoire. Au-delà de la personne, cet engagement politique témoigne du refus de la haute finance d'envisager les mesures keynésiennes, qui pourtant fonctionnent dans les pays qui les ont entérinées.

La Ligue contre le cancer

La famille Vernes a toujours consacré temps et argent à des œuvres d'utilité publique. Félix Vernes ne déroge pas au soutien philanthropique. Il préside ainsi, en 1918, avec les Rothschild et François de Wendel à la création de la Ligue – alors franco-anglo américaine – contre le cancer.

La persistance des difficultés politiques conjuguées à la crise bancaire sert, dans l'entre-deux-guerres, de cocktail explosif à l'épargne française. Elle entraîne une lassitude, puis une radicalisation de la population. Par-delà, la France des années 1930 se heurte à deux écueils : la restructuration taylorienne encore inachevée et un fordisme social inapplicable. Si la production de masse est en place, elle ne peut être accompagnée de consommation équivalente, eu égard au poids de la population rurale et de la faiblesse de la politique salariale. Dès lors, les épargnants sont en attente de solutions que les banquiers, très gravement touchés par la crise, ne peuvent leur fournir, ce qui cristallise les critiques de plus en plus virulentes à leur encontre.

Le voila, le "mur d'argent"
Le cartel est tombé parce que sa politique conduisait le franc au naufrage et, qu'affolée, la masse des petits et gros porteurs de francs s'est ruée aux guichets des caisses d'épargne et des banques.
Si le cartel revenait, ce seraient la même panique, les mêmes désastres et il se briserait sur le même mur !.....
CAISSE
CAISSE
BON
BON
BON

Le mur d'argent ou les deux cents familles

C'est durant l'entre-deux-guerres que s'exprime avec force, dans les milieux de gauche et d'extrême droite, une franche hostilité à l'oligarchie financière et industrielle symbolisée par ceux que l'on a nommés les « deux cents familles ». La thématique trouve une résonance particulière durant toutes les années 1930, entre Front populaire et crises politiques.

Les « deux cents familles » : l'expression trouve son origine dans le fameux collège des deux cents principaux actionnaires de la Banque de France, qui, selon une opinion qui s'affermit à l'époque, régneraient en maîtres absolus sur l'ensemble de la politique économique du pays. L'idée n'est pas nouvelle. Depuis la fin du XIXe siècle, de semblables thèses circulent. On dénonce, avec des arguments plus ou moins convaincants, la toute puissance de ce cercle restreint que forment les régents. Le mythe prend bientôt de l'ampleur. Pour désigner les « deux cents plus gros actionnaires », on montre désormais du doigt – métonymie faisant – les « deux cents familles » les plus influentes de France. L'amalgame est certes facile, mais ne décrit pas l'exacte réalité. Le « décompte » est faussé ; on ne dénombrera jamais deux cents « noms » différents dans cet actionnariat de la Banque de France, qui se compose également de personnes morales et d'actionnaires appartenant à la même lignée. Peu importe. Un tel raccourci permet de matérialiser, aux yeux de l'opinion, un ennemi invisible, ou tout au moins nébuleux.

Affiche de Boussay dénonçant le « mur d'argent », 1925.

Quelles sont donc ces « deux cents familles » ? De grandes familles de banquiers et d'industriels ; les quinze membres du conseil des régents en sont l'incarnation. On y trouve principalement des familles de hautes banques juive et protestante, de la banque d'affaires et de gros industriels. Pas étonnant donc d'y croiser à nouveau les noms de familles et de dynasties telles que Rothschild, Hottinguer, Mallet ou Vernes (pour la haute banque), Lazard (pour la banque d'affaires), Schneider et Wendel (pour l'industrie).

En 1920, le doyen du Conseil, Rodolphe Hottinguer décède. Il laisse un vide car aucun, parmi les représentants de la haute banque protestante, n'a son aura et sa personnalité, qu'il ait pour nom Ernest Mallet, baron Davillier ou baron de Neuflize, tout nouveau doyen. À défaut, c'est donc Édouard de Rothschild qui devient la figure de proue des représentants du monde de la banque. Pour remplacer Hottinguer, on nomme Félix Vernes (deuxième du nom, 1872-1934). Douze ans qu'un Vernes n'avait pas siégé au Conseil ! Certes Félix Vernes

Mariage d'art et de banque

En épousant Jacqueline Wallace en 1936, Philippe Vernes associe le nom de sa famille à celui d'un mécène resté célèbre : sir Richard Wallace. Célèbre pour avoir doté Paris de ses centaines de fontaines d'eau potable, il a rassemblé une vaste collection de peintures. Sa petite-fille, Georgette Wallace, tante de Jacqueline, fait, sous le pseudonyme de Lucie Arbel une prestigieuse carrière à l'Opéra. Elle devient alors la muse du compositeur Jules Massenet. Par-delà les liens familiaux, la banque Vernes s'est vue confier le soin de gérer la fortune de ces amateurs d'art.

Passant s'abreuvant à une fontaine Wallace à Paris, 1914.

Le président du Conseil Édouard Herriot et des membres du gouvernement, 1924.

Affiche contre le Front populaire publiée à l'époque des élections législatives de 1936.

est encore un peu jeune et n'a lui non plus pas le charisme d'Hottinguer. Mais dynamique et ouvert, il est désireux de jouer un rôle de premier plan et se rapproche, pour ce faire, de l'industriel François de Wendel, avec lequel il tisse des liens d'amitié sincères et réciproques.

C'est ce tout nouveau Conseil qui se voit désormais charger de veiller à la circulation monétaire, laquelle est régie, dans les années 1920, par un double «plafond». Celui-ci est fonction, d'une part, des avances directes faites par la Banque de France à l'État, de l'autre du montant maximal de la circulation fiduciaire, alors limitée à 41 milliards de francs. Or, depuis mars 1924, la Banque de France truque ses bilans afin de camoufler le dépassement quasi régulier du dit plafond. Le gouvernement Herriot, mis au courant de la manipulation, préfère ne pas réagir. En jeu, en effet, sa crédibilité, alors qu'il mène une politique de déflation, principal axe de son programme économique. Pour redresser la barre, il faut trouver des fonds. Herriot a tout d'abord recours aux avances de la Banque de France, amplifiant encore de fait les dépassements de plafond. Des manœuvres qui donnent encore davantage de pouvoir aux régents, susceptibles, à tout moment, de révéler la fraude et de faire tomber le gouvernement. Leur puissance de feu se révèle au printemps de 1925, lorsque les socialistes, alliés aux radicaux dans le Cartel des gauches, suggèrent pour sortir de la crise la création d'un nouvel impôt sur le capital. Herriot accède à la proposition socialiste, conscient qu'elle n'a pas l'heur de plaire aux régents. Emmené par Rothschild et Wendel, qui ont le soutien de Félix Vernes, le Conseil, très hostile, exige le retrait immédiat du projet, sous peine de livrer à la vindicte populaire les véritables chiffres de la circulation fiduciaire. Chose faite le 10 avril 1925.

Les avancées sociales du Front populaire

Le succès électoral du Front populaire éveille chez l'ensemble des travailleurs un immense espoir. Ainsi, un mouvement de grève et d'occupation d'usines se met rapidement en place, avant même la formation du nouveau gouvernement. D'abord dans les usines aéronautiques, puis dans l'automobile, il touche bientôt l'ensemble des secteurs industriels en place, gagne toute la France et paralyse

Délégués de la Confédération générale du patronat français quittant l'hôtel Matignon, 7 juin 1936.

le pays. En juin 1936, alors que l'on célèbre à peine l'investiture de Léon Blum, la France compte 2 millions de grévistes. Le patronat, par crainte d'une révolution bolchévique, s'empresse de négocier sous l'égide du gouvernement, pour obtenir au plus tôt la reprise du travail et signe les accords de Matignon de juin 1936. Une série de mesures sociales et économiques est alors votée coup sur coup : loi sur les congés payés, les quarante heures, les conventions collectives. Ces mesures à vocation sociale participent au projet économique de Léon Blum, qui entend relancer l'économie par la consommation.

Grévistes dans une usine de la banlieue parisienne, juin 1936.

Le gouvernement Herriot prend fin. La confiance s'effondre. La dépréciation du franc s'accélère, il perd rapidement 60 % de sa valeur vis-à-vis de la livre sterling.

Cet événement fait l'effet d'un raz de marée dans la politique économique du pays. Un fossé se creuse entre la gauche et les milieux financiers, entre les milieux financiers et l'opinion publique. De la chute du Cartel à l'arrivée du Front populaire, la thématique du « mur de l'argent », contre lequel se sont heurtés les gouvernements du Cartel, est exploitée à l'envi pour aboutir à la création du mythe des « deux cents familles ». Ceux qui se rassemblent sous l'étendard de cette dénonciation accusent la Banque de France d'être un « État dans l'État », d'utiliser la monnaie et le crédit pour favoriser les gouvernements conservateurs et de servir les intérêts privés de ses actionnaires. Durant tout l'entre-deux-guerres, les différents gouvernements qui se succèdent sont en réalité restés maîtres de la politique monétaire du pays. Mais il sera dès lors facile d'attribuer tous les maux de la crise des années 1930 à ce pouvoir secret tenu par deux cents familles. Une théorie qui rencontre d'autant plus d'échos que les opérations de la Banque de France peuvent revêtir une certaine opacité et qu'il ne fait pas de doute que la chute d'Herriot, puis celle de Flandin, en 1926, trouvent pour une bonne part la Banque de France et ses actionnaires comme principaux responsables.

C'est Édouard Daladier, président du Conseil, qui utilise pour la première foi en 1934, lors du Congrès radical de Nantes, ce terme des «deux cents familles» pour condamner la politique de la Banque de France : «Deux cents familles sont maîtresses de l'économie française et, en fait, de la politique française. Ce sont des forces qu'un État démocratique ne devrait pas tolérer, que Richelieu n'eût pas tolérées dans le royaume de France. L'influence des deux cents familles pèse sur le système fiscal, sur les transports, sur le crédit. Les deux cents familles placent au pouvoir leurs délégués. Elles interviennent sur l'opinion publique, car elles contrôlent la presse.» L'expression fait florès, des deux côtés de l'échiquier politique, portée par un courant antisémite très vif dans l'entre-deux guerres, alors que les critiques se précisent et se personnalisent. Les invectives à l'encontre des «féodaux» de la haute banque trouvent écho à l'extrême droite de l'échiquier politique, pour qui financiers juifs et protestants sont des cibles traditionnelles. Depuis la crise et l'affaire Stavisky, la droite extrême, quel que soit le courant auquel elle appartient, droite traditionnaliste et nationaliste, ou plus influencée par les nouvelles idées fascistes développées en Europe durant cette période, lance ainsi l'anathème.

L'affaire Stavisky

Alexandre Stavisky multiplie depuis longtemps les escroqueries sans avoir jamais été inquiété. Il vit à Paris en toute impunité, où il côtoie des hommes de pouvoir et la haute administration policière. À la veille de Noël 1933, sa nouvelle escroquerie est révélée : il a mis en circulation pour plus de 200 millions de faux bons du Crédit municipal de Bayonne. Le 9 janvier 1934, la police le retrouve agonisant dans un chalet de montagne où il s'est réfugié. On évoque la thèse du suicide. L'affaire aurait pu en rester là. Mais c'est sans compter avec les adversaires du régime, qui en profitent pour vilipender le gouvernement, et avec l'extrême droite, qui s'acharne avec facilité sur Stavisky, prompte à dénoncer «la finance métèque et juive associé à la pourriture parlementaire et maçonnique». L'affaire sert de prétexte à des provocations violentes qui entraînent les manifestations de février 1934.

Une du journal L'Illustré *évoquant l'affaire Stavisky, 18 mars 1934.*

L'AFFAIRE STAVISKY

Dans quelques jours commenceront devant le jury de la Seine les débats d'une des plus colossales affaires d'escroquerie

Article du journal La Petite Gironde, *1937, et montage du dessinateur André Bénic sur l'affaire Stavisky, 1934.*

Dans les milieux de gauche, l'expression « les deux cents familles » devient, de 1934 à 1936, un véritable slogan de campagne. L'« oligarchie financière » que l'on dénonce est désormais vilipendée sous le nouveau terme de « féodalité ». La critique vise surtout les financiers, les banquiers plus particulièrement. Et parmi eux, le plus emblématique et le plus influent d'entre eux : Édouard de Rothschild, cible principale d'une vindicte populaire où pointe également l'antisémitisme économique, au-delà de la charge portée contre la haute finance. La banque juive n'est toutefois pas la seule visée par les attaques. Les maisons protestantes sont également stigmatisées.

Au début de 1936, le thème de la relance de la consommation est au centre du programme économique du Front populaire. Au cours des débats et discours électoraux qui se multiplient alors, plusieurs mesures sont mises en avant et promises aux électeurs pour y parvenir : réformer la Banque de France, réguler les banques et assainir les finances par le biais de mesures visant plus spécialement les grosses fortunes. « Faire payer les riches » devient le mot d'ordre d'une gauche communiste hostile.

« Les banques, je les ferme, et les banquiers, je les enferme » : cette fameuse phrase de Vincent Auriol traduit l'esprit qui anime la coalition du Front populaire, qui sort victorieux des élections de mai 1936, face au monde de la finance. Le gouvernement de Léon Blum s'attaque tout d'abord à une mesure qui a valeur de symbole : la réforme la Banque de France. Il fait voter, le 24 juillet, une loi, laquelle recueille l'assentiment des trois quarts des députés, réformant l'institution afin de la soustraire à la mainmise de ses plus gros actionnaires, autant

Délégation du journal L'Avant-Garde *lors d'une manifestation du Front populaire, 1936.*

décriés à gauche qu'à droite depuis 1934. Dorénavant le gouverneur et les sous-gouverneurs n'ont plus l'obligation de posséder des actions de la banque. Les quinze régents sont remplacés par vingt conseillers représentant les intérêts économiques de la nation. Seuls deux d'entre eux restent élus par l'assemblée générale des actionnaires. Sous le nom de plume Jacques Dupiol, le communiste Jacques Semama, tout juste entré au cabinet du ministre de l'Économie nationale, se fait le porte-parole d'une opinion acquise à la cause : « La dynastie des régents qui régnait depuis plus d'un siècle sur notre institution d'émission est dépossédée et aux prochaines assemblées générales, les Mallet, Vernes, Hottinguer, etc., devenus de simples actionnaires, regarderont avec mélancolie les fauteuils dorés des régents que leurs pères, grands-pères, grands-oncles avaient su conserver à travers les vicissitudes de la vie politique, à travers les changements de régimes, les révolutions et les guerres. »

Au-delà de l'image, la réforme, qui entendait s'attaquer aux structures, ne répond pourtant que très imparfaitement aux souhaits du gouvernement, qui aspirait à des changements plus importants. Car si le contrôle de l'État y est renforcé, la Banque de France échappe à la nationalisation (en raison notamment de l'opposition de la Haute Chambre). Malgré la disparition de la figure des régents, le « mur d'argent »

Spéculateurs observant les taux de la bourse à la suite de la démission de quatre ministres, vers 1930.

subsiste au capital. Cette réforme est donc de demi-teinte. Elle n'est ni la révolution escomptée par le Front populaire, ni cette réforme « inique » tant redoutée par les puissances de l'argent. Perçue néanmoins comme une déclaration de guerre par les « deux cents familles », la mesure radicalise leurs positions. Les milieux d'affaires de la haute finance cherchent alors de nouvelles voies d'action pour imposer leur politique, leurs points de vue et faire échec au Front populaire. Sous l'impulsion de la banque Worms, ils soutiennent, en juin 1936, la naissance du Parti populaire français de Jacques Doriot, en lutte contre un parti communiste dont il a été exclu et contre lequel il mène désormais une politique de ralliement. C'est ainsi que les grands noms de la haute banque parisienne, les Rothschild, Dreyfus, Lazard, Vernes, ainsi que la banque d'Indochine financent, par souci de défense, le PPF de sa naissance jusqu'en 1938.

De juin 1936 à février 1937, le Front populaire mène une politique de « reflation » : l'assainissement des finances publiques doit passer par la reprise économique liée à l'augmentation de la consommation. Mais la relance fait long feu. La fin de l'été de 1936 voit l'échec de l'anti-déflation. Le gouvernement est contraint de dévaluer le franc le 26 septembre 1936. L'inflation par les coûts conduit fatalement à la « pause » de février 1937 et à un retour à une politique classique d'ajustement financier. Obligé de faire le grand écart pour satisfaire les *desirata* des trois composantes de sa majorité, le gouvernement n'a pu, ou n'a su, mener une politique suffisamment homogène. Il a par ailleurs négligé la puissance du « mur de l'argent ». Car la rénovation de la Banque de France, d'ailleurs inachevée, ne pouvait suffire à contrôler les milieux financiers, dont l'étendue de la sphère d'influence reste intacte. L'annonce faite de réaliser un contrôle sérieux de l'institut d'émission sur toute l'organisation bancaire ne sera suivie d'aucun effet. Le lobby bancaire de l'Union syndicale des banquiers et l'animosité de l'ensemble de la haute banque, qu'il s'agisse des Rothschild, des Mallet ou des Vernes, s'y sont d'ailleurs employés.

Affiche pour la Société nationale des chemins de fer français, 1938.

Si le Front populaire finit par jeter l'éponge sur les réformes promises du secteur financier, la nationalisation des chemins de fer et la création de la SNCF, en 1937, rallument un temps l'inquiétude du monde de la finance. La majorité des lignes ferroviaires est en effet aux mains des grandes maisons parisiennes, notamment celle des Rothschild, qui préside à la Compagnie des chemins de fer du Nord, dans laquelle Vernes et Cie détient également des participations. La création de la SNCF – société mixte dans laquelle l'État détient 51 % du capital, le reste étant réparti entre les anciennes compagnies – fait l'objet d'âpres négociations durant l'été de 1937. Les Rothschild, par l'intermédiaire de proches biens introduits dans les milieux politiques, réussissent alors le tour de force d'obtenir une belle indemnité de dédommagement. Au final, la nationalisation des chemins de fer, entreprises coûteuses et pour certaines déficitaires, ne sonne en rien le glas des grandes maisons de banque. Elle met bien plus à mal leur honneur que leurs finances.

En 1938, le Front populaire est à l'agonie. Les socialistes ont pris la mesure des difficultés économiques, des blocages de la société,

Parisiens allant retirer leur argent à la Caisse d'Épargne, 25 août 1939.

de l'hostilité efficace de la puissance financière. Le fascisme, qui en 1936 n'était encore qu'une menace lointaine, devient un péril comminatoire. Les coups de force hitlériens alertent crescendo l'opinion. En septembre, après l'invasion des Sudètes, la France mobilise, persuadée de l'imminence du conflit. À la fin du mois, la panique s'empare à nouveau des épargnants, qui se précipitent en masse dans les banques pour retirer leurs fonds qu'ils craignent de voir, comme en 1914, bloqués par décision gouvernementale. Quelques heures avant la signature des accords de Munich, qui finissent par apaiser les craintes, il n'y a quasiment plus de billets en réserve à la Banque de France. À la banque Vernes, le nombre des visites à la salle des coffres se multiplie deux jours durant : on y dépose, en sûreté, des paquets… qui ont la taille et l'aspect de liasses de billets de banque.

La crise fait brutalement prendre conscience à l'ensemble du monde politique français de la gravité de la situation et du manque de préparation de la nation. Édouard Daladier puis Paul Reynaud décident de mesures d'urgence, mettent entre parenthèse les avancées sociales du Front populaire afin d'organiser une économie tournée vers la guerre. Le gouvernement dirige par décret-loi, avec l'assentiment de la population. En 1939, l'économie semble à nouveau repartie, mais au prix d'un déficit budgétaire abyssal et d'une tragique déchirure sociale.

MARÉCHAL PÉTAIN
LA FRANCE CONTINUE...
TRANSSAHARIEN
SOUSCRIVEZ aux
BONS DU TRÉSOR
V. II 86
SERVICE DE PROPAGANDE · MINISTÈRE DES FINANCES
GASTON MAILLET & Cie IMP. SAINT-OUEN

La banque aux heures sombres de l'Occupation

Placées sous le contrôle étroit des autorités d'Occupation, les banques ont servi, de 1941 à 1944, de supports administratifs à l'entreprise générale d'aryanisation économique impulsée par le régime nazi et secondée par Vichy.

En 1940 avec la signature de l'armistice, la France se retrouve sous le joug de l'Occupant allemand. Quel que dramatique qu'il soit, l'événement ne déclenche pas de crise bancaire majeure. Munich ou l'éclatement du conflit ont certes provoqué nombre de demandes de capitaux liquides en 1938 et en 1939, mais la débâcle n'est pas l'occasion de nouveaux mouvements de panique. La prorogation des effets de commerce n'est accordée qu'aux seuls mobilisés, aucun moratoire n'est décrété, la bourse poursuit ses opérations. Les banques, dans leur grande majorité, sont parvenues durant l'exode de juin à se replier en zone libre, à transférer, pour le compte de leur clientèle, les titres conservés en dépôt, à réorganiser, autour de la Banque de France, elle aussi exilée, leurs services les plus importants dans le Massif central afin d'assurer la continuité de leurs opérations.

L'apparence est trompeuse. Le fonctionnement quotidien des établissements est rapidement entravé par de multiples obstacles; aux conditions matérielles souvent difficiles s'ajoute l'instauration de contrôles par l'Occupant et la réglementation de Vichy. La Ligne de démarcation, établie au lendemain de l'armistice, complique les opérations et les transferts de fonds : la Zone libre est considérée comme l'étranger et différentes directives allemandes restreignent, voire gèlent, les opérations internationales. Car les autorités d'Occupation prennent en effet, dès le mois de juin 1940, des mesures particulièrement contraignantes à l'égard des établissements financiers afin de s'assurer le contrôle économique de la France et de placer le système bancaire dans une relation d'étroite dépendance.

Affiche du bon du Trésor, 1942.

Membres du gouvernement de Vichy à l'hôtel du Parc et Majestic, Vichy, 1942.

En Zone occupée, elles imposent immédiatement un taux de change exorbitant de 20 francs pour 1 mark (soit une hausse de 50 à 90 % par rapport au cours pratiqué en 1939). Les banquiers se voient également brutalement astreints à différentes contraintes pesant sur la gestion et la déontologie de leur profession. Une circulaire du 14 juin 1940 leur commande ainsi de déclarer « sans délai » les avoirs en or, en devises et en titres étrangers, ou libellés en monnaies étrangères, qu'elles détiennent pour leur propre compte ou celui de leurs clients, ainsi que le blocage des coffres-forts, dont elles doivent remettre une liste nominative ; une ordonnance du 21 juin impose que les avoirs ennemis soient bloqués.

Aux entraves générées par le gel de ces avoirs – qui ont sans doute été extrêmement prégnantes pour une haute banque aux connexions internationales notables et pour la banque Vernes en particulier – s'ajoute ainsi l'obligation d'enfreindre le secret professionnel afin de satisfaire aux sommations allemandes. Pour les hautes maisons parisiennes à la clientèle aisée et sélectionnée avec exigence, cette violation de la confidentialité est ressentie de manière aiguë. D'autant que le 8 juillet 1840, un avis fait connaître l'installation auprès de la Banque de France d'un commissaire qui doit être désormais informé de « toutes les opérations effectuées » – les banques, dans leur ensemble, passent quant à elles sous l'autorité de l'Office de surveillance des banques, qui peut, lui aussi, « demander des renseignements sur toute affaire ».

Pour contourner et pallier cet ensemble de carcans qui enchaînent ainsi leur profession et en vue de permettre « sur des bases nouvelles la reprise des échanges internationaux », les banquiers vont pourvoir à la mise en place d'une organisation et d'une réglementation bancaire d'initiative nationale. Vainement tentée par la gauche entre 1936 et 1938, cette réforme a été dans l'entre-deux-guerres violemment combattue par le milieu financier. Ce dernier redoutait jusqu'alors la création d'un « organe central » qui auraient mis à mal leur liberté et remis en cause ce « secret des affaires » auxquels tenaient tant leurs clientèles fortunées. Le brutal changement de donne imposé par l'Occupation explique leur revirement. Les lois du 13 juin 1941 « relatives à l'organisation et à la profession bancaire » représentent, par-delà les événements, une révolution pour la profession bancaire.

Billet de 50 francs, 1940.

Un Comité d'organisation des banques, ancêtre des organes de supervision que nous connaissons aujourd'hui, est mis sur pied. Au sein de cette structure représentative de la profession siègent les représentants des banques d'affaires, des établissements de crédit, des banques de province et des banques locales. Pour les organismes de dépôts, un seuil de 100 millions est néanmoins posé. Autre temps, autres mœurs : en raison de ce critère quantitatif, les maisons privées de haute banque, qui avaient fourni tant de régents à la Banque de France, sont de fait empêchées d'y siéger. Tel est le cas pour la maison Vernes.

À l'inverse, le Comité veille à ce que soient représentées les petites et moyennes entreprises financières. C'est dans ce cadre que J. de Waterville, gérant de la banque Veuve Morin-Pons, est nommé suppléant du représentant des banques locales au Comité permanent. Il y siège du 25 juillet 1941 jusqu'à sa mort, le 30 mars 1943. Avec un capital de 2 millions de francs, la banque Veuve Morin-Pons est exemplaire des modestes établissements locaux. La notoriété de son dirigeant au niveau national rend compte de son dynamisme. Car J. de Waterville n'est pas inconnu du capitalisme industriel et commercial français.

Passage de la Ligne de démarcation à Moulins, dans l'Allier, 1943.

Au titre de la Morin-Pons, il est administrateur ou président de diverses sociétés comme la société de remorquages du Rhin, la compagnie immobilière lyonnaise, et participe au conseil de la Compagnie générale de navigation.

De libre qu'elle avait été jusqu'alors, l'entrée dans l'industrie bancaire se voit désormais réglementée. Jusqu'à cette date, aucune délivrance n'était imposée, aucun recensement exhaustif particulier effectué. La Banque de France assurait seule la maîtrise du marché monétaire, au sein duquel les banques trouvaient le refinancement nécessaire. Elle connaissait ainsi précisément le besoin de liquidité des établissements de la place, leur proposant, en fonction des effets qu'ils présentaient, des financements plus ou moins avantageux. Chaque banque acceptait en conséquence de révéler ses risques et encourait une éventuelle éviction de fait s'ils étaient jugés excessifs. C'est donc dans un cadre totalement inédit que s'opère, pour la première fois, une classification des établissements financiers. Les lois d'organisation bancaire imposent en effet à toute entreprise souhaitant exercer le métier de banque et accueillir des dépôts, d'en demander l'aval auprès du Comité. Sur les 542 dossiers instruits alors, 417 ont fait l'objet, au cours de la guerre, d'une inscription au titre de « banque de dépôts ». La maison Vernes, le 1er octobre 1941 sous le numéro de dossier 99, comme la banque Veuve Morin-Pons, reçoivent ainsi toutes deux l'autorisation d'exercer.

En marge de leur réorganisation ou de la reprise de certaines de leurs activités, ce sont d'autres mesures, exorbitantes de droit

Édouard Vernes et son épouse, vers 1940.

commun et contraires à leurs traditions, que les banques vont être amenées à appliquer sous le joug d'un régime d'essence totalitaire, où la disparition des libertés publiques a limité les capacités de désobéissance collectives comme individuelles. Ces mesures antisémites sont portées à l'encontre de la population juive dès 1940, d'abord sur initiative de l'Occupant, puis à partir de 1941 de manière conjointe par les régimes nazi et vichyste. Les autorités allemandes jouent un rôle moteur et s'attachent d'abord à l'« aryanisation » des entreprises. Par une ordonnance du 20 mai 1940, le gouvernement s'octroie le droit de pourvoir les entreprises de commissaires-gérants et d'administrateurs provisoires, chargés de leur liquidation ou de leur vente au profit de personnes aryennes. Un décret du 16 janvier et une loi du 2 février 1941 organisent le début de la saisie, sous initiative vichyste, de ces entreprises. Un « Commissariat général aux questions juives » (CGQJ) est institué par la loi du 29 mars 1941. Il a pour mission de rédiger un nouveau statut des juifs et de préparer la liquidation de leurs biens.

La loi du 22 juillet 1941, relative aux entreprises, biens et valeurs appartenant à des juifs parachève l'édifice juridique de l'aryanisation progressivement mis en place et l'étend à la zone sud de la France. Les banques « juives » (elles représentent alors 5 % de la profession) ne dérogent pas à la règle édictée par ces différents textes antisémites. Elles se voient placées sous administration provisoire et certaines d'entre elles, liquidées ou absorbées par des établissements « aryens », disparaissent corps et bien. La banque Rueff et Cie, créée en septembre 1916, échappera, quant à elle, à ce tragique sort. Édouard Vernes (fils de Félix Vernes, deuxième du nom) en est nommé administrateur provisoire en décembre 1940. Il laisse liberté à la banque, dont le siège social est déplacé à Vichy puis à Lyon, de continuer ses activités, sans doute avec la présence effective de M. Rueff dans les locaux. Décidée en juillet 1941, la cession des parts juives à des acheteurs non juifs tournent court à plusieurs reprises, notamment sur l'avis d'Édouard Vernes. À la suite de maintes circonvolutions administratives, la vente achoppe et l'entreprise, qui n'aura jamais cessé ses activités, est restituée à la Libération à son juste propriétaire. Si Édouard Vernes semble avoir été également consignateur de diverses autres sociétés, sa belle-sœur, la femme de son frère Pierre Vernes, a été, quant à elle, à l'inverse une victime directe de l'aryanisation économique. De confession juive, née Goldschmidt dite Goldet, de la famille des Deutsch de la Meurthe, elle voit sa société immobilière mise sous administration provisoire et ses titres bloquées. Elle aurait par ailleurs, avec son mari, subi maintes mesures discriminatoires et l'emprisonnement à Drancy, dont elle serait sortie grâce à l'entregent de Jean-Marc Vernes.

Au-delà des entreprises, la loi de juillet 1941 concerne également les avoirs déposés par la clientèle juive en Zone occupée. Elle prolonge deux ordonnances allemandes du printemps de 1941 qui stipulent l'une (le 5 mai) l'interdiction de la libre disposition des actions, l'autre (le 21 mai) le blocage de l'ensemble des comptes. En cette année 1941, alors que le gouvernement de Vichy a désormais «légalisé» le processus de spoliation bancaire – qui n'est plus le fait unique de l'Occupant – et déploie un activisme collaborateur actif,

Industriels et mécènes : les Deutsch de la Meurthe

Célèbre pour leur fortune acquise dans le pétrole (Shell), l'automobile ou l'aviation, les Deutsch de la Meurthe sont aussi renommés pour leur action philanthropique. On doit ainsi à Émile Deutsch de la Meurthe la création de la Cité universitaire de Paris. Sa petite-fille, Antoinette Goldet, de confession juive, est l'épouse de Pierre Vernes et traverse à ses côtés l'époque troublée de l'Occupation. La banque Vernes comptera parmi sa clientèle certains des membres de cette grande famille d'industriels et de mécènes.

La Cité internationale universitaire de Paris, vers 1955.

La Kommandantur allemande installée dans l'immeuble du Comptoir d'Escompte, place de l'Opéra, à Paris, 1940.

le monde bancaire, dans sa très grande majorité, accède, de bonne ou de mauvaise grâce, aux exigences des autorités. Il obtempère aux injonctions de blocage des comptes et vente des titres de sa clientèle juive en Zone occupée ; il envoie, à l'adresse et sur la demande du Commissariat aux questions juives, des listes nominatives des titulaires des comptes bloqués. Il autorise les prélèvements de 50 % des avoirs qui sont effectués sur les comptes bancaires dont le solde est supérieur à 10 000 francs. À la banque Vernes, 55 comptes espèces pour un montant de 6 425 millions de francs, et 57 comptes titres, pour 269 734 millions, sont touchés par ces mesures. Ces blocages et prélèvements ne concernent toutefois pas la clientèle des établissements de zone sud et n'affectent donc pas celle de la maison Morin-Pons.

Le 14 décembre 1941, en représailles aux attentats perpétrés sur des officiers et soldats allemands, une amende d'un milliard de francs, à répartir sur les biens visés par la loi du 22 juillet 1941, est par ailleurs imposée par les Allemands à la communauté juive.

Terrasse du Café de la Paix sous l'Occupation, juin 1940.

Cet impôt discriminatoire est décrété à titre de paiement « expiatoire », terme précédemment utilisé lors d'une sanction financière identique infligée aux juifs allemands dans le contexte du pogrom de la Nuit de Cristal. Les autorités d'Occupation exigent que cette somme soit encaissée avant le 1er avril 1942 – avec un premier versement de 250 millions au 15 janvier – et charge l'Union générale des Israélites de France (UGIF) de la collecte des fonds. Cette toute nouvelle-née, à laquelle sont obligatoirement affiliés tous les juifs résidant en France et qui remplace toutes les autres associations juives non culturelles, dissoutes, n'est pas en mesure de répondre aux exigences allemandes. Les sommes seront donc prélevées sur les comptes bancaires, dont est réclamé un relevé des soldes. Mais les prélèvements sur les comptes, comme les ventes de titres, requièrent du temps. Un temps incompatible avec le délai fixé pour le premier versement. Pour répondre à l'urgence, la direction du Trésor et le Comité d'organisation professionnelle des banques imaginent un emprunt de 250 millions que l'UGIF contacte auprès d'un consortium de banques Au total, vingt-neuf établissements participent à ce crédit, dont les maisons Vernes et Morin -Pons, pour respectivement 1 et 0,5 million. Cependant, les banquiers « expriment le désir unanime

Affiche, placardée sur la vitrine d'un café parisien, interdisant l'accès aux juifs, juillet 1940.

de ne tirer aucun profit de leur participation». Le taux d'intérêt est égal au taux des avances de la Banque de France, alors de 3 %. Les commissions s'élèvent à 1,6 million de francs. Plusieurs banques ont «spontanément manifesté leur intention de verser au Secours national le produit net qui pourrait leur rester en fin d'opération».

Le rôle des banques sous l'Occupation ne peut se jauger de manière univoque. Et il en est des organisations bancaires comme des hommes. La communauté financière a sans doute tenté d'assurer avec professionnalisme la continuité des activités et de ses services auprès de sa clientèle ou à la demande des autorités professionnelles. Elle s'est pliée, il est vrai, aux mesures discriminatoires qui lui ont été imposées à l'encontre de ses clients juifs, sans que au-delà des faits bruts et des chiffres, l'on ne sache réellement, au cas par cas, dans quelle mesure elle s'est exécutée avec réserve ou diligence. Dès la Libération, des mesures sont prises pour indemniser les victimes des spoliations antisémites. C'est avec vigilance et application que les établissements de dépôts prennent immédiatement des mesures pour procéder aux remboursements, dans la logique d'une déontologie professionnelle qu'elles avaient eue à sacrifier aux heures sombres de l'Occupation.

L'influence française

L'influence de la France en Extrême-Orient tient en grande partie à la présence d'établissements bancaires qui ont accompagné la politique d'expansion des régimes successifs, aux XIXe et XXe siècles, et participé à l'essor des entreprises dans la région. Parmi eux, la Banque de l'Indochine et la Banque franco-chinoise, deux banques dont les parcours s'entrecroisent au gré de l'Histoire.

Construction d'une ligne de chemin de fer en Chine, vers 1900.

Chapitre VI

en Extrême-Orient

L'INDOCHINE
FRANÇAISE

Les banques à l'heure coloniale

Au XIXe siècle, la révolution industrielle et la croissance démographique sur le continent européen sont à l'origine d'un nouvel élan de conquête de territoires. La Chine, considérée comme un nouvel « eldorado commercial » devient donc un enjeu économique. L'implantation de succursales bancaires initiée sous le Second Empire se poursuit sous la IIIe République avec la création de banques destinées à favoriser l'expansion commerciale en Extrême-Orient.

En cette fin de XIXe siècle, tout converge pour que les nations pointent leur regard en dehors de leurs zones d'influences habituelles, vers la conquête de nouveaux territoires. Crise bancaire, crise économique, excédent de biens manufacturés, manque de débouchés industriels, pénurie de matières premières et de ressources naturelles provoquent une crise économique mondiale qui s'abat sur les grandes nations occidentales. Qualifiée de première Grande Dépression, cette crise débute à Vienne en 1873 sous le poids de la spéculation et provoque la faillite de plusieurs banques autrichiennes. La récession est rapide : les banques européennes manquent de liquidités, ne se font plus confiance et rendent les prêts interbancaires extrêmement coûteux. Aux États-Unis, le Congrès prend la décision de démonétiser l'argent en tant que métal, ne fondant plus sa monnaie que sur l'or. Cette décision affaiblit les compagnies minières américaines et entraîne une baisse des cours mondiaux de l'argent à un moment où les États européens emploient encore ce métal comme étalon, affaiblissant ainsi les économies sur le Vieux Continent. Outre-Atlantique, la crise touche de plein fouet les chemins de fer. La Bourse de New York ayant cessé de leur apporter son soutien, près d'une centaine de

Affiche de propagande pour l'Indochine française, années 1920.

Le canal de Suez, vers 1880-1890.

compagnies font faillite, dont la célèbre Northern Pacific. En Europe, le secteur sidérurgique est touché de plein fouet tout comme l'agriculture, les manufactures du lin et du bois et les industries alimentaires.

De son côté, la France met en place le plan Freycinet, un programme de développement de travaux publics pour la construction de chemins de fer, de canaux et d'installations portuaires. Pour trouver de nouveaux débouchés industriels, elle décide, comme d'autres nations européennes, de se lancer dans une nouvelle vague de colonisation, sous l'impulsion de Léon Gambetta puis de Jules Ferry, qui estime pour sa part que « la politique coloniale est fille de la politique industrielle ». Une décision qui lui vaudra le surnom Tonkinois, donné par ses adversaires politiques et une partie de l'opinion publique hostile à l'expansion coloniale.

C'est donc, dans le contexte économique et politique mouvementé de la IIIe République que la France poursuit sa conquête en l'Extrême-Orient amorcée sous le Second Empire. Depuis la victoire des Anglais lors de la première guerre de l'opium (1840-1842), qui les avait opposés aux Chinois, permis le libre commerce de l'opium, ainsi que la prise de nombreux ports et de l'île de Hong-Kong, les Français commencent à considérer la Chine comme un nouvel eldorado. Le gouvernement se presse d'envoyer une délégation commerciale afin d'évaluer le marché. Cette mission de reconnaissance est suivie quelques années plus tard d'une action militaire, au moment même où l'Angleterre poursuit l'extension de sa présence coloniale dans la région. Dès 1862, un premier traité, celui de Saïgon, avait été signé avec l'empereur d'Annam, reconnaissant la souveraineté des Français sur les provinces du sud, lesquelles forment la Cochinchine.

Avec la construction du canal de Suez, initiée sous Napoléon III, une nouvelle voie vers la route de la Soie s'ouvre, facilitant ainsi les échanges entre l'Europe et l'Asie. Une voie considérée comme stratégique par les Français et plus particulièrement par l'industrie lyonnaise des soieries. La pébrine, ou maladie du ver à soie, ayant frappé la sériculture, les Lyonnais cherchent en effet depuis plusieurs années à s'approvisionner en Chine. Ils souffrent à la fois du manque de liaison avec l'Extrême-Orient, qui s'effectue uniquement *via* la marine marchande britannique, et de l'absence de banque, les Anglais n'acceptant pas les traites émises par la France. Ils accueillent donc favorablement la politique d'expansion de Napoléon III et l'impulsion qu'elle donne au développement des échanges commerciaux internationaux. Le commerce avec l'Asie prend alors une nouvelle dimension grâce, d'une part, à l'ouverture de lignes maritimes entre la France et l'Extrême-Orient et, d'autre part, à l'implantation de succursales du Comptoir national d'escompte à Shanghai et Calcutta puis à Bombay, Hong-Kong et Saïgon. Après leur installation en Cochinchine, les Français multiplient les expéditions sur le Mékong et le fleuve Rouge, qui prend sa source en Chine et forme le delta du Tonkin, pour trouver une nouvelle voie d'accès concurrençant la route maritime toujours contrôlée par les Anglais.

Le rôle de Paul Doumer dans la construction du Transindochinois

Gouverneur général de l'Indochine de 1897 à 1902, Paul Doumer fut l'un des plus ardents défenseurs de la construction du chemin de fer transindochinois. Pour financer ces travaux, un consortium fut créé regroupant les grandes banques françaises, la Banque de l'Indochine, le CIC, le Comptoir national d'escompte, la Banque de Paris et des Pays-Bas et deux entreprises de travaux publics, la Régie générale des chemins de fer et la Société des Batignolles. C'est ainsi que la Compagnie

Le pont Paul-Doumer à Hanoï, 1903.

française du chemin de fer de l'Indochine et du Yunnan (CIY) voit le jour en 1901. Compte tenu des difficultés à construire une ligne qui s'étend sur 1 736 km, le Transindochinois, qui sépare Hanoï de Saïgon, ne sera achevé qu'en 1937. Après la décolonisation, cette ligne sera étendue par les Vietnamiens et les Chinois afin de faciliter l'accès aux armées dans la guerre contre les Américains. À Hanoï, un pont métallique porte le nom de Paul Doumer. Il sera élu président de la République en 1931, avant d'être assassiné un an plus tard par un Russe, qui reprochait à la France de ne pas intervenir en Russie contre les bolchéviks.

Quelques années plus tard, au moment de la Grande Dépression, la France décide de poursuivre le développement de sa présence en Extrême-Orient, soutenue par le milieu d'affaires lyonnais, mais aussi par les industries sidérurgiques et métallurgiques qui voient dans cette nouvelle phase d'expansion une solution à la crise. C'est ainsi que Léon Gambetta, alors président du Conseil de la IIIe République, estime que « pour reprendre véritablement le rang qui lui appartient dans le monde, la France se doit de ne pas accepter le repliement sur elle-même. C'est par l'expansion, par le rayonnement dans la vie du dehors, par la place qu'on prend dans la vie générale de l'humanité que les nations persistent et qu'elles durent ; si cette vie s'arrêtait, c'en serait fait de la France ». À l'issue de la guerre qui oppose, entre 1881 et 1885, la IIIe République à la dynastie Qing, la France, qui contrôle déjà la Cochinchine et détient un protectorat sur le Cambodge,

Rue de Hanoï, 1922.

étend son influence sur l'Annam, le Tonkin et le Laos. Ces régions sont regroupées administrativement en 1887 sous le nom d'Union indochinoise, l'Indochine française.

À mesure que l'expansion coloniale se développe, aiguisant les rivalités entre nations, s'amplifie également la concurrence bancaire à mesure de l'essor des activités des entreprises françaises en Asie du Sud-Est. Avec le déploiement de premières succursales dans les années 1860, le Comptoir national d'escompte fait figure de pionnier dans la région en accompagnant le négoce dans ses mouvements de lettres de change et les demandes de crédit. Il faut toutefois attendre 1875 pour qu'une véritable institution bancaire spécialiste de l'Asie voie le jour avec la Banque de l'Indochine. Créée avec le fonds de commerce en Indochine du Comptoir national d'Escompte et le concours du Crédit Industriel et Commercial, la Banque de l'Indochine est tout d'abord la banque d'émission pour l'Indochine. Puis, sur les instances de l'État, elle étend ses activités dans tout le sud-est asiatique et en Chine. Quelques années plus tard, la Banque de l'Indochine fédère en Asie les intérêts de la communauté bancaire française avec l'entrée dans son capital de trois autres banques – la Banque de Paris et des Pays-Bas, la Société Générale et le Crédit Lyonnais. Des banques qui, en rejoignant cette institution, abandonnent tout projet d'ouvrir leurs propres agences ou filiales dans la région.

Mine de charbon à ciel ouvert à Hongay, au Tonkin, vers 1900.

Dépassant le cadre de simple banque coloniale, la Banque de l'Indochine devient un établissement politique qui représente les intérêts français en Asie et participe activement à l'essor des entreprises dans tout l'Extrême-Orient. Alors même que l'État français lui confère le privilège de l'émission de la piastre, la Banque de l'Indochine reste une banque privée en raison de la formation de son capital. Contrairement aux banques coloniales régies par la loi de 1851 dans les autres colonies françaises et sur lesquelles l'État exerce un interventionnisme permanent, elle bénéficie d'une liberté d'action et n'est soumise qu'à un très faible contrôle de la part des commissaires envoyés par le gouvernement. Une souplesse qui permet également à son conseil d'administration de gérer ses affaires à sa convenance. Tout en donnant satisfaction aux recommandations de l'État sur l'ouverture de certaines succursales et sur le financement de certaines opérations internationales, la Banque de l'Indochine privilégie davantage les investissements dans les entreprises locales que les opérations de prospection du marché chinois.

Après l'ouverture d'une succursale à Hong-Kong, l'État français, soucieux de la pénétration des intérêts nationaux en Chine, fait pression sur les actionnaires de la Banque pour qu'ils se décident à s'implanter à Shanghai en 1898. Une pression qui porte ses fruits : la Banque de l'Indochine accède bientôt au statut de plus grande banque de Chine, lorsque sa principale concurrente, la Banque russo-chinoise, se voit contrainte de réduire ses activités, à la suite de la défaite de la Russie dans la guerre qui l'oppose au Japon en 1905. Ce sera d'ailleurs de Shanghai que la Banque de l'Indochine assurera le suivi financier de la part française des emprunts chinois réalisés entre

Paul Claudel, ambassadeur de France au Japon, 1923.

1911 et 1913 par les banques occidentales, japonaises et américaines. Bien que la concurrence bancaire y soit âpre et plus particulièrement celle des britanniques, Hong-Kong et Shanghai – où les exportations vont quintupler entre 1890 et 1913 – deviennent deux places fortes pour la Banque de l'Indochine, mais le fleuron demeure la succursale de Saïgon, première source de revenus de la banque. En Chine, le développement de ses activités avec le tissu économique local ne cesse de croître tout comme les relations commerciales dans les contrées voisines. En 1905, plus d'un quart de son chiffre d'affaires est réalisé avec les Chinois ; plus d'un tiers en 1910.

Ce qui n'est pas sans déclencher l'ire des représentants des colonies sur place, qui lui reprochent de plus en plus de devenir une banque locale, voire asiatique. Depuis plusieurs années déjà, des plaintes sont déposées auprès du Quai d'Orsay pour dénoncer son manque de soutien envers les colons, son absence de défense des intérêts de la France dans la région ; elle est accusée de profiter de son privilège pour financer davantage « les projets des commerçants étrangers que ceux des Français », comme l'indiquent diverses délégations au ministre des Affaires étrangères. Paul Claudel, vice-consul puis consul de Chine de 1895 à 1909, n'est pas, dans cette affaire, le plus tiède de ses pourfendeurs. Les plaintes du corps diplomatique restées longtemps sans réponse finissent par soulever quelques interrogations au moment du troisième renouvellement du privilège à la Banque de l'Indochine. Si ce privilège lui est finalement réaccordé pour vingt-cinq ans, ce n'est pas sans que de nouvelles conditions soient imposées à l'institution afin de garantir le développement des colonies. La Banque est désormais contrainte de verser une redevance aux Services du Trésor coloniaux, d'intégrer dans son conseil d'administration des actionnaires issus d'entreprises locales et d'effectuer des opérations financières dans les affaires agricoles. Un virage pour la Banque de l'Indochine comme pour l'ensemble des banques coloniales françaises, qui verront ainsi leurs statuts se modifier.

Les ressources très convoitées de l'Extrême-Orient

Saignée d'un hévéa dans une plantation de caoutchouc en Indochine, 1930.

Les ressources présentes en Indochine ont largement contribué à faire de cette région ce que certains ont qualifié de « colonie d'affaires », qui deviendra une tête de pont vers la Chine. Le Cambodge était connu pour ses productions de riz et de poivre. Au Viêt-Nam, formé par la Cochinchine, l'Annam et le Tonkin, étaient exploités le riz et le poivre, mais aussi le thé, le charbon, le café, le zinc, l'étain, la soie et l'hévéa. Avec le développement de l'industrie, les Français intensifient l'exploitation de l'hévéa, « le bois qui pleure » pour fabriquer le caoutchouc. Le latex naturel se récolte par saignées sur l'écorce du tronc de l'hévéa. Il est ensuite mélangé à des substances chimiques pour former une coagulation qui donne naissance à du caoutchouc. D'abord utilisé par les fabricants de bicyclettes, il devient un enjeu avec l'essor de l'industrie automobile.

Les critiques formulées à l'encontre de la Banque de l'Indochine ont d'autres conséquences. Le corps diplomatique, et parmi lui Paul Claudel, réclame la création d'une nouvelle « grande banque » dans la région qui ne serait ni la Banque russo-chinoise ni la Banque de l'Indochine, mais profiterait de l'affaiblissement de la première et du désir qu'a l'autre de se spécialiser dans le financement local. Il souhaite voir émerger une banque dynamique et industrielle qui ferait de l'Indochine « un balcon sur le Pacifique ». La création, en 1913, de la Banque Industrielle de Chine, rebaptisée après sa faillite retentissante, en 1920, Banque franco-chinoise, répond à cette exhortation.

D'autres acteurs bancaires entendent profiter de ce marché chinois florissant et de ses apports d'affaires. La Banque de l'Union parisienne et ses alliés, les banques Mirabaud, Neuflize, Hottinguer, Mallet et Vernes prennent, en 1910, des intérêts dans le Syndicat des

deuap	**Chemise (s)**
deubl	**Chenal (aux)**
deucy	**Chêne (s)**
deudh	**Chenille (s)** ~~Chentel (Supp. p. 40)~~
deued	**Chèque (s)**
deuha	chèque (s) à l'ordre de (...)
deuir	» » à mon ordre
deule	» » à notre ordre
deums	» » à son (leur) ordre
deunn	» » à votre ordre
deuoj	» » barré (s)
deupi	chèque (s) de
deurf	» » délivré (s) à
deusb	» » délivré (s) par
deuuo	» » documentaire (s)
deuwk	» » émis
deuyu	» » émis par
deuzc	chèque (s) émis par nous
devad	» » émis par vous
devev	» » en blanc
devfa	» » encaissé (s)
deviw	» » endossé (s)
devje	» » être
devni	chèque (s) faux
devof	» » impayé (s)
devso	» » joint-s (à)
devuk	» » n'avoir pas été joint-s (à)

L'ensemble des correspondances télégraphiques de la Banque franco-chinoise, entre l'Europe et ses succursales asiatiques, était codé. Un dictionnaire de cryptage de plus de 1 000 pages, intégrant même des noms propres et les conjugaisons dans tous les temps de la langue française, était édité annuellement. Ici, la 47e édition parue en 1927, compilée par Paul de Camprieu, chef du service du Chiffre de la BFC.

planteurs de caoutchouc. Déjà engagées dans des opérations bancaires liées aux affaires du café, du caoutchouc et du thé dans les colonies néerlandaises, anglaises et en Chine, elles tentent en vain, en 1912, de monter une Banque Industrielle de Chine.

Quel que puisse être l'avenir de ces nouveaux acteurs bancaires, il n'en reste pas moins que la Banque de l'Indochine demeure la plus grande banque française à avoir opéré hors d'Europe sous la IIIe République. À travers son histoire d'avant la Première Guerre mondiale, cet établissement combine les caractéristiques d'une banque coloniale bénéficiant du privilège d'émission avec celles d'une banque d'affaires et met en relief l'esprit d'entreprise des milieux bancaires français. En plus de l'influence économique qu'aura eue cette communauté de banques en Extrême-Orient, c'est également tout un secteur qui restera marqué par les nouveaux mécanismes financiers mis en place pour affirmer et déployer sa présence à l'international.

BANQUE INDUSTRIELLE
DE CHINE
74, rue St Lazare
PARIS
4e
Emprunt
National
4e EMPRUNT

La banque idéale des frères Berthelot

Censée bâtir un pont entre la finance et l'industrie en Chine sous les auspices des deux nations, chinoise et française, la courte histoire de la Banque Industrielle de Chine créée par les frères Berthelot se solde par une banqueroute retentissante. La BIC donnera naissance, en 1925, à la Banque franco-chinoise, qui deviendra, dans les années 1960, la Banque Française Commerciale.

Depuis l'ouverture de la Chine au commerce extérieur, le gouvernement français, par l'entremise du Quai d'Orsay, n'a de cesse de vouloir développer les échanges avec l'empire du Milieu. Il entend ainsi profiter d'un pays dont le potentiel commercial et industriel représente un gisement de croissance pour les entreprises et financiers de l'Hexagone. Pour ce faire, le gouvernement compte sur le relais de la Banque de l'Indochine et de la Banque russo-chinoise afin de financer les industriels et entrepreneurs français, mais aussi sur le développement des infrastructures chinoises, ports et chemins de fer. Le destin en décide autrement.

Quasiment dès sa fondation, à l'occasion du traité de Shimonoseki, en 1895, par le comte Sergius Witte, ministre des Finances de la Russie, et Auguste Gérard, ministre de la France à Pékin, la Banque russo-chinoise devient l'instrument de l'influence Russe en Chine centrale et le long des chemins de fer sibériens et mandchouriens, qu'elle finance.

Pour sa part, la Banque de l'Indochine a longtemps fait preuve de pusillanimité quant à la conquête du marché chinois, qu'elle jugeait hasardeux, peu rentable et très concurrentiel du fait d'une forte présence

Affiche pour le 4e emprunt national à la Banque Industrielle de Chine, 1918.

et d'une grande agressivité commerciale des Britanniques. Il faudra toute la pugnacité et de nombreuses injonctions du ministère des Affaires étrangères – et le retrait de la Banque russo-chinoise après la défaite des Russes à Port-Arthur, en 1905 – pour que, présente à Shanghai, elle accepte d'ouvrir de nouvelles succursales en Chine du nord, puis à Pékin et à Tientsin, en 1907. Fédérant les intérêts de la communauté bancaire française, la Banque de l'Indochine devient en ce début de XXe siècle la tête de pont de la finance française dans cette région du monde.

Toutefois, ce relais ne satisfait pas pleinement sa mission. Tel est du moins l'avis de Philippe Berthelot, fils de l'éminent chimiste et homme politique Marcellin Berthelot. Fin connaisseur de l'Extrême-Orient pour y avoir voyagé deux années, de 1902 à 1904, dans le cadre d'une mission pour le ministère des Affaires étrangères, où officiait son père, alors ministre, il a d'autre

André et Philippe Berthelot : deux frères aux antipodes

Philippe Berthelot

De Marcellin Berthelot, la postérité a bien sûr retenu ses travaux de chimiste, son inhumation au Panthéon aux côtés de sa femme, mais aussi la paternité de six enfants, dont André et Philippe Berthelot. Deux frères aux parcours différents avant que leurs trajectoires ne se rejoignent dans le scandale de la BIC. Philippe, le second, né en 1866, mènera jusque dans sa trentième année une vie oisive partagée entre cafés, salons littéraires, hippodromes et maisons de plaisir. Il accède, grâce à son père, à la diplomatie dans sa trentième année : élève-chancelier à Lisbonne, puis attaché à la direction des consulats, il entre au Quai d'Orsay en 1895 comme secrétaire d'ambassade. Il y fait toute sa carrière. Véritable commis de l'État, il réforme l'organigramme des bureaux, milite pour la destruction de l'Autriche-Hongrie et l'affaiblissement de l'Allemagne. Après la guerre, il sera écarté par Clemenceau du secrétariat général de la Paix, mais les traités reprendront l'essentiel de ce qu'il aura préparé. Rattrapé par la chute de la BIC et accusé implicitement de conflit d'intérêt, il est condamné à dix ans d'exclusion de la fonction publique en 1922, puis réintégré en 1925. On retiendra aussi de lui ses poésies et surtout ses nombreuses amitiés littéraires, dont Paul Claudel, Saint-John Perse (qui lui succède au ministère des Affaires étrangères), Jean Giraudoux ou encore Paul Morand, autant d'auteurs dont il aide la carrière.

Philippe Berthelot.

projets pour la Chine ; des projets qu'il partage avec son ami Paul Claudel, alors consul à Fou Tchéou.

Pour Philippe Berthelot, « la Chine est au fond le seul pays qui offre encore un large champ d'action à la mise en valeur économique ». Joignant l'acte à la parole, il émet l'idée, dès 1905, de créer une banque française en Chine pour pallier les carences de la Banque de l'Indochine, qui « offre à nos nationaux moins de facilités que celles qu'ils trouvent auprès des établissements étrangers ». Peu amène envers la gestion de cette banque d'émission, il indique également que « la Banque de l'Indochine tire toujours argument de sa situation de banque d'émission pour défendre sa conduite extrêmement mesquine, étroite et timorée. De sorte que l'avantage énorme qui lui est reconnu par le gouvernement, loin de tourner au bénéfice général des intérêts français leur est au contraire un détriment ». On l'aura compris. Le principal reproche envers la Banque de l'Indochine est de réaliser

André Berthelot

Brillant intellectuel, André Berthelot commence sa carrière comme maître de conférences et directeur adjoint à l'École des hautes études. Il publie également de nombreux articles sur l'histoire des quartiers de Paris, dans la *Grande Encyclopédie*. Rattrapé par la politique, il se fait élire conseiller municipal de Paris dans le quartier de la Monnaie et conseiller général de la Seine. À la suite d'un de ces rapports, Paris entame le chantier du Métro. C'est d'ailleurs grâce au Métro qu'André Berthelot change d'orientation. Par l'entremise de l'homme d'affaires Henri Genevois, il aide indirectement le groupe Empain-Benard à obtenir la concession de chemin de fer métropolitain. Il devient rapidement le collaborateur du baron Empain, avec qui il contribue à l'organisation des transports et de l'électrification de la capitale, en créant la Société d'électricité de Paris et de la Société des ateliers électriques de Jeumont. En 1912, le banquier Charles Victor lui offre la direction du Peking Syndicate, support d'affaires qui préside à la création de la Banque Industrielle de Chine en 1912. La trajectoire d'André Berthelot inspire le personnage de Ferral dans *La Condition humaine*, le célèbre roman d'André Malraux.

Chantier de construction du Métro à la station Concorde, vers 1905-1910.

Soldats chinois protégeant la concession française à Hankéou, en Chine, 1925.

des opérations purement financières au lieu de « négocier le papier des maisons françaises dans les meilleures conditions ». Pour l'homme politique, une banque française en Chine se doit d'assurer un double rôle, d'une part « la représentation des intérêts généraux financiers de la France », d'autre part « la mise en service, pour les intérêts particuliers des Français en Chine et du public indigène, d'un instrument financier commode et puissant ».

Stanislas Simon, le directeur de la Banque de l'Indochine, contre un à un chaque argument. Les passes d'arme sont vigoureuses sur la circulation fiduciaire, comme sur d'autres sujets : « Il n'y a aucune corrélation entre l'augmentation du capital et la circulation fiduciaire de notre Banque [...]. Quel que soit notre capital, l'Indochine n'absorbera pas plus de billets qu'elle n'en a actuellement. [...] C'est précisément en Chine, où nous n'avons pas d'émission fiduciaire qu'il nous en faut. » Et Philippe Berthelot, de lui suggérer alors « de consacrer l'augmentation de capital demandé à créer une Banque franco-chinoise ». Non sans humour, après que le Conseil d'administration de la Banque de l'Indochine refuse la constitution de ladite banque, Stanislas Simon envoie une lettre à Philippe Berthelot, qu'il conclue ainsi : « Je ne m'explique pas que vous teniez particulièrement à ce qu'une Banque franco-chinoise soit créée précisément par la Banque de l'Indochine dont vous faites, à plusieurs reprises, ressortir dans vos deux notes l'esprit boutiquier et peu intelligent. Il me semble que ce n'est pas très logique. »

Le projet aurait pourtant eu l'heur de satisfaire aux souhaits du gouvernement, soucieux de concurrencer les influences anglaise, allemande ou encore belge, autant de nations qui ont su habilement allier banques et syndicats industriels afin d'obtenir d'importants contrats pour la construction d'infrastructures en Chine. À titre d'exemple, l'Angleterre possède comme support financier la Hong-Kong and Shanghai Banking Corporation (devenu HSBC) pour les opérations financières, The British and Chinese Corporation (B&CC) pour la prospection de marché et Pauling and Co pour l'aspect opérationnel. La France doit se doter d'un organisme similaire à ceux des autres nations, qui puisse devenir un véritable diffuseur de l'influence française en Chine.

En 1912, la République de Chine est proclamée par Sun Yat-sen ; l'empereur Pu Yi abdique un mois plus tard. La situation du gouvernement chinois est instable, tant politiquement que financièrement. Parmi les personnalités françaises installées en Chine, l'idée d'une banque franco-chinoise fait également son chemin, en particulier chez Joseph Pernotte, directeur de la succursale de la Banque de l'Indochine de Tientsin. Connaissant bien les affaires chinoises, il profite des besoins financiers du gouvernement chinois dirigé par Yuan Shikai pour souffler l'idée de création d'un « organe financier français qui consacrât au développement industriel de la Chine l'activité

L'indemnité des Boxers

Entre 1899 et 1901, la révolte des Boxers, initiée par des sociétés secrètes pratiquant le kung-fu (art martial chinois), vise les légations étrangères présentes à Pékin. Réprimée par les huit nations alliées contre la Chine (Autriche-Hongrie, France, Italie, Allemagne, Grande-Bretagne, Japon, Russie et États-Unis), elle donne lieu à un traité, signé le 7 septembre 1901, entre la Chine et les huit puissances étrangères. Aux termes de ce traité, la Chine doit, entre autres mesures, verser de lourdes indemnités de guerre aux nations pendant trente-neuf ans : 450 millions de taels d'argent Haikwan (soit environ 4,7 milliards d'euros au cours actuel). La Chine paie en or par annuités croissantes avec un taux d'intérêt de 4 % jusqu'au paiement intégral, le 31 décembre 1940. C'est cette indemnité qui est reversée aux créanciers de la Banque Industrielle de Chine par le gouvernement français.

Une du journal Le Petit Parisien *évoquant la révolte des Boxers, 1900.*

Navires français et américains dans le port de Shanghai, années 1920.

qu'il comporte ». Souhaitant s'affranchir du consortium international, le gouvernement de la nouvelle République de Chine accepte la création d'un tel établissement et s'engage à souscrire un tiers du capital ainsi qu'à favoriser la nouvelle banque de son appui moral et matériel. Une tactique qui lui permettrait d'« avoir à lui un organe pour l'émission des emprunts indépendamment de toute intervention politique étrangère ». Joseph Pernotte délègue Élie Bouchard, un négociant de la maison Olivier – l'une des plus anciennes établies dans la région –, pour rechercher les capitaux nécessaires à Paris.

L'accueil des grandes banques, actionnaires de la Banque de l'Indochine, est pour le moins hostile. Elles voient dans la création de cette banque l'émergence d'un concurrent et aussi un pari financièrement risqué. Élie Bouchard trouve un écho plus favorable auprès de Charles Victor, fondateur de la banque Charles Victor & Cie et directeur du Peking Syndicate, et d'André Berthelot. À la suite du rachat par la Chine de ses concessions de chemin de fer et de mines, le Peking Syndicate dispose de 25 millions de francs de fonds propres inemployés. Son conseil propose d'avancer alors 3 750 000 francs au gouvernement chinois en échanges de bons du Trésor afin qu'il puisse souscrire au capital de la banque. Très rapidement, la constitution de la Banque

Industrielle de Chine prend forme et se présente sous les meilleurs auspices. En février 1913, les frères Berthelot réunissent pour la première fois le Conseil d'administration de la banque, où se côtoient pêle-mêle politiques et financiers français et représentants du gouvernement chinois. Au mois de mai, les journaux financiers annoncent la mise en souscription, du 27 mai au 6 juin, des actions ordinaires de la nouvelle-née. Le capital initial de 45 millions de francs est divisé en 90 000 actions de 500 francs chacune, dont 3 000 réservées aux fondateurs. La souscription est un franc succès, et les 87 000 actions sont achetées par 2 168 investisseurs, sociétés et gouvernement. Le gouvernement Chinois – représenté par Liao Sze-Kong, vice-président de la banque et consul général de Chine à Paris – détient 33,3 % des actions, 35 % sont répartis entre neuf actionnaires, avec en tête le Peking Syndicate pour 18,2 %. De nombreux amis ou membres de la famille des promoteurs participent à l'aventure, quelques banques aussi. Le comité de direction, dirigé par André Berthelot, est constitué de treize membres entrepreneurs, affairistes et anciens politiques. Aucun d'entre eux ne possède néanmoins de solides compétences financières ou bancaires. Cette absence de professionnels rompus aux arcanes de la finance jouera sans doute un rôle dans la déconfiture de la banque, sept ans plus tard.

Siège de la Banque Industrielle de Chine à Pékin (gauche) et à Paris (droite).

Selon ses statuts, déposés le 23 décembre 1912 par André Berthelot et Charles Victor chez Me Lavoisier, la Banque Industrielle de Chine a pour objet « toutes opérations de banque et de finance généralement quelconque, en tous pays » et « spécialement la mise en œuvre des accords intervenus et à intervenir avec le gouvernement

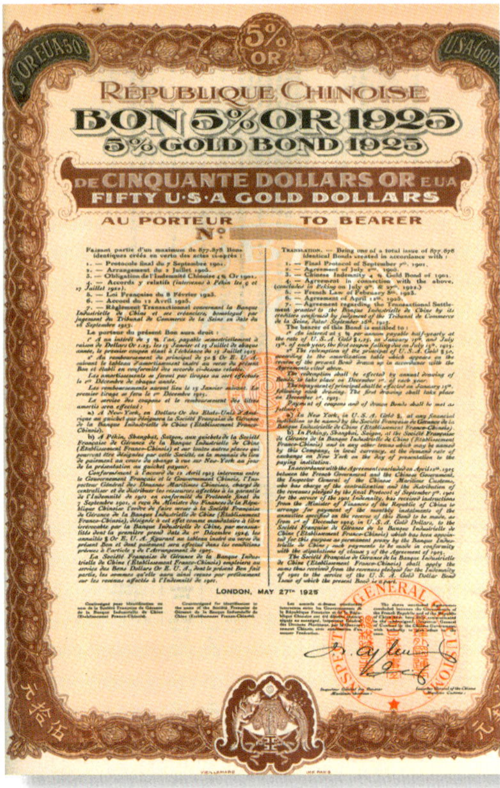

Le bon 5 % or de 1925.

de la République chinoise ». Elle a autorisation d'émettre des billets de banque, d'effectuer des opérations pour le compte de la République chinoise, de rechercher et obtenir toutes concessions et entreprises de travaux ou services publics et d'agir comme une banque de dépôts. Le siège social de la banque est situé à Paris au 74, rue Saint-Lazare, un autre étant implanté à Pékin.

Les activités de la banque démarrent brillamment. Coup sur coup, elle est choisie pour l'émission d'un emprunt de 150 millions pour la constitution d'industries nationales et d'entreprises de BTP dédiées à la construction d'un port sur le Yang-Tsé-Kiang. Elle participe également au financement de travaux d'édilité dans la ville de Pékin et prête 600 millions de francs pour la construction de voies ferrées entre Sze Tchouen et la mer. La prospérité de l'économie chinoise pendant le premier conflit mondial favorise paradoxalement le développement de ses activités. Alors que les grandes puissances européennes, tout à leur effort de guerre, réduisent le volume de leurs échanges avec l'empire du Milieu, les industriels chinois profitent de leur absence pour substituer leurs marchandises à celles d'origine étrangère.

Le taux de croissance industrielle du pays bondit. La Banque Industrielle de Chine accroît et diversifie ses services. Elle ajoute à ses activités traditionnelles sur les marchés de changes et des affaires locales, les affaires industrielles et les avances à court terme au gouvernement chinois, deux secteurs jugés par trop risqués par sa rivale, la Banque de l'Indochine. Sa rapide expansion géographique, marquée par l'ouverture de succursales dans diverses partie de l'Asie, Hong-Kong, Indochine, Singapour, puis en Europe, à Marseille, Lyon, Anvers, Londres et New York, est à l'image de son entrée tambour battant dans les affaires.

Hélas ! 1920 sonne déjà le glas de cette époque favorable. Cette année-là, une crise économique survient, entraînant une chute des métaux, du marché de la soie au Japon ainsi que la baisse des cours des principales marchandises. La situation de la banque, qui a imprudemment et exagérément spéculé sur la soie, l'or ou le riz, devient rapidement critique. Pour lui éviter la banqueroute, la Banque de Paris et des Pays-Bas tente une vigoureuse opération de sauvetage : 24 millions de francs seront apportés au chevet de l'agonisante le 13 janvier 1921, puis 109 millions de francs le 18 de ce même mois. Le 15 février, la Banque de France lui réescompte 140 millions d'effets et une nouvelle avance de 8 millions. Peine perdue. La Banque Industrielle de Chine ferme tous ses guichets le 30 juin 1921. Elle sollicite dès le 26 juillet un règlement transactionnel auprès du tribunal de Commerce de la Seine. Le règlement de l'affaire occupera les quatre années suivantes pour se conclure, en 1925, par des arrêtés de la Cour d'appel de Paris qui confirmeront des irrégularités de gestion, un inventaire (bilan) frauduleux, une mauvaise gestion des risques et un délit d'émissions d'actions.

L'effet papillon

La petite histoire rapporte que c'est le non-paiement puis le protêt d'une traite d'un bien modeste montant qui aurait provoqué la chute de la Banque Industrielle de Chine… sur les requêtes de la Banque de l'Indochine.

Le 27 décembre 1921, le gouvernement français tente d'éteindre l'incendie de la banqueroute et vote l'affectation de l'indemnité, dite des Boxers, au remboursement des créanciers de la Banque en Extrême-Orient, afin de sauvegarder « les intérêts matériels et moraux de la France en Extrême-Orient ». Une telle mesure rend compte de l'importance de l'institution et de l'impact qu'aura eu alors sa débâcle. La nature a horreur du vide ! Dès 1922, sur ses ruines encore fumantes, un consortium se répartit ses actifs et discute la création de la nouvelle entité qui lui succédera. Le 27 novembre 1925 naît la Banque franco-chinoise, prélude à la Banque Française Commerciale…

百司洋行

Décolonisation : d'évolutions en révolutions

Née au milieu des années 1920, de la banqueroute de la Banque Industrielle de Chine, la Banque franco-chinoise étendra ses activités en Extrême-Orient jusque dans les années 1960, avant de devenir la Banque Française Commerciale.

Après la Première Guerre mondiale, le paysage économique mondial se transforme. Cette période marque la fin de l'hégémonie exercée par l'Europe et l'avènement de nouvelles puissances avec lesquelles elle devra désormais compter : le Japon et les États-Unis. Celle qui était jusqu'alors le banquier du monde est devenue économiquement dépendante de ces derniers et voit ses monnaies, notamment le franc et la livre-sterling, supplantées par le dollar. L'économie européenne ne fléchit pas néanmoins. Dès 1921, la reprise s'affirme. La reconstruction est rapide. La production retrouve et dépasse le niveau d'avant-guerre. Les échanges reprennent et l'Europe reconquiert une partie des marchés perdus pendant la guerre. La puissance coloniale de l'Europe est renforcée par le système des mandats, qui permet aux pays vainqueurs de récupérer et de se répartir les territoires des pays vaincus. Des territoires qui favorisent les échanges et le développement de son commerce extérieur. C'est vers l'Extrême-Orient que la France et la Grande-Bretagne portent de nouveau toute leur attention, particulièrement vers Shanghai, cœur économique de la Chine, où ces deux pays disposent, depuis des décennies, d'établissements industriels et bancaires.

Vitrail dans une succursale à Paris (ex-siège de la Banque franco-chinoise).

Inimaginable dans ces conditions d'abandonner le fonds de commerce d'une institution qui avait ancré la présence française dans cette région : celui de la Banque Industrielle de Chine, mise en liquidation en 1922, malgré l'aide de la Banque de Paris et des Pays-Bas, sollicitée par Georges Robineau, le gouverneur de la Banque de France. Un consortium, constitué par la Banque de Paris et des Pays-Bas, la Banque de l'Indochine, la banque Lazard et le gouvernement Chinois, qui, ensemble, ont repris les actifs de la banque défunte, crée alors, en 1921, la Société française de gérance de la Banque Industrielle de Chine, chargée des opérations de liquidation de cette dernière. Ladite société, dirigée par Paul Petithuguenin, alors consul de France en Extrême-Orient, donne naissance, en 1925, à la Banque franco-chinoise.

000505
banque française commerciale
Société anonyme au capital de 49.999.600 Francs
SIÈGE SOCIAL A PARIS 9e
74, rue Saint-Lazare
CERTIFICAT NOMINATIF D'ACTIONS DE F 280
ENTIÈREMENT LIBÉRÉES

Certificat nominatif d'actions de la Banque Française Commerciale, années 1930.

Cette dernière bénéficie pour se développer du réseau de succursales jadis exploitées par la Banque Industrielle de Chine. Elle en rouvre rapidement certaines à Pékin, Shanghai et Tienstin, ainsi qu'à Hanoï, Haiphong, Vinh, Hué, Tourane (Da Nang), Saïgon et, enfin, à Phnom Penh, au Cambodge. À la veille de la Seconde Guerre mondiale, seules les agences de Hanoï, Saïgon et Phnom Penh continuent à être exploitées en Indochine, tandis qu'en France, en plus de son siège situé au 74, rue Saint-Lazare, trois agences sont exploitées à Lyon, à Montpellier et à Marseille.

La partie est néanmoins difficile. La Banque de l'Indochine assoit dans l'entre-deux-guerres sa suprématie en Extrême-Orient. Elle étend ses activités, en dépit de la crise économique des années 1930. Ainsi, elle est le partenaire quasi exclusif du gouvernement général, des grands groupes métropolitains et coloniaux et des municipalités. Elle participe à la mise en valeur des colonies en finançant les rizicultures et les usines de décorticage, la culture de l'hévéa, ainsi que les transports fluviaux, maritimes et les mines. Un commerce florissant jusqu'en 1945, avant que la situation ne se dégrade, tant en Chine avec la montée au pouvoir de Mao-Tsé-Tung, qu'en Indochine.

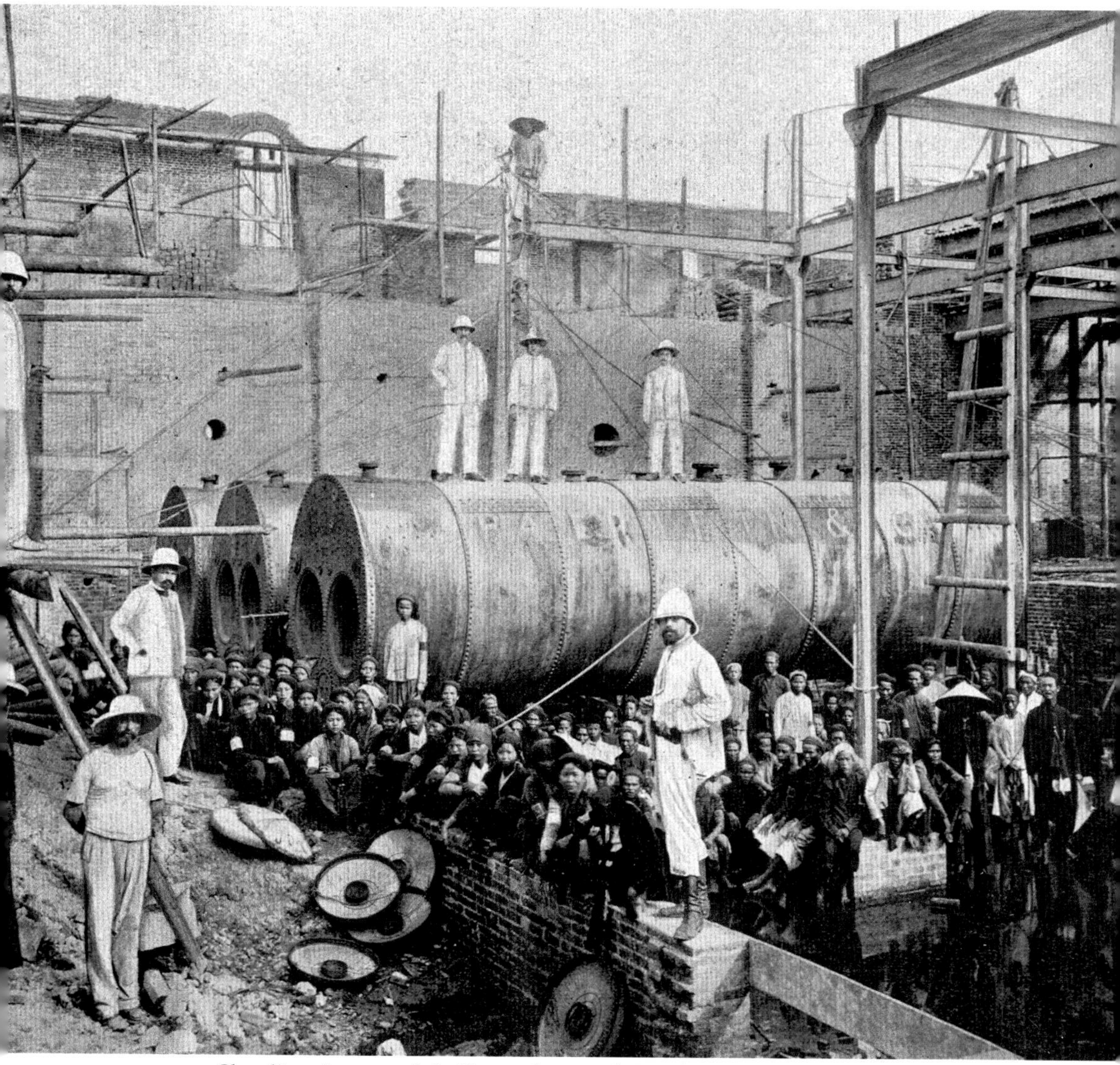

Chaudières à vapeur de la filature de coton de Haiphong, au Tonkin, 1899.

La Banque franco-chinoise essaie un temps de la concurrencer sur son domaine d'action. Avant que de montrer plus de sagesse et de préférer choisir de financer des activités qui n'intéressent pas sa puissante rivale. La Banque franco-chinoise se spécialise dans une clientèle européenne plus modeste, notamment les entrepreneurs européens auxquels la Banque de l'Indochine refuse ses crédits, mais aussi les moyennes et petites entreprises chinoises. C'est ainsi que s'instaure une sorte de partage explicite entre ces deux acteurs bancaires d'Extrême-Orient.

La Seconde Guerre mondiale vient bouleverser les équilibres trouvés dans les années 1930 en Extrême-Orient et augure la fin de

Jean Monnet et la Banque franco-chinoise

Jean Monnet est connu pour son action au sein de la Société des Nations (SDN) et dans la création d'une communauté européenne. Mais cet infatigable humaniste, négociateur et financier a aussi aidé la Chine avec le concours des banques étrangères.

Jean Monnet en 1954.

Au milieu des années 1930, Jean Monnet revient en Chine à l'appel de Soong Tzu-Wen, ou T. V. Soong, ministre des Finances – mais aussi beau-frère de Tchang Kaï-Chek. Alors conseillé par Henri Mazot, ancien responsable de la Banque de l'Indochine, T. V. Soong, compte sur Jean Monnet pour mettre en œuvre un plan de modernisation industriel et économique. L'idée force était de faire appel aux capitaux étrangers pour irriguer l'industrie et le développement des infrastructures chinoises. Pour mener à bien cette mission, Jean Monnet crée la China Finance Development Corporation en faisant appel, non seulement aux quatre grandes banques chinoises, mais également aux principales banques étrangères aux premiers rangs desquelles la Banque franco-chinoise, la Banque de l'Indochine, la Banque de Paris et des Pays-Bas et la banque Lazard, ainsi que la Banque britannique de Hong-Kong. Resté sur place de 1934 à 1936, Jean Monnet participe activement à la réorganisation du réseau ferroviaire et de l'économie chinoise. Dans ses mémoires, il aura cette phrase sur le monde des affaires chinois : « Je n'en finissais pas d'apprendre l'art de négocier avec les hommes d'affaires chinois traditionnels. Je mis longtemps à comprendre qu'en Chine il ne faut pas demander la réponse, mais la deviner… »

la prééminence des grandes banques coloniales françaises. Les Japonais, entrés en guerre contre la Chine en 1937, profitent de la capitulation de la France, en juin 1940, pour demander la fermeture de la frontière entre le Tonkin et la Chine, ainsi que le contrôle de la ligne de chemin de fer reliant la province chinoise du Yunnan et le port de Haiphong. Un accord est signé entre les Japonais et l'amiral Decoux le 30 août 1940 ; un an plus tard, les troupes japonaises stationnent en Indochine, base arrière de l'affrontement sino-japonais. Durant cette période, l'énergique directeur général de la Banque de l'Indochine, Paul Gannay, contrecarre autant qu'il le peut les visées des intérêts japonais sur les actifs de la colonie. Il évite de nombreuses constitutions de sociétés mixtes franco-japonaises, malgré la pression de Tokyo. Cette période des plus troublées n'empêche pas la Banque de l'Indochine et la Banque franco-chinoise de traverser sans grands

Action de 500 francs de la Compagnie navale de l'Océanie, 1928.

encombres les années de guerre en Extrême-Orient, où elles réussissent à préserver leurs actifs. Mais l'approche pragmatique de la direction de la Banque de l'Indochine, centrée sur la protection de l'établissement et des intérêts de ses clients, est mal perçue par les Japonais. Ce qui vaut aux responsables des succursales de la Banque de l'Indochine à Tokyo et à Saïgon d'être arrêtés par les autorités.

La Seconde Guerre mondiale terminée, la période se révèle, quelque temps, propice au développement bancaire en Indochine. C'est à cette époque que la Banque franco-chinoise y renforce son réseau d'agences et de filiales. La situation est plus alarmante en Chine. Déjà compliquée par l'invasion japonaise de 1937, elle devient critique pour les banques dès la fin du conflit mondial. La guerre civile qui oppose le parti nationaliste, le Kuomintang, et le parti communiste chinois depuis 1927 prend, en effet, une nouvelle intensité dès 1945. À l'issue du conflit, en 1949, Mao Tsé-Tung proclame officiellement à Pékin la République populaire de Chine depuis la place de Tian'an Men, tandis que Tchang Kaï-Chek se réfugie à Taïwan et revendique le pouvoir légitime chinois. La Chine ferme ses portes aux intérêts français. Les difficultés se déplacent en Indochine avec le déclenchement de la guerre d'indépendance.

L'affaire du trafic des piastres

En 1945, l'occupation japonaise prend fin en Indochine. Hô Chi-Min, leader du Vietminh proclame l'indépendance du Viêt-Nam. Malgré la signature d'un accord en 1946 la situation s'envenime et très vite la guerre entre le Viet Min et la France est déclarée. Les combats s'achèveront en 1954. Mais en 1945, un décret ministériel porte la parité entre la piastre et le franc à 17 francs, alors qu'elle ne vaut que 6 à 8 francs sur les marchés en Indochine. Un trafic se met rapidement en place entre la France et l'Indochine. Pour le transfert de sommes élevées, il faut demander une autorisation à l'Office indochinois des changes. Il existe toutefois de nombreuses manières de contourner cette procédure : acheter des autorisations de transfert ou corrompre des agents de l'Office indochinois des changes. La principale technique utilisée consiste à acheter des dollars et à jouer sur les taux de change. À l'époque, le trafic est de 500 millions de francs par jour, environ 4,5 millions d'euros actuels. Beaucoup s'enrichissent et ont tout intérêt à ce que les événements se poursuivent. Mais, comme le relève une commission d'enquête, ce trafic bénéficie aussi au Vietminh, qui achète, lui aussi, des dollars. Les sommes récoltées servent alors à acquérir des armes et des munitions. D'un trafic frauduleux, l'affaire des piastres devient ainsi un acte de trahison.

Transport de piastres escorté par la police chinoise, 1939.

Après plusieurs années de conflit, la bataille de Diên Biên Phu, de mars à mai 1954, qui oppose les forces de l'Union française aux troupes Viet Min au Tonkin, marque la fin de la présence française en Indochine. La France capitule et quitte alors la région après les accords de Genève. La fermeture de certaines agences de la Banque franco-chinoise au Nord-Viêt-Nam est compensée par le développement des réseaux au Sud-Viêt-Nam et au Cambodge, ainsi qu'à Madagascar et aux Antilles. Mais en novembre 1963, le prince Sihanouk nationalise le commerce extérieur et le secteur bancaire au Cambodge. La Banque franco-chinoise est alors contrainte d'y cesser ses activités,

Quatrième Année.
1er AVRIL 1954
VIET NAM
N° 72
BI MENSUEL
BULLETIN PUBLIE PAR LE SERVICE DE PRESSE ET D'INFORMATION DU HAUT - COMMISSARIAT DU VIET NAM EN FRANCE
89, Av. de Villiers
PARIS (XVIIe)
(Reproduction autorisée)

Les héroïques défenseurs de DIEN BIEN PHU

Fraternellement unis, soldats français et vietnamiens luttent courageusement à DIEN BIEN PHU. Ce défenseur, bondissant hors de son abri pour s'opposer aux assauts du Viet Minh, est l'image même de l'héroïsme et de l'abnégation de ces hommes qui combattent pour la liberté.

Une du bulletin publié par le service de presse et d'information du Haut Commissariat du Viet-Nâm en France, 1954.

ne conservant ouvert à Phnom Penh qu'un modeste bureau de représentation. Son activité cesse tragiquement avec l'arrivée des Khmers rouges, en 1975, quand le responsable de l'agence, d'origine chinoise, disparaît avec toute sa famille au cours de ces événements.

En février 1960, la Banque de l'Indochine rachète les parts que détiennent la Banque de Paris et des Pays-Bas et la banque Lazard dans le capital de la Banque franco-chinoise. C'est ainsi qu'elle change de nom et devient, en 1968, la Banque Française Commerciale. Malgré la présence américaine en Indochine de 1964 à 1972, la Banque Française Commerciale reste implantée au Viêt-Nam, poursuit son développement et participe à la création, en 1965, d'une banque de droit vietnamien, la Banque pour le commerce, l'industrie et l'agriculture (BCIA) dont la direction est confiée à un jeune Vietnamien détaché de la BFC. Avec la création de la République socialiste du Viêt-Nam, le groupe BFC est contraint de cesser ses activités en 1975 et les autorités communistes mettent la main sur ses actifs mobiliers et immobiliers. Le personnel expatrié est autorisé à regagner la France quelques semaines plus tard. Ainsi s'achève l'histoire de la BFC en Asie, dont les coffres ont accueilli des titres aux noms évocateurs comme la Forestière du Cambodge, les Terres Rouges du Than Hoa, la Foncière du Tonkin et de l'Annam, les Mines de Cho Don… et bien évidemment l'emprunt Chinois 5 % Or du gouvernement de la République de Chine, en 1914.

La nouvelle

Après guerre, nouveau contexte, nouvelles attentes. Alors que s'ouvrent les Trente Glorieuses, le monde de la haute banque se cherche dans un univers financier encadré par l'État. Afin de répondre à la bancarisation massive d'une population avide de goûter aux joies de la nouvelle société de consommation, il change de visage, noue de nouveaux partenariats, et renouvelle son réseau d'affaires pour s'adapter et mieux résister à la concurrence.

La corbeille de la Bourse de Paris, en 1965.

Chapitre VII

donne bancaire

VIRGO
CANCER
AOVT
JVILLET
SEPT
OCT
ÉTÉ
AVTOMNE
MARS

L'émergence de nouveaux pôles bancaires

Dans les années d'après-guerre, le paysage financier se modifie en profondeur. Dans cet environnement inédit, de nouveaux pôles bancaires font leur apparition, plus grands, plus puissants. Le temps n'est plus aux maisons de banque au seul actionnariat familial et pour s'assurer une place sur l'échiquier bancaire européen en gestation, il faut grandir. L'époque est aux partenariats, aux fusions et aux acquisitions…

Les hommes du gouvernement provisoire de la République, issus de la Résistance, sont animés, quelles que soient leurs dissensions politiques, d'un même idéal. La reconstruction ne sert à rien sans une modernisation économique et sociale qui réconcilierait la France meurtrie avec l'avenir. Tous prônent, depuis mars 1943, une « véritable démocratie économique et sociale impliquant l'éviction des grandes féodalités de l'argent de la direction de l'économie », « l'essor planifié de la production pour assurer à tous le bien-être ». C'est dans cet esprit et afin de mieux pouvoir orienter l'économie, en plaçant le système financier sous son contrôle, que le gouvernement procède aux grandes réformes bancaires de 1945. Il concrétise ainsi les mesures que la IIIe République et le Front populaire n'avaient pas pu mettre en place et parachève la politique entamée par Vichy avec la loi de juin 1941.

La loi du 2 décembre 1945 a deux volets pour un même objectif. Le premier concerne les nationalisations. Celle de la Banque de France en premier chef, qui voit ainsi ses prérogatives officialisées en devenant *de jure* l'organe de contrôle de l'ensemble de la profession bancaire et cesse ainsi d'être une *primus inter pares* pour devenir une réelle banque centrale ; celle des quatre « vieilles » ensuite, les quatre principales banques de dépôts (Crédit Lyonnais, Société Générale, Banque nationale pour le commerce et l'industrie,

Pendule à deux cadrans en forme d'astrolabe, corps en laiton, XXe siècle. Exposé au siège de la Banque Palatine.

PARIS 5 HEURES

Libération

NATIONALISATION DE 2 GRANDES BANQUES D'AFFAIRES

Banque de Paris et des Pays-Bas — Banque de l'Union Parisienne

La question d'Iran sera réglée

Réforme de la Banque de France

Une banque centrale d'émission et de réescompte

La nationalisation des banques d'affaires

Incidences diplomatiques de la nationalisation

Projet électoral : R.P. intégrale

Le M.R.P. accepte une transaction puis la refuse

Coup de grisou à 474 mètres de fond

11 mineurs tués, 8 blessés, près de Douai

« La Résistance n'est pas morte »

« J'ai l'impression de m'asseoir sur la chaise électrique »

M. Mendès-France garant du patriotisme d'Yvan Dreyfus

Meurant préparait sa 3me évasion à la prison de Cambrai

Demande d'éclaircissement avant le 3 Avril

Truman a envoyé à Staline une lettre personnelle

Une du journal Libération *évoquant la nationalisation des banques de Paris et des Pays-Bas ainsi que de la Banque de l'Union parisienne, 30 mars 1946.*

Comptoir d'Escompte de Paris). Sur décision du général de Gaulle et après d'âpres négociations, les banques d'affaires et la haute banque échappent à la nationalisation, souhaitée par la gauche. Mais la nationalisation des grandes compagnies d'assurances, dans lesquelles la haute banque, les Hottinguer principalement, mais aussi les Vernes, tenaient une place de choix, porte un coup sérieux à la force de frappe de ces différentes maisons.

Le second volet législatif fixe le cadre des activités bancaires. Il adapte le modèle américain du Federal System, qui s'impose partout depuis les accords de Bretton-Woods, de 1944, et préconise la séparation des banques par spécialisation. Il spécifie le rôle des banques en les divisant en trois grandes catégories : les banques de dépôts, dédiées à la collecte des dépôts en vue de l'épargne des particuliers, auxquels elles peuvent dispenser des crédits. Leur prise de participation dans les entreprises est restreinte. Viennent ensuite les banques d'affaires, lesquelles sont autorisées à prendre des participations dans les entreprises et des engagements longs, mais elles ne peuvent recevoir des dépôts à vue ou à court terme. Enfin, les banques de crédit à moyen et long terme, qui effectuent des opérations de crédits longs à partir des ressources d'épargne. L'État transforme en outre le Comité d'organisation professionnelle de 1941 en Conseil national du crédit, placé dans la mouvance de la Banque de France, et se dote ainsi d'une assemblée consultative qui a pour mission principale d'organiser la profession et vocation à encadrer le crédit.

Les banques dites mixtes sont appelées à opter pour l'une ou l'autre des catégories instituées. Parmi elles, les maisons privées en nom de personnes, que l'on a longtemps appelées les hautes banques. Elles sont au nombre de onze en 1946, puis neuf en 1955 (la banque Dreyfus devient une SA et la banque Mirabaud disparaît, absorbée par Suez). Leurs leaders, les Rothschild ou les Lazard, choisissent le statut de banque d'affaires tout en conservant celui de société de personnes. Ce cercle restreint se distingue des sociétés de capitaux, qui forment la majorité des banques d'affaires en 1950 (soit vingt-cinq établissements dont les chefs de file sont la banque de Paris et des Pays-Bas, la Banque de l'Union parisienne et l'Union européenne industrielle et financière). Les ressources propres de ces hautes maisons – fonds propres seuls susceptibles, comme l'autorise la loi, d'être investis, avec les dépôts à plus de deux ans, dans les participations – sont constituées des dépôts des associés (gérants et commanditaires) et des ressources, très stables, de leur clientèle. Si l'activité financière y prédomine, ces établissements restent de taille relativement modeste, comparés aux autres grandes banques d'affaires, dont le total de bilan est bien supérieur. Elles tirent néanmoins leur puissance de feu de la fortune personnelle de leurs associés, de la gestion prudente qui l'accompagne, mais aussi de leur entregent et de leur réseau ancien de relations, nationales comme étrangères.

La banque Vernes, par ses activités comme par son fonctionnement, doit être comptée au nombre de ces établissements. Pour autant, elle fait un choix de spécialisation différent, qui lui permet de proposer des comptes courants et de conserver ainsi plus aisément sa clientèle de riches particuliers. Elle opte alors pour le statut de banque de dépôts, en gardant celui de société en nom collectif, puis, comme elle le fut jadis au XIXe siècle, en adoptant celui de commandite simple. C'est d'ailleurs au titre d'établissement de dépôt qu'elle est inspectée à deux reprises dans les années 1950 et 1960 par la Banque de France. Cette dernière n'en souligne pas moins qu'elle est gérée comme une banque d'affaires. C'est dire combien, malgré une réglementation stricte, le cloisonnement des acteurs financiers apparaît dans les faits bien peu étanche.

Des *Shadoks* à la banque Vernes… ou l'inverse

Claude Piéplu (1923-2006).

Fils de cuisinier, Claude Piéplu est embauché à quinze ans comme grouillot à la banque Vernes. On est alors en 1938. Adolescent déluré et fantasque, il s'amuse à singer la population du grand immeuble haussmannien. « La banque, une école de théâtre grandiose ! », conclura-t-il. Il y apprend qu'être acteur signifie avant tout être « spectateur ». Son cœur n'est pourtant pas à la finance, mais à la scène. Il se prend de passion pour l'art dramatique, qu'il découvre à la Comédie-Française à la même époque. En 1944, il fait déjà ses premiers pas sur les planches du théâtre des Mathurins avec Gérard Philipe et Maria Casarès. Il joue par la suite dans près de 175 pièces de théâtre. À partir des années 1960, la silhouette de Claude Piéplu se fait plus présente dans le cinéma français. Il tourne avec, parmi les plus renommés, Costa-Gavras, Claude Chabrol, Luis Buñuel, Henri-Georges Clouzot et Julien Duvivier. Mais sa célébrité, Piéplu la doit surtout à sa voix et à un programme télévisé lancé à la veille de Mai-68 qui fit du bruit dans les chaumières : *Les Shadoks*.

Salle des coffres de la Banque Française Commerciale, ex-franco-chinoise.

Dans ce paysage bancaire français d'après-guerre, régi par un système administré et étroitement encadré, de nouvelles difficultés surgissent. Les banques d'affaires, bien qu'ayant échappé à la nationalisation, sont néanmoins contraintes de prendre des engagements longs. Si cette astreinte est profitable aux besoins d'investissements indispensables dans un pays en reconstruction, elle mobilise rapidement leurs ressources à long terme au détriment d'une liquidité qu'elles ne peuvent compenser ni par leurs fonds propres, ni *a fortiori* par des dépôts. La haute banque, longtemps partenaire privilégié de la grande industrie, est rapidement incapable de répondre, faute de moyens suffisants, à sa requête financière sans précédent.

Sinon à disparaître, les maisons de haute banque doivent résoudre un tel hiatus, prendre la mesure des mutations à l'œuvre et de leur isolement dans ce nouvel univers bancaire désormais encadré par l'État. Le président de la Banque de Paris et des Pays-Bas en témoigne : « L'État peut être tenté d'abuser de son pouvoir sur les banques publiques, au point de rendre difficile l'existence des banques privées. La solution est peut-être dans la réunion de plusieurs établissements aux moyens trop petits, dans un organisme plus apte à résoudre les problèmes qui se posent. »

La disparition d'un tiers des acteurs bancaires français entre la Libération et la fin des années 1960 atteste de l'ampleur du mouvement

Albin Chalandon, plusieurs fois ministre, aux rênes de la Banque Commerciale de Paris de 1952 à 1968, ici aux côtés de Georges Pompidou.

de concentration qui se dessine alors. Le mouvement débute par des alliances traditionnelles sur certaines opérations ou certains marchés. C'est ainsi que la banque Vernes s'associe avec Worms et Cie dans les années 1950. Outre la société de réescompte créée en 1941, les deux banques participent en 1945 à la création de la Compagnie pour le financement de l'industrie, du commerce et de l'agriculture (COFICA) avec, entre autres, la Banque de Paris et des Pays-Bas, et, en 1955, s'associent dans la société en nom collectif Vernes-Worms & Cie, Société d'études et de participations financières.

Puis vient le temps des rachats et des fusions, susceptibles de permettre aux acteurs bancaires de disposer de fonds propres possédant la taille critique. Le premier à avoir cédé à cette tendance est, dès 1945, de Neuflize et Cie qui se rapproche de Schlumberger, puis, en mai 1966, fusionne avec les Mallet.

C'est dans ce même contexte que Vernes et Cie reprend, en 1958, 70 % de la Banque française d'Outre-Mer. La parentèle entre les deux établissements est grande. À l'instar de celle qui est devenue son principal actionnaire, la BFO, ancienne maison d'arbitrage, est une banque de dépôts « gérée à la façon d'une banque d'affaires », selon les termes employés par la Banque de France. Les deux maisons possèdent donc une « culture » commune et un fonctionnement identique.

Signature du traité de Rome au Palazzo Senatorio, le 25 mars 1957.

Jusqu'en 1965, elles fonctionnent de manière quasi indépendante, formant alors ce que l'on baptise le « groupe » Vernes. Le développement des opérations de la BFO, notamment dans le financement des sociétés de construction immobilière, offre au groupe l'ouverture d'un nouveau marché. En janvier 1966, Vernes et Cie absorbe les activités bancaires de la BFO, qui se métamorphose alors.

Devenue société de participation, cette dernière requiert auprès des autorités de contrôle sa désinscription au titre de banque et son réenregistrement comme établissement financier sous le nom de Société parisienne de participations. Sa mutation est achevée entre le 26 avril 1966, date de la radiation effective de la Banque française d'Outre-Mer et le 26 mai, date de son immatriculation comme établissement financier à titre principal en vue de poursuivre un certain nombre d'opérations de crédit, d'effectuer des opérations sur titres et de fournir des cautions fiscales et immobilières. Ce nouveau support financier, qui est notamment utilisé dans le cadre des opérations menées avec le groupe Balkany, entre dans l'actionnariat du groupe

Vernes, dont la famille éponyme conserve encore, sous la houlette de Pierre et Jean-Marc, le contrôle entier.

À l'échelon local ou régional, les mêmes nécessités d'expansion encouragent les mêmes frémissements de croissance externe. À Lyon, les acteurs locaux font montre, dans les années 1950 et 1960, de belles capacités de résistance. La société en commandite simple Morin et Cie s'assure, en 1955, une participation importante dans la banque Jacquier, en prenant le contrôle de sa filiale, la banque Isnard et Cie. En 1962, elle acquiert l'ensemble de ce prestigieux établissement lyonnais, créé en 1762 sous la raison sociale Evesque et Cie, et appelle aux fonctions d'associé-gérant, Paul Isnard le Francé, gendre de François Jacquier, pour diriger les affaires, aux côtés de Raymond Morin, arrière-petit-fils d'Adrien Morin.

Malgré ces premiers atermoiements de regroupements, les banques françaises moyennes souffrent encore d'une sous-capitalisation critique. Afin de pouvoir se développer, il faut impérativement grandir, dégager des liquidités, posséder des fonds propres plus élevés. Et, pour ce faire, nouer des partenariats. À l'instar d'autres maisons, le groupe Vernes ouvre, dans les années 1960, son capital à de nouveaux investisseurs : la banque Suez et de l'Union des mines, Air Liquide ou bien encore Ferdinand Béghin. En faisant ainsi appel au marché, il passe de l'ère familiale à l'ère sociétaire : une révolution ! Son statut juridique s'en voit modifié : la banque devient une société anonyme. « Une société anonyme est mieux adaptée aux conditions économiques actuelles et à leur évolution. Ce statut juridique répond de façon plus satisfaisante aux impératifs de l'expansion croissante des diverses entreprises qui contrôlent les établissements bancaires du secteur privé », explique à l'époque un banquier privé. En témoigne la banque Morin-Pons, qui adopte également, après une notable augmentation de capital, ce statut en mai 1969.

Très rapidement pourtant, le niveau national n'est pas suffisant pour pouvoir rivaliser avec les autres banques de la communauté européenne naissante, alors que le traité de Rome préconise : « La libéralisation des services de banques et assurances qui sont liés à des mouvements de capitaux doit être réalisée en harmonie avec la libéralisation progressive de la circulation des capitaux. » L'internationalisation de l'économie et l'ouverture de nouvelles opportunités d'affaires à l'export, notamment dans le cadre du Marché commun, commencent à bouleverser les anciennes règles... Et faire bouger les frontières. Elles poussent inévitablement les banques françaises à s'ouvrir à de nouveaux horizons et à s'adjoindre des acteurs communautaires. La Banque française d'Outre-Mer avait pris très tôt la mesure de ce changement d'échelle. En 1963, elle avait ainsi procédé à l'augmentation de son capital de 1,5 million à 2 millions de francs, en réservant la souscription des actions nouvelles à deux banques suisses et une banque allemande dont la participation avait alors atteint 25 %, celle du groupe Vernes se trouvant réduite à 54 %.

Le rapprochement de la banque Vernes avec la Banque commerciale de Paris procède de cette même aspiration. Cette alliance permet à la vieille maison protestante de réaliser une importante opération de concentration à l'échelon national tout en s'ouvrant à l'international. La Banque commerciale de Paris, anciennement Josse, Lippens & Cie, dont l'actionnaire principal est l'avionneur Marcel Dassault, est orientée vers les crédits commerciaux ; Vernes vers la gestion de fortune : leurs activités sont donc complémentaires. Le regroupement permet également au groupe Vernes de s'adjoindre deux nouveaux partenaires étrangers, qui sont au capital de la Banque commerciale : la Franklin Bank of New York et la Girocentral de Hambourg. L'opération se fait en deux temps. Elle débute en 1968 par une prise de participation de la banque Vernes à hauteur de 15 % ;

Marcel Dassault.

Marcel Dassault, avionneur, mais banquier

Au sortir de la guerre et des nationalisations, les avionneurs Bloch (futur Dassault) et Potez ont une coquette somme à placer. Leur ami François Chirac, père de Jacques, directeur d'une succursale de la BNCI, leur suggère de fonder leur propre banque. Ils rachètent en 1952 la Josse, Lippens & Cie et créent la Banque commerciale de Paris (BCP), baptisée jusqu'en 1952 Banque immobilière et commerciale. Marcel Dassault, surnommé par Mauriac le César frileux, nomme Albin Chalandon, inspecteur général des Finances et futur trésorier de l'UDR à la tête de l'entreprise. La banque développe rapidement ses opérations dans le secteur du commerce et de l'industrie, notamment l'aéronautique. Elle devient en seize ans la 6e banque française. Albin Chalandon en abandonne les rênes en 1968, lorsqu'il est appelé comme ministre de l'Industrie, puis ministre de l'Équipement et du Logement du gouvernement Pompidou. Son départ précipite le rapprochement de la banque de Marcel Dassault avec la maison Vernes, qui prend part au capital à hauteur de 15 %.

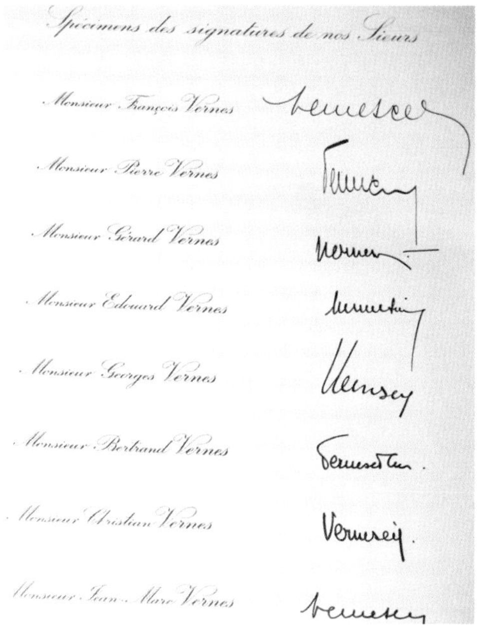

Signatures des sieurs Vernes, début des années 1960, archives de la Banque de France.

elle s'achève en 1971 par la fusion des deux groupes en une nouvelle entité qui prend pour nom banque Vernes et commerciale de Paris. La BVCP développe les années suivantes cette ouverture hors des frontières par la prise de participation dans divers établissements financiers : en 1973, elle participe à la création d'une banque genevoise ; en 1974, avec la Hénin, elle entre au capital de la Bank of the Near East, à Beyrouth, spécialisée dans le financement immobilier et industriel ; en 1975, elle s'associe – à hauteur de 15 % – à la Compagnie financière d'Edmond de Rothschild, aux importantes ramifications internationales ; en 1980, elle ouvre sa filiale Vernes Asia Limited.

Une nouvelle page s'ouvre pour la banque Vernes alors qu'à la même époque une autre se tourne pour la banque Morin-Pons, rachetée en 1973 par le groupe Princel (société financière Gillet), puis en 1979 par la Dresdner Bank. La Banque Française Commerciale, ancienne Banque franco-chinoise, passée dans l'escarcelle de sa rivale la banque de l'Indochine en 1960, a été cédée, quant à elle, au groupe Suez en 1975. Ses tentatives d'implantations à Madagascar et au Viêt-Nam se sont soldées par des échecs et des pertes retentissantes.

En quelques années, la redistribution des cartes bancaires dessine un paysage financier inédit. Sous peine de disparaître sous les coups de boutoir de la concurrence, que viennent stimuler les réformes Debré-Haberer, elle oblige les acteurs de la place à un nouveau dynamisme pour répondre aux besoins d'une société en pleine révolution.

BANQUE

Avec les années 1960, la bancarisation des Français

La fin des années 1960 marque une forte accélération de la bancarisation de la société française. Sous une double impulsion, celle d'un essor spectaculaire du nombre de guichets et celle d'une augmentation du nombre de comptes courants. Ces deux facteurs trouvent leurs origines dans les changements opérés à la fois par les pouvoirs publics et par les mutations de l'économie des Trente Glorieuses.

Si les besoins de la reconstruction et de la modernisation de la France d'après-guerre ont conduit les pouvoirs publics à spécialiser les établissements bancaires afin de mieux orienter les ressources vers des secteurs prioritaires, les années 1960 marquent le pas. L'État ne peut désormais se suffire de la spécialisation des réseaux. Depuis 1945, les établissements bancaires sont en effet cloisonnés entre les banques de dépôts, qui doivent privilégier les emplois liquides, et les banques d'affaires, qui prennent des engagements longs. Dès lors, les banques constituent un secteur peu concurrentiel où elles se partagent les activités financières.

Une réforme est donc nécessaire pour répondre aux besoins de financement diversifiés d'une économie en pleine expansion. Le premier ministre Georges Pompidou enjoint son gouvernement à la libéralisation du secteur financier et à la restauration de la concurrence. C'est ainsi que les réformes Debré-Haberer, du nom du ministre de l'Économie et des Finances et de son directeur de cabinet, modifient, entre 1966 et 1967, en profondeur le système financier et mettent fin à l'ordre instauré depuis la Libération. Les mesures édictées entendent donner aux banques les moyens de collecter des ressources stables

Jean-Marc Vernes entourés d'officiels lors de l'inauguration de l'agence de Nice, début des années 1970.

Guichet de la banque Morin-Pons, à Lyon, dans les années 1970.

et abondantes, et de libéraliser le plus possible le crédit. Elles abolissent le régime de spécialisation bancaire, en atténuant la distinction entre banques d'affaires et banques de dépôts, favorisant l'essor de la banque universelle. Ce modèle permet aux institutions d'offrir une gamme très large, voire complète, de services financiers allant des activités d'intermédiation classique aux opérations sur les marchés financiers ; y compris les placements de titres et les prises de participation dans le capital des entreprises.

Ces mesures s'accompagnent d'une stimulation de la concurrence par la liberté donnée à l'ouverture de guichets ; toute création était jusqu'alors soumise à l'autorisation du Conseil national du crédit, qui avait pratiqué, de 1945 à 1959, une politique malthusienne en la matière et délivré ses autorisations avec force parcimonie. Jean-Yves Haberer se rappelle ainsi : « À l'époque, on était sous-bancarisés [...]. Les banlieues étaient sans agence. Les gens venaient en ville parce qu'il n'y avait pas d'agence. Cela n'avait pas du tout suivi le mouvement démographique déjà commencé. » La libéralisation de 1967 déclenche une « course aux guichets ». Les établissements bancaires multiplient leurs succursales et réseaux d'agences sur l'ensemble du territoire tant pour acquérir une taille optimale que pour conquérir des parts de marché. En quelque dix ans, le nombre de guichets triple, celui des dépôts double.

La banque Vernes et commerciale de Paris s'inscrit dans ce mouvement. Contrairement aux grandes banques de dépôts, elle ne procède néanmoins pas par créations tous azimuts. Telle n'est pas sa vocation. Elle préfère sélectionner judicieusement ses nouveaux lieux d'implantations. Elle opère donc d'une part par croissance externe pour multiplier son réseau de guichets. En fusionnant avec la Banque française d'Outre-Mer, l'établissement avait déjà bénéficié de l'apport de son agence parisienne de l'avenue de l'Opéra, aussi lorsqu'elle rachète la Discount Bank (ancienne Société franco-américaine de banque), elle s'enrichit de même d'une agence à Neuilly. Pour accélérer cette expansion, elle reprend les cinq agences de la banque Monod Le Hénin (groupe Suez). Le rachat de la Banque auxiliaire Michel Inschauspé (BAMI), en 1978, lui permet de faire tomber dans son escarcelle treize nouvelles agences en région parisienne. « Nous cherchions depuis six mois à acheter une banque pour renforcer notre réseau de guichets », explique ainsi l'administrateur directeur général de la BVCP.

Elle engage également des créations de succursales et d'agences *ex nihilo*. D'abord en région parisienne, notamment dans l'ouest parisien, comme à Fontenay-Le Fleury ou à Parly II, où sont construites de nouvelles résidences de standing et où elle espère donc attirer une nouvelle clientèle. L'agence de Parly II conquiert ainsi un grand nombre de commerçants du nouveau centre commercial édifié par la banque. En province d'autre part, dans les régions promises à une belle expansion économique. Ainsi à Lyon, où elle renoue avec ses attaches historiques, la banque Vernes et commerciale de Paris (BVCP) ouvre une agence en 1978, et, à Nice, elle inaugure une succursale en 1981. C'est désormais quelque quarante guichets, dont les trois quarts en région parisienne, dont dispose l'établissement bancaire au début des années 1980.

La BAMI : une aventure hors norme

En octobre 1967, deux compères des années collèges achètent un numéro du magazine *Banque* et décident de se lancer dans l'aventure bancaire, à l'image des capitaines d'industrie du siècle dernier. Ils souhaitent créer un réseau de guichets légers pour collecter des dépôts qu'ils redistribueront par la suite aux PME. Il fallait oser : cela fait bien des années qu'aucun particulier ne s'est ainsi aventuré *ex nihilo* en eaux financières. Aucun des deux créateurs de l'établissement, qui prend pour nom Banque auxiliaire d'escompte et de dépôts, n'est connu dans le milieu. Qu'importe ! Le premier guichet est ouvert rue du Faubourg-Montmartre en juillet 1968. Les débuts sont difficiles. L'audace rapporte pourtant rapidement ses fruits : dès 1970, les dépôts dépassent 30 millions de francs. L'arrivée d'un nouvel actionnaire, Michel Inschauspé (BAMI), qui apporte dans la corbeille une partie du fonds de commerce d'une banque des Pyrénées-Atlantiques favorise cette première embellie. L'établissement, alors rebaptisé Banque auxiliaire Michel Inschauspé, prend un nouvel essor, ouvre de nouvelles agences, multiplient les dépôts par neuf et ses effectifs par six. En 1977, et ce malgré une rentabilité honorable, elle décide de s'adosser à un groupe plus puissant et rejoint ainsi le giron de la BVCP. La belle aventure aura duré dix ans.

Façade de la banque Morin-Pons à La Part-Dieu, à Lyon.

La banque Veuve Morin-Pons, qui ouvre sa première agence en 1962, fait montre d'un dynamisme similaire. En 1967, elle dispose désormais de seize guichets, dont douze à Lyon, un à Saint-Étienne et trois à Paris. Filiale de Suez, la Banque Française Commerciale, orpheline de ses guichets malgaches et vietnamiens, profite de la nouvelle réglementation pour redéployer également son réseau, en métropole (Montpellier, Toulon, Annecy), mais aussi, et surtout, à l'Outre-Mer (Guadeloupe, Mayotte, Réunion, Maurice, Seychelles, Cayenne).

Cette course au guichet augure un tournant architectural : c'est la fin des « palais de l'argent ». Seuls les sièges sociaux conservent encore le faste hérité du XIXe siècle. Certains établissements n'hésitent d'ailleurs pas à les troquer pour de nouveaux bâtiments plus fonctionnels et plus modernes. À l'instar des Rothschild à Paris, qui font table rase de leur hôtel 1815 de la rue Lafitte pour un immeuble contemporain, la banque Veuve Morin-Pons s'installe au cœur du quartier d'affaires de la Part-Dieu dans un immeuble en verre fumé et aluminium. Les agences n'ont plus rien à voir avec l'idée que l'on se faisait d'un bâtiment bancaire avant-guerre. Le temps des grilles aux fenêtres et des décors austères est révolu. Place à des espaces plus ouverts où le client n'est plus séparé des employés par une vitre ou un grillage. Les banques cherchent à tisser avec leur clientèle des liens plus intimes et moins distants, à « séduire le client ».

Cette mutation architecturale témoigne d'un changement de société majeur qui vient modifier en profondeur les liens qui unissent les Français au monde bancaire, et obligent parallèlement les banques, et notamment les établissements privés issus de la haute banque, à faire radicalement évoluer leur stratégie commerciale. Jusque dans l'immédiat après-guerre, nombre de ces banques n'étaient encore réservées qu'à une clientèle triée sur le volet de riches particuliers, d'industriels ou de commerçants. Le tout-venant, aguerri par les scandales financiers de l'entre-deux-guerres, par le mythe resté vivace du mur d'argent et des deux cents familles, est demeuré longtemps méfiant vis-à-vis des banquiers ; ces derniers n'avaient d'ailleurs jamais réellement cherché à redorer leur image auprès d'un grand public qui ne les intéressait guère. Jusqu'au début des années 1960, la recherche de nouveaux comptes et d'une nouvelle clientèle ne leur apparaît pas une nécessité. Quoique en nombre peu élevé, la riche clientèle de la banque Vernes lui avait ainsi permis, prospérité économique aidant, de profiter d'une croissance des dépôts extraordinaire. De mars 1959 à novembre 1962, le volume de ces derniers s'accroît de 240 %. Cette embellie n'a qu'un temps. La croissance marque le pas. L'ère de la concurrence s'ouvre.

La libéralisation de l'ouverture des guichets, qui rompt au milieu des années 1960, la défiance respective des particuliers et des banques, sert brutalement de déclencheur à la « bancarisation » massive des Français. Une telle révolution répond aux vœux des

Claude Taupin dit « Nounours » — Sam Wall dit « l'Américain » — Emmanuel Babaaïssa — Robert Atlani : le « gêneur » — Michel Delahaye : le « cerveau »

Le «cerveau» du «casse» à la banque Vernes: un chauffeur de taxi parisien

C'EST un chauffeur de taxi parisien, Michel Delahaye, 48 ans, demeu-nt à Chamarande (Es-ane), qui était l'organi-eur du cambriolage de banque Vernes de Bou-gne-Billancourt, où, le 11 n dernier, après avoir is en otage le directeur cet établissement, Jac- cambriolage après des confidences imprudentes de l'un de ses collègues de travail dont l'épouse travaillait dans cette banque. Mais pour exécuter ce plan, il fit appel à l'un de ses amis, un truand de Stains (Seine-Saint-Denis), Claude Taupin, 42 ans, dit « Nounours ».

Celui-ci, qui connaissait la pègre, se mit à la recherche

tre, et Emmanuel Babaaïssa, 33 ans, dit « Manu », qui acceptèrent.

La part du cinquième

Très tôt, le 11 juin, Michel Delahaye sonna à la porte du pavillon familial du directeur de la banque, prit en otage son épouse tandis que « Manu »

Les quatre hommes se partagèrent l'argent liquide, et Taupin fut chargé d'écouler les bijoux durant les vacances. Il s'acquitta de cette mission et encaissa 1.600.000 francs de divers receleurs qui n'ont pas été identifiés. Mais, alors que tout semblait réglé, Atlani se manifesta. Il voulait sa part. Les quatre auteurs du cambriolage refusèrent, arguant

Extrait dans la presse de l'époque sur le casse de la banque Vernes.

Prise d'otages à domicile : le casse de Boulogne

300 000 francs et le contenu de 96 coffres de particulier : tel est le butin récolté par quatre malfrats qui n'ont pas hésité à utiliser la prise d'otages à domicile pour obliger le sous-directeur de l'agence de la banque Vernes à Boulogne à leur ouvrir les coffres de l'établissement. C'est l'indiscrétion d'un chauffeur de taxi, dont l'épouse travaillait à la banque, qui serait, dit-on, à l'origine du cambriolage. Malgré des noms de scène dignes de films à la Gabin, les cinq truands – Nounours, l'Américain, Manu, le Gêneur, le Cerveau – manquent d'expérience. Ils parlent de leur « exploit », dilapident rapidement l'argent liquide… Une bande rivale cherche à récupérer le butin. Les renseignements qui bruissent dans le milieu viennent aux oreilles des autorités. Elle arrête tout ce beau monde : dix-sept personnes sont inculpées et une partie des avoirs volés vite récupérés. Les clients de la banque, dont les coffres avaient été forcés, ont quant eux été indemnisés sans délai.

banques, qui cherchent auprès de nouvelles clientèles des ressources neuves, mais aussi à ceux des ménages, qui entendent pouvoir répondre aux sirènes de la nouvelle société de consommation. Elle se traduit par une diffusion très rapide des produits bancaires dans le grand public. Ainsi entre 1966 et 1972, le taux de détention d'un compte chèques passe de 17 % à 62 %. Cette évolution spectaculaire est encore favorisée par la généralisation de la mensualisation des salaires (en 1969, seuls 10 % des ouvriers sont mensualisés, contre 72 % en 1975), puis, en 1972, par l'obligation de payer par chèque les salaires supérieurs à 1 500 francs.

Dans le secteur bancaire, cette mutation entraîne l'apparition de produits financiers, accessible à tous, comme les crédits immobiliers ou à la consommation. Dans l'entre-deux-guerres, en précurseur, la banque Lazard s'était essayée à lancer une filiale spécialisée dans le crédit automobile. De telles pratiques se multiplient. De nouvelles banques apparaissent dont la spécialité est de faire du crédit attribué à un achat spécifique. Parmi les pionniers de ce genre nouveau, Jack Francès, qui est en 1969 le premier associé gérant de la banque Vernes & Cie non issu de la lignée familiale Vernes. Il est l'un des créateurs de Sofinco, en 1951, et de la banque La Hénin, en 1967.

Les établissements rivalisent d'inventivité pour fournir des services sur mesure et une gamme de produits étoffés à une clientèle devenue de plus en plus exigeante. Les années 1970 voient ainsi l'essor des créations de Sicav, essor dans lequel s'inscrit pleinement la banque Vernes et commerciale de Paris en en commercialisant très tôt plusieurs : Unigestion dès 1971, la Sicav immobilière Unisic en 1973 (devenue Palatine Immobilier) ou bien encore Uni-Hoche en 1978. Elle procure par ailleurs l'ensemble des services bancaires coutumiers, dans le domaine du crédit immobilier notamment. Pour répondre aux requêtes de sa clientèle traditionnelle de grands industriels, mais aussi de PME-PMI, dont le nombre est croissant, elle agit en prestataire de services et leur propose, en outre, une gamme de prestations spécialisées sur mesure ; elle les oriente dans leurs démarches, s'occupe de leur entrée sur le marché, de leurs émissions d'obligations, de toutes leurs opérations de « haut bilan ». Elle met à leur attention assistance administrative, juridique et fiscale. Prenant acte de l'ouverture croissante des marchés, elle offre un éventail complet d'opérations à l'international, notamment dans le domaine du commerce extérieur, forte d'une expertise acquise au fil des décennies.

Le passage à la « banque de masse » et à la bancarisation de l'ensemble de la population transforment les banquiers en adeptes du « marketing », jusqu'alors utilisé dans la promotion des biens industriels et de grande consommation. La publicité vante désormais les mérites

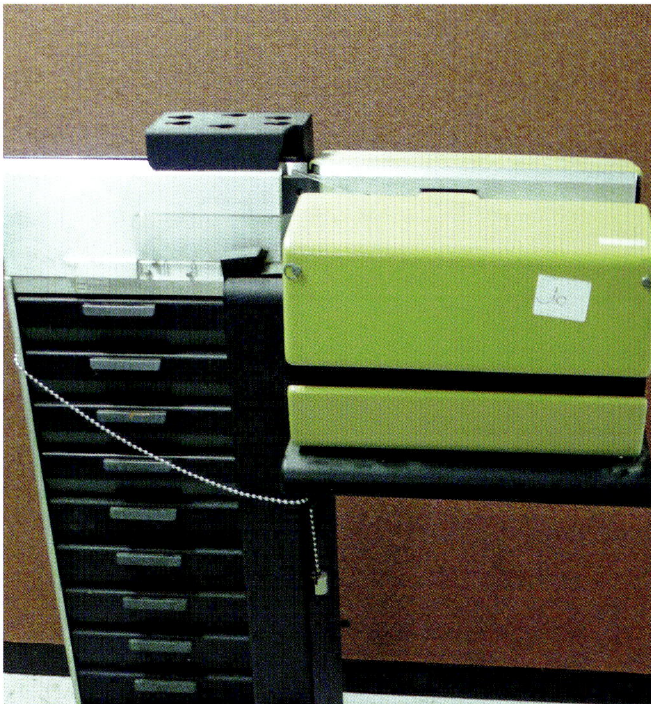

Machine de compensation qui permettait de trier les remises de chèques des différents établissements bancaires, chaque casier représentant une banque, années 1980.

de la banque, ce qui contraste fortement avec la discrétion que la profession érigeait jusqu'alors en valeur suprême. En 1973, la BNP n'hésite pas à surprendre, avec son slogan resté célèbre « votre argent m'intéresse ». La banque Vernes et commerciale de Paris se lance, elle aussi, dans des campagnes de marketing. En 1972, à l'occasion de l'ouverture d'une succursale parisienne, elle offre ainsi un appareil photo instantané d'une valeur de 90 francs (environ 90 euros d'aujourd'hui) pour toute ouverture de compte. Si la Banque de France trouve cette façon de faire peu « glorieuse », il n'en demeure pas moins que la libéralisation du secteur bancaire oblige désormais les banques à se différencier coûte que coûte.

L'industrie bancaire va ainsi tirer parti de cette période pour s'implanter de manière de plus en plus dense sur le territoire national et élargir considérablement la gamme des services offerts à sa clientèle. Les années 1960 et 1970 constituent de ce point de vue une période de croissance extensive des banques françaises, dans un univers devenu concurrentiel qui leur impose inventivité et réactivité. Elles marquent peu à peu le passage à une économie de marché financier, qui a connu depuis lors une croissance considérable, suscitant le début du développement d'innovations financières, dont l'apogée se situe au milieu des années 1980.

La diversification des affaires

Les anciennes maisons de haute banque engagent, dans les années 1970, une diversification notable de leur activité. Elles pérennisent leur partenariat historique tout en s'adjoignant de nouveaux clients, dans des domaines variés. Beaucoup prennent pied – avant de le perdre – dans un secteur qui leur apparaît porteur : l'immobilier. Leur engagement tous azimuts renforce leur capacité d'influence, un temps affaiblie, et nourrit leur « réseau » de relations.

Avec les nationalisations de 1945, les maisons de haute banque se retrouvent tout à coup orphelines des entreprises qu'elles contrôlaient dans les secteurs de l'assurance et des houillères. Malgré les dédommagements financiers consentis, elles conservent un profond ressentiment à l'encontre des hommes, de gauche notamment, qui ont travaillé à ce qu'elles considèrent comme une « confiscation » de leurs biens. C'est sans doute pour ce prémunir contre ce type de mesures et s'assurer une tribune auprès du grand public que, en 1947, Pierre Vernes rachète le journal *Ce Matin*. Car la banque qui porte son nom, particulièrement investie dans ces deux domaines, y a perdu beaucoup. Elle conserve toutefois des parts dans la compagnie d'assurances Abeille et reste l'actionnaire principal des activités d'extraction des Étains de Kinta.

Pour autant, la maison Vernes, comme les autres éléments constitutifs de la haute banque, continue de bénéficier des alliances qu'elle a nouées avant-guerre, notamment par le biais de la Banque de l'Union parisienne, et de ses prises de participations dans diverses sociétés dont beaucoup officient à l'international, notamment en Afrique. Le rachat de l'Union parisienne par le groupe Suez, en 1966, provoque une redistribution des cartes. Il marque notamment le rapprochement – à travers des intérêts communs dans diverses sociétés – de ce dernier

Fernand Léger, Les Constructeurs, *1950.*

avec la banque Vernes, rapprochement déjà ébauché en 1965 au sein de l'Abeille, avec laquelle Suez possède désormais des liens étroits. Plus particulièrement intéressé dans des entreprises d'électricité, surtout dans la Compagnie générale d'électricité créée en 1881 (groupe Alsthom), la BVCP continue d'accroître ses participations dans ce secteur, qui paraît florissant, où elle possède un réel savoir-faire. Elle rachète en 1975, en association avec le groupe Munich, la Compagnie centrale (ex-coloniale) de distribution d'énergie électrique (CCDEE), qui détenait diverses concessions d'eau et d'électricité, venues à expiration ou rachetées pour le compte de sociétés nationales au Gabon, au Cameroun et au Dahomey.

Une de La Domenica del Corriere *évoquant la nationalisation du canal de Suez, 1956.*

Suez : du canal à la finance

À l'origine du groupe Suez, la compagnie universelle du canal de Suez fondée, en 1858 par Ferdinand de Lesseps, pour percer et exploiter cette nouvelle voie de communication transmaritime, inaugurée en 1869. À la suite de la nationalisation du canal par Nasser, la société, qui disposait d'une concession jusqu'en 1968, reçoit des indemnités élevées de l'Égypte. Ce sont ces indemnités, jointes au portefeuille constitué de longue date par la Compagnie, qui constituent l'actif de départ de la holding qui succède en 1958 à l'entité d'origine sous le nom de Compagnie financière de Suez. Elle engage alors sa reconversion en multipliant participations et investissements dans divers secteurs de l'économie. Elle établit ainsi précocement des liens étroits avec la société d'assurances l'Abeille, qui fusionne en 1970 avec celle du groupe Paix (lié à la banque de l'Indochine et à la banque Vernes) pour former la Compagnie Abeille et Paix. Cette dernière prend, à la fin de 1976, pour nouvelle dénomination Compagnie financière du groupe Victoire. Dans le domaine bancaire, elle absorbe, en 1966, la Banque de l'Union parisienne et devient pour un temps la Compagnie financière de Suez et de l'union des mines. En 1974, elle fusionne avec la banque de l'Indochine pour donner naissance à Indosuez. C'est à la compagnie financière de Suez, elle aussi nationalisée en 1982, que le groupe Vernes se verra adossé.

Destin croisé entre la banque Vernes et le géant du sucre Béghin-Say.

Certains groupes dédiés à ce domaine d'activité connaissent toutefois des difficultés, affichant des résultats moins performants qu'on ne pouvait l'espérer. Tel est le cas de Radio-Air, société anonyme d'applications industrielles radio-électriques, dans le giron de la banque Vernes depuis l'entre-deux-guerres. La situation de cette société, qui affiche un découvert de plus de 700 millions de francs dès les années 1950, est alarmante. Au point de mettre en alerte les services d'inspection de la Banque de France, qui en suivent l'évolution de très près. La banque Vernes met plus de vingt ans à redresser cette entreprise, avant de s'en séparer. La banque Vernes profite des liens très anciens et puissants qui la lient à Carbone Lorraine et à Air Liquide, société internationale qui connaît une expansion spectaculaire dans les années 1960 et 1970.

Les grandes maisons de banque ne peuvent vivre de leurs seuls acquis, hérités de positions prises dans l'avant-guerre. De nouvelles opportunités s'offrent à elles pour diversifier leurs activités, au hasard de rencontres humaines et professionnelles, au gré des modes et des opportunités d'affaires. Les participations prises par la banque Vernes dans l'industrie sucrière, à travers l'épopée Béghin-Say, relèvent ainsi tout autant de la rencontre amicale que de l'entente stratégique. C'est au hasard d'un champ de courses, lors d'un événement hippique, que Jean-Marc Vernes aurait rencontré, en 1949, Ferdinand Béghin, président des sucres du même nom, avec lequel il se lie d'amitié. En 1956,

Construction des immeubles du Point du jour, à Boulogne-Billancourt, 1959.

la banque Vernes introduit Béghin en bourse. En 1972, la BVCP organise la fusion avec Say, autre géant du sucre français et se partage une partie des actions avec Suez et Béghin. Jean-Marc Vernes, nommé directeur adjoint de la société sucrière en 1966, prend en 1977 les rênes de cette entreprise, qui pèse alors cinq milliards et demi de chiffre d'affaires. Elle attise les convoitises, italiennes notamment, qui finiront – après force luttes secrètes et échauffourées politico-financières – par faire main basse sur l'entreprise, en 1986.

L'immobilier constitue, quant à lui, la grande affaire des Trente Glorieuses. Pour la banque Vernes plus que pour tout autre. L'État a fait du logement sa priorité nationale et le besoin s'est considérablement accru. De grands promoteurs se lancent alors dans l'aventure de la pierre, avec l'appui financier des banquiers. Le secteur a le vent en poupe. L'immobilier n'est certes pas *terra incognita* pour ceux-ci.

La banque de fortune a toujours été présente dans ce domaine, en témoigne la présence de la banque Veuve Morin-Pons dans plusieurs affaires lyonnaises dans les années 1930. C'est néanmoins la part croissante que prend l'immobilier dans le bilan des banques qui constitue la grande nouveauté des années d'après-guerre.

Dans les années 1960, au sein de la banque Vernes, 84 % des engagements sont répartis dans une soixantaine d'affaires (une quinzaine d'affaires immobilières et une cinquantaine d'affaires commerciales), avec pour principal partenaire le groupe Balkany. Promoteur des grands ensembles de standing de la fin des années 1950 aux années 1970, ce dernier est entré en contact avec la banque Vernes par l'entremise de la Banque française d'Outre-Mer, dont il est alors client. L'opportunité séduit la direction et l'établissement s'engage rapidement dans un domaine qui lui apparaît particulièrement porteur. Les projets du groupe Balkany ont de l'envergure. Il s'agit de construire sur la commune du Chesnay, près de Versailles, dans l'ouest parisien, toute une série de lotissements et de centres commerciaux. Les différentes phases de construction que sont Élysée I, Élysée II, Paris II, rebaptisé Parly II (à la suite d'un refus de la Ville de Paris et du général de Gaulle) sont sans conteste des succès d'un point de vue technique. Pour en réaliser la construction, les entreprises sous-traitantes ou les fournisseurs à qui on a fait appel font partis du groupe Vernes, qu'il s'agisse de l'électricité ou des ascenseurs Roux-Combaluzier, société familiale, dirigée par le père de Jean-Marc Vernes.

Revers de la médaille, le gigantisme de ces opérations immobilières oblige à des immobilisations de fonds notables, souvent en violation des règles de prudence en matière de liquidité. Alors que le groupe Balkany est devenu le premier client de la banque Vernes et commerciale de Paris, tout découvert massif met l'établissement financier en délicatesse. Certes, les opérations Balkany sont des succès commerciaux. Mais le groupe immobilier ne regarde pas à la dépense en publicité et marketing pour vendre ses appartements. Par-delà la débauche publicitaire, les critiques se font de plus en plus vives. On s'insurge de la pression faite sur les acheteurs, qui doivent souvent se décider en dix minutes. On raille aussi l'aspect parfois mensonger des tracts promotionnels. On reproche à Vernes et Balkany de vendre leurs immeubles « comme on vendrait des savonnettes », lorsque, entre autres exemples, pour l'opération Élysée I, une petite Fiat est offerte pour tout achat d'un appartement. On les soupçonne enfin de faire du profit au détriment de la qualité des bâtiments. Car si Élysée I était de bonne facture, les opérations suivantes ne semblent pas avoir été réalisées avec le même soin de détail.

Les affaires immobilières flirtent parfois avec les « affaires ». Les profits et rendements juteux à retirer dans le domaine sont considérables. Il n'est donc pas surprenant que le secteur attire des personnes peu scrupuleuses qui entendent en retirer davantage, sans se soucier des procédés frauduleux qu'ils pourraient avoir à utiliser. D'autant que, en limite de la légalité, certaines sociétés investies dans l'immobilier, le groupe Balkany parmi d'autres, utilisent des prête-noms et des montages juridico-financiers complexes pour porter leurs projets et éviter notamment d'apparaître comme promoteurs et de devoir endosser les responsabilités qui leur incomberaient. De tels portages rendent les affaires particulièrement opaques, en complexifient le contrôle.

Le scandale de la Garantie foncière, considérée comme l'affaire politico-financière la plus retentissante de l'ère pompidolienne, témoigne des errements qui ont miné ce secteur de l'immobilier. Cette Société civile de placement immobilier (SCPI), créée le 31 décembre 1967 pour « acquérir des biens immobiliers et les louer », collecte le capital auprès des particuliers et l'investit dans la pierre afin de rémunérer ses souscripteurs avec les revenus et les loyers de ses investissements. Elle regroupe 14 000 participants en 1971, 220 millions de francs de souscriptions et annonce des intérêts de 10,25 % supérieurs à celui de toutes ses concurrentes. Au point d'attirer l'attention de la Commission des opérations bancaires, qui la soupçonne d'exagérer ses gains et de verser les intérêts avec l'argent apporté par les nouveaux souscripteurs. Les dirigeants de la SCPI sont par ailleurs condamnés pour s'être fait racheter des immeubles qu'ils avaient acquis à bas prix, empochant ainsi une jolie plus-value pour leur propre compte.

Robert de Balkany en 1967.

Le groupe Balkany

Le créateur du groupe Balkany se nomme Aladar Zélinger de Balkany, né en 1900 dans l'actuelle Roumanie. Il débute dans les affaires dans les années 1950 avec une entreprise de tissage. En 1957, il est à la tête d'une société immobilière. C'est son fils Robert de Balkany, jet-setter, qui reprend les rênes du groupe et lance les grands projets immobiliers financés par la banque Vernes. Il est avec son père le promoteur des centres commerciaux des résidences Élysée et Parly II. On le trouve également à l'origine des ensembles immobiliers Parc Saint-Cyr, Parc Montaigne et Grigny 2. En novembre 1976, la majorité de la société holding du groupe Balkany est cédée au promoteur immobilier Jean-Claude Aaron.

Les premiers centres commerciaux implantés à l'extérieur des agglomérations s'installent en France dans les années 1970.

C'est dans le cadre d'une telle vente, celle des locaux du magasin de textile la Belle Jardinière, que la banque Vernes et commerciale de Paris se voit mêler au scandale. La Garantie financière débourse 250 millions pour ce faire, alors que la Belle Jardinière n'a inscrit dans ses comptes que 180 millions, soit un trou de 70 millions. La vente se fait sous la houlette de la BVCP. Et les autorités de se questionner sur les destinataires des fonds manquants et sur le rôle joué par la banque dans la transaction. Des investigations sont menées. Le 23 octobre 1973, la brigade financière interroge longuement Jean-Marc Vernes après avoir entendu une trentaine de collaborateurs de la banque. Au même moment, Jean-Pierre Mallet est également auditionné, ce qui ne manque pas de permettre à la presse d'ironiser sur la banque protestante. Cette affaire ternit un temps l'image de la BVCP. *Le Canard enchaîné* raille alors la qualité de sa clientèle : « C'est la banque des gens bizarres », écrit-il dans ses colonnes.

Au-delà de l'affaire de la Garantie financière, les affaires immobilières contribuent à fragiliser les comptes de la banque, dont les pertes seront mises au grand jour à l'issue de la nationalisation de 1982. « Si j'étais pourri, s'emportera, plus tard Jean-Marc Vernes, il ne fallait pas me nationaliser. Je me serais débrouillé tout seul ! » La maison Vernes n'est pas la seule, au seuil des années 1980, à souffrir de telles déconvenues financières. Elle illustre les mésaventures des maisons moyennes anciennes qui sont devenues des banques à tout faire sans

Chaîne de montage des usines Renault, Flins-sur-Seine, Yvelines, 1963.

avoir l'assise organisationnelle pour maîtriser leurs trop nombreux domaines d'intervention. En témoigne la banque Rothschild, dont les opérations de financement de promotions immobilières débouchent également sur d'amples déficits et les participations industrielles sur d'abondants déboires.

Pour autant, la maison Vernes, comme celle des Rothschild, dispose, à la fin des années 1970, d'un fonds de commerce solide dans trois domaines : l'activité bancaire, avec, outre une nuée de PME de services et de distribution, des clients prestigieux, dans l'alimentaire (Béghin-Say), l'eau minérale (Évian), la chimie (Air Liquide et Carbone Lorraine), le pétrole, l'aéronautique, l'industrie automobile (Peugeot et Renault), la parfumerie (Houbigant, Robert Piguet), le caoutchouc (Kleber Colombes) ou le textile (Comptoir industriel et cotonnier) ; la gestion financière et le négoce international. À sa tête, Jean-Marc Vernes a su cultiver – et nourrir par de nouvelles amitiés (Ferdinand Béghin, Marcel Dassault) – la culture des réseaux, apanage historique de la haute banque. La banque Vernes et commerciale de Paris conserve ainsi une capacité d'influence et un soutien dans les milieux économiques et politiques.

Publicité de Bernard Villemot pour l'eau de Perrier, 1979.

Perrier et Morin-Pons

Après la Seconde Guerre mondiale, l'activité de la source Perrier est relancée par Alexandre Joël. Mais les résultats financiers restent médiocres. Certes, la société renoue avec les bénéfices en 1946, mais sa marge nette ne progresse pas et reste insuffisante pour réellement amener l'affaire au niveau des grandes sources, dont la consommation connaît un essor considérable. Il faut pour cela totalement réorganiser et moderniser la production. Le coût de l'opération est estimé à 100 millions de francs. Or la source Perrier est la possession des héritiers de John Harmsworth et d'un groupe d'actionnaires anglais. Le gouvernement d'Attlee fixe en Grande-Bretagne des limites strictes aux mouvements de capitaux. En France, le directeur du Trésor, François Bloch-Lainé n'estime pas que l'eau Perrier soit une priorité pour la France. L'affaire est dans l'impasse. Il faut donc trouver de nouveaux partenaires. À la fin de l'année 1947, après de longues négociations, c'est la banque Morin-Pons qui rachète aux Anglais 95 % des actions de la source. La transaction s'effectue grâce à des fonds détenus par la banque Morin-Pons sur des avoirs britanniques appartenant à des Français. L'opération ne nécessite donc aucune sortie effective de capitaux. Charles Ravier de la banque Morin-Pons rentre au conseil d'administration de Perrier. Avec l'appui de la banque Morin-Pons, la direction est confiée à un autre administrateur, Gustave Leven, ancien agent de change, qui lance un vaste plan de restructuration, lequel permet à la source Perrier de se développer et d'atteindre ses objectifs notamment à l'export.

Cette capacité d'influence des groupes financiers suscite des critiques et des inquiétudes. Elle réveille, dans les années 1970, les polémiques pamphlétaires de la droite anti-capitaliste, voire extrême, qui entretient de manière récurrente la thématique du « mur d'argent ». Elle fait ressurgir un virulent anticapitalisme de gauche, qui soupçonne les grandes entreprises de sacrifier l'intérêt général et l'État sur l'autel de la spéculation et de la recherche du profit. Le financement de la promotion immobilière, le va-et-vient de participation dans les sociétés, sans logique industrielle apparente, sont ainsi vilipendés. Les nationalisations de 1982 consacrent ses critiques et analyses. Au-delà des logiques financières, celles des maisons Vernes et Rothschild ont force de symbole. Elles brisent le tabou de l'intouchabilité des grandes maisons de banque séculaires… Un des derniers bastions huguenots de la finance – reste la discrète banque Hottinguer – vient de tomber. Comme avant lui la banque NSM (Neuflize-Schlumberger-Mallet SA), rachetée par un groupe néerlandais, la banque Vernes a perdu son indépendance et sa direction familiale.

Au rythme des

Les nationalisations de 1981 ouvrent un nouveau chapitre de l'histoire bancaire. Elles signent la fin des maisons de la haute banque familiale. En quelques années, au rythme de la libéralisation et de la mondialisation de l'économie, s'avancent, sur un échiquier financier mouvant, de grands champions de dimension internationale dans la galaxie desquels s'inscrivent désormais ces anciennes maisons.

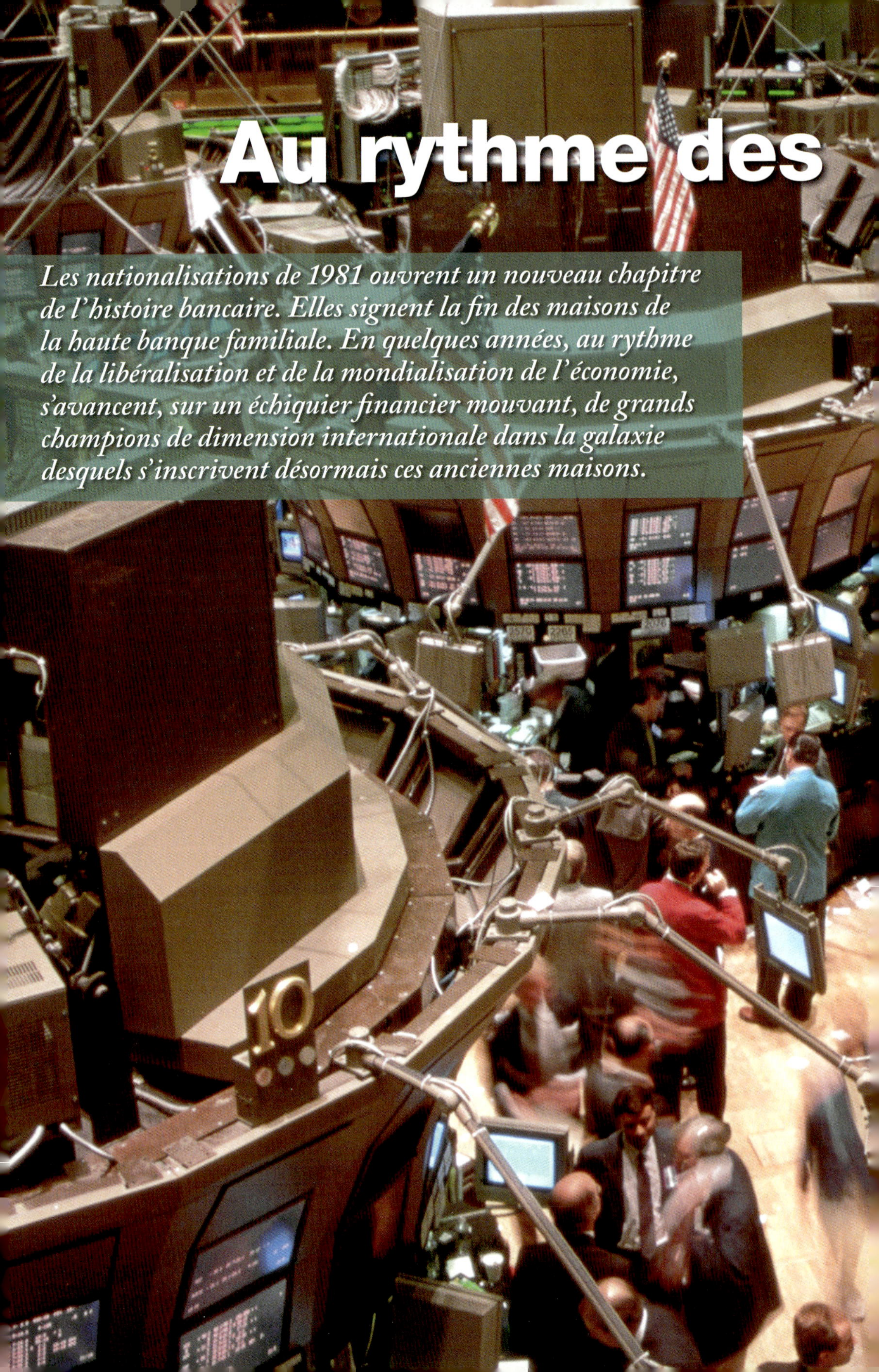

Chapitre VIII

géants financiers

Plateforme des transactions de la Bourse de New York, vers 1985.

Le choc de la nationalisation pour la Banque Vernes

La nationalisation des banques de 1982 a préparé, dans les faits, un mouvement de concentration bancaire favorisant l'émergence de groupes de taille nationale, voire européenne ou mondiale. La Banque Vernes et commerciale de Paris, intégrée en 1984 au groupe Suez, s'inscrit dans ce mouvement.

En ce début des années 1980, les économies occidentales sont déprimées et ébranlées par le second choc pétrolier et la forte hausse du dollar. Aux États-Unis, le déficit budgétaire s'est accru en 1981 et la récession menace pour 1982. L'économie française n'est pas épargnée. Le creux de la récession, débutée au printemps de 1980, est atteint à l'hiver de 1981. Le nombre de chômeurs explose.

Les partis de gauche, qui ont encore en mémoire le mur de l'argent qui fit chuter le Front populaire, de 1936, entendent mettre sous contrôle le système capitaliste français et son secteur financier. Dès 1972, le Programme commun de gouvernement, signé par les partis d'opposition faisait état de telles intentions. Et François Mitterrand d'écrire : « Le parti socialiste propose d'arracher aux monopoles l'instrument de leur pouvoir en transférant les grands moyens de production du secteur privé au secteur public. Dans l'immédiat, ces nationalisations affecteront par priorité l'ensemble du domaine bancaire et financier [...] et elles s'appliqueront au domaine industriel selon des critères précis. » La grande vague de nationalisation

Salle des séances de l'Assemblée nationale à Paris, en 1982.

Réunion à Matignon des chefs d'entreprises nationalisées avec Pierre Mauroy, 1982.

que la gauche appelle ainsi depuis dix ans de ses vœux constitue la vingt et unième des 110 propositions du programme électoral.

À l'autre bout de l'échiquier politique, on s'en inquiète et on milite pour une victoire des partis de droite. Conseiller municipal « apparenté RPR » à la mairie de Neuilly-sur-Seine, Jean-Marc Vernes compte parmi les militants les plus actifs. Il profite de son entregent pour publier dans divers journaux le texte du discours qu'il prononce, lors de l'assemblée générale de la Banque Vernes et dans lequel il martèle combien la victoire socialiste serait néfaste aux intérêts et à l'indépendance de la France.

La victoire de François Mitterrand fait figure d'électrochoc. D'entrée de jeu, la gauche victorieuse annonce son intention de procéder rapidement aux nationalisations promises. Dans sa déclaration devant l'Assemblée nationale le 8 juillet, Pierre Mauroy précise que ces nationalisations toucheront onze groupes industriels et la plupart des banques accueillant une masse importante de dépôts. Cela suffit pour que se déchaîne une campagne politique d'une violence rarement égalée. Le 2 septembre, dans un article des *Échos* intitulé « Nationalisations de quel droit », on lit : « Puisque le bon sens ne paraît pas devoir initier l'action de ce gouvernement et puisque l'Élysée lui-même se fait maximaliste en matière de nationalisation, changeons de registre. Le respect de la propriété privée, qui est à la base de toute démocratie, figure en effet au premier rang de garanties que la Constitution française assure à la nation. Or, les entreprises nationalisées sont toutes, par définition, des biens privés, dont les actionnaires personnes physiques ou morales, et eux seuls, sont propriétaires. Les confisquer avec ou sans indemnisation juste et préalable constituerait une atteinte insupportable aux textes constitutionnels qui ont été adoptés par référendum en 1958 ; plus grave encore, une telle mesure créerait un précédent autorisant tous les excès et ouvrirait la voie à une dictature qui ne dirait pas son nom. »

Plus vaste que celles de 1936 (la Banque de France surtout) et de 1945-1946 (banques et assurances), la loi du 11 février 1982 fait passer dans le secteur public trente-huit établissements financiers, des plus importants, comme la Banque de Paris et des Pays-Bas, des banques locales à la capitalisation variable, mais détenant toutes plus d'un milliard de francs de dépôts, en passant par la haute banque, par exemple Worms, la vieille banque protestante Odier-Bungener-Courvoisier ou bien encore la banque Rothschild. En 1982, l'État contrôle ainsi 90 % des dépôts et 85 % des crédits des banques non mutualistes ; il est vrai qu'il était déjà majoritaire sur le plan national selon ses deux critères. En 1982, on compte ainsi 132 banques publiques pour 116 banques privées françaises et 150 banques étrangères.

Les principaux dirigeants changent, mais l'autonomie de gestion et de direction des établissements bancaires est la règle. Seule la concertation avec les personnels des établissements, sans parler d'une réelle cogestion, est mise en avant. Les représentants des salariés sont invités à siéger au conseil d'administration des banques, ce que la CGT refuse. Les montants de crédits à accorder sont contingentés par banque. La profession doit parallèlement se réformer : décentralisation obligatoire des procédures des crédits et régionalisation des réseaux accrue (qui sera appliquée à la Banque Vernes et commerciale de Paris), information transparente des clients sur les conditions des prêts et des services et sur le coût effectif des crédits, passage aux 39 heures (dans les banques avant même la loi le rendant obligatoire), informatisation progressive de tous les secteurs. Surtout pour des raisons idéologiques, l'essentiel des banques françaises passe ainsi sous la tutelle de l'État.

La Banque Vernes, maison de haute banque bicentenaire, n'échappe pas à cette situation inédite dans sa longue histoire. Son président, Jean-Marc Vernes, a pris rapidement la mesure de la victoire socialiste : « Le soir même de l'élection de François Mitterrand, je ne me faisais guère d'illusion. Lorsque je suis rentré chez moi vers 23 heures,

Jean-Marc Vernes : le banquier politique

Le soutien de la maison Vernes au gaullisme et à la droite (RPR et presse) n'est un secret pour personne. Ce gaulliste de la première heure a d'abord eu un mandat de conseiller municipal « apparenté RPR » à la mairie de Neuilly-sur-Seine, qu'il conservera plus de vingt ans. Il entre véritablement en politique en 1981 pour contrer la victoire

Jean-Marc Vernes, à droite, accompagné de son bras droit, Jean Proudhon.

de la gauche et les nationalisations. Lors de la privatisation de sa banque, en 1982, il aura beau jeu de dire que ce n'est qu'un « incident de parcours ». Profondément blessé, c'est une guerre ouverte contre le pouvoir socialo-communiste à laquelle il se livre alors. Très impliqué dans l'appareil RPR – il est financier et membre du comité central –, c'est surtout à travers l'Association française des entreprises privées qu'il fait de la politique. L'AFEP, conçue par son ami Ambroise Roux, a pour objectif de « recréer l'establishment mis à mal par les nationalisations ». Cette association prodigue des conseils à l'opposition sur les privatisations à venir notamment auprès de Jacques Chirac. C'est aussi dans le cadre de l'AFEP qu'Ambroise Roux, Marcel Dassault et Jean-Marc Vernes vont tenter de réconcilier les deux chefs de la droite : Jacques Chirac et Valery Giscard d'Estaing. C'est également à travers elle que Vernes conseille Édouard Balladur, notamment sur le concept de « noyaux durs » des entreprises privatisables lancé par Jean-Marie Messier. De 1982 à 1986, les privatisations sont son cheval de bataille politique. En 1985, dans un article du *Figaro*, il exhorte les dirigeants des sociétés nationalisés à démissionner lorsque la droite reviendra au pouvoir : « Leur dignité y gagnerait et la morale aussi. Nous les jugerons. » En 1986 son vœu est exhaussé, il exulte et fanfaronne : « Rien ne se privatisera en France sans moi. » Pourtant il n'obtiendra pas la direction de Suez tant convoitée. À l'élection présidentielle de 1988, Jean-Marc Vernes est l'un des principaux bailleurs de fonds du RPR. Son soutien sans faille au parti gaulliste ne l'empêche pas de pratiquer le « saupoudrage » financier, en soutenant également aux législatives de 1993, *via* sa banque, le Parti républicain de François Léotard.

Gilbert Lasfargues : le banquier rouge

Né à Boulogne-Billancourt, ancien apprenti électricien et manœuvre, Gilbert Lasfargues reprend ses études et obtient un diplôme à Sciences-Po, en 1951. Il milite au parti communiste avant de s'en éloigner, en 1968. Jusqu'en 1979, il passe vingt-cinq ans à la Banque commerciale de l'Europe du Nord (Eurobank), puis entre à la banque de l'URSS en Europe, où il s'occupe successivement du marché domestique, du commerce extérieur et du négoce international. Bon vivant et chaleureux, son parcours en fait un banquier original. Il est également atypique parmi les présidents de banques nationalisées, car il est un des rares à garder son poste après le retour au pouvoir de la droite, en 1986 (il est reconduit en septembre 1986), et ce, jusqu'en 1988. En octobre 1982, tout juste arrivé à la tête de la BVCP, il affirme lors d'une visite de l'agence de Lyon : « Je ne suis pas venu diriger la Banque Vernes pour la faire absorber par n'importe quoi. » De fait, il maintiendra la banque et ses participations, jusqu'à sa cession à Suez. Sa défense de l'identité de la banque et l'amorce de redressement des comptes ont fait de lui un banquier respecté.

Gilbert Lasfargues.

après avoir présidé comme toujours le bureau de vote de Neuilly, j'ai dit à ma femme : la banque va être privatisée. » Malgré cette lucidité des premiers jours, malgré la bataille menée pour soustraire la Banque Vernes et commerciale de Paris à une mesure qu'il sait inéluctable, la séparation est douloureuse. Le 4 mai 1982, Jean-Marc Vernes s'adresse ainsi pour la dernière fois à l'assemblée des actionnaires. Il loue l'adresse de ces aïeuls, aux rênes de la banque depuis près de deux cents ans, brosse l'évolution de l'entreprise au fil des années, avant de conclure, en citant Kipling : « Si tu peux voir détruit l'ouvrage de ta vie, et si, sans dire mot, tu peux te remettre à bâtir, tu seras un homme, mon fils » et de finir, théâtral, par « je m'efforcerai d'en être un. »

Hors les enjeux financiers, son remplacement à la tête de la banque familiale par un commissaire du gouvernement est d'abord perçu comme une véritable confiscation familiale. Nul doute qu'il marque la fin d'un monde. C'est désormais un proche du parti communiste, Gilbert Lasfargues, qui préside aux destinées de l'entreprise, au côté de Jean Rougier, reconduit à son poste de directeur général. Celui-ci en devient l'administrateur général en juillet 1982, avant d'accéder

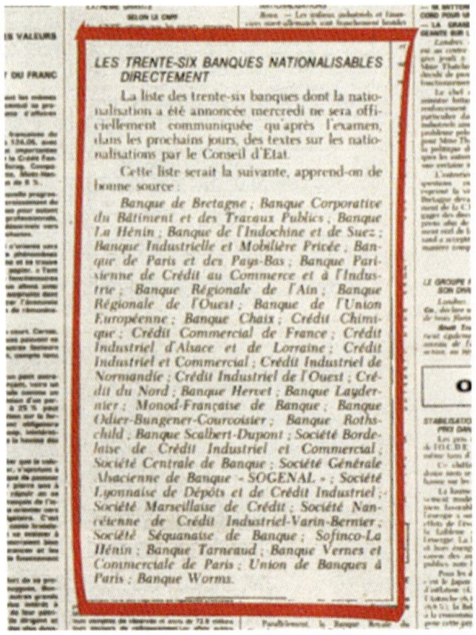

LES TRENTE-SIX BANQUES NATIONALISABLES DIRECTEMENT

La liste des trente-six banques dont la nationalisation a été annoncée mercredi ne sera officiellement communiquée qu'après l'examen, dans les prochains jours, des textes sur les nationalisations par le Conseil d'Etat.

Cette liste serait la suivante, apprend-on de bonne source :

Banque de Bretagne ; Banque Corporative du Bâtiment et des Travaux Publics ; Banque La Hénin ; Banque de l'Indochine et de Suez ; Banque Industrielle et Mobilière Privée ; Banque de Paris et des Pays-Bas ; Banque Parisienne de Crédit au Commerce et à l'Industrie ; Banque Régionale de l'Ain ; Banque Régionale de l'Ouest ; Banque de l'Union Européenne ; Banque Chaix ; Crédit Chimique ; Crédit Commercial de France ; Crédit Industriel d'Alsace et de Lorraine ; Crédit Industriel et Commercial ; Crédit Industriel de Normandie ; Crédit Industriel de l'Ouest ; Crédit du Nord ; Banque Hervet ; Banque Laydernier ; Monod-Française de Banque ; Banque Odier-Bungener-Courvoisier ; Banque Rothschild ; Banque Scalbert-Dupont ; Société Bordelaise de Crédit Industriel et Commercial ; Société Centrale de Banque ; Société Générale Alsacienne de Banque « SOGENAL » ; Société Lyonnaise de Dépôts et de Crédit Industriel ; Société Marseillaise de Crédit ; Société Nancéienne de Crédit Industriel-Varin-Bernier ; Société Séquanaise de Banque ; Sofinco-La Hénin ; Banque Tarneaud ; Banque Vernes et Commerciale de Paris ; Union de Banques à Paris ; Banque Worms.

*Extrait d'un article de presse de l'*AGEFI Hebdo *sur les banques nationalisées, 11 septembre 1981.*

à la présidence en décembre. Écarté de la direction de « sa maison », Jean-Marc Vernes demande alors au ministre que son nom ne figure plus dans la raison sociale.

La bataille de « succession » fait également rage au plan financier. Jean-Marc Vernes conteste rapidement, devant le Conseil d'État, la méthode et l'indemnisation proposées par la Commission administrative nationale d'évaluation. La banque est estimée à 300 millions de francs, dont 100 millions seront finalement perçus par Jean-Marc Vernes. La mesure paraît généreuse à d'aucuns qui jugent la situation de la banque alarmante. Gilbert Lasfargues prend vite la mesure de la fragilité financière. Il assure, dès son arrivée, qu'il a pour mission de rendre des comptes positifs. Avec l'aval du ministre, il s'oppose ainsi en 1982 aux versements des dividendes pour 1981 afin de consolider la situation financière de l'entreprise. Certes des plus-values de cession d'actifs ont permis à la banque de dégager des résultats positifs pour les années 1980 et 1981, mais le bilan est illusoire. En 1983, la banque affiche une perte de 160 millions et 370 millions l'année suivante. Les perspectives dans le secteur de l'immobilier, où la banque possède de nombreux intérêts, n'incitent guère à l'optimisme. Dans le même temps, l'établissement voit ses frais généraux augmenter, surtout en raison de l'inflation, mais aussi des embauches liées à la réduction du temps de travail.

Prenant acte des difficultés et afin d'y faire face, la nouvelle direction engage alors un plan de réorganisation interne. En 1982 sont ainsi créées une direction de la gestion et de la prévision, qui comprend les départements de la comptabilité générale et analytique, de l'informatique et du budget, ainsi qu'une direction unique de toutes les activités bancaires en France. Aux traditionnels comités de direction sont substitués un comité exécutif, un comité bancaire France et un comité bancaire international pour traiter plus spécifiquement des risques. Le constat est sans appel : la banque doit pallier une faible rentabilité et l'insuffisance de ses fonds propres (le ratio de couverture des risques n'est ainsi pas atteint), par des alliances notamment.

La restructuration bancaire au sein du secteur public, pourtant prévue, progresse lentement. En 1983, seule l'alliance entre le CIC et la Banque de l'Union européenne a été réalisée. La Banque Vernes et commerciale de Paris patientera trois ans avant de se trouver partenaires. Dès 1982, un rapprochement avec le groupe Suez, également nationalisé, est envisagé. Entrée dans le capital de la Banque Vernes en 1969 à hauteur de 10 % puis 15 %, la Compagnie financière de Suez n'en a cependant jamais été un actionnaire très actif. C'est au sein de Béghin-Say, qu'elle codirige avec Jean-Marc Vernes, que les liens sont plus étroits. Les deux institutions financières possèdent en outre des parts dans nombre de sociétés communes, notamment Lilles-Bonnières Colombes et la société immobilière Ceninve. La BVCP et la Compagnie financière de Suez partagent en outre des points communs (les finances internationales, le négoce) et présentent des complémentarités naturelles (un réseau parisien et de PME-PMI pour la BVCP). Le projet d'un rapprochement des deux entités se heurte à de fortes réticences au sein de la BVCP, qui craint d'intégrer un groupe réputé pour son « impérialisme ».

Vernes et après ...

Jean-Marc Vernes sort blessé de la nationalisation de la banque familiale qui porte son nom. L'argent de l'indemnisation est réinvesti dans la création de la holding Société centrale d'investissements en association notamment avec Air Liquide et le groupe Dassault. Il prend sa revanche en s'emparant habilement de l'assureur Victoire, l'arrachant ainsi au groupe Suez nationalisé, auquel il appartient. En 1991, il est contraint de revendre Victoire à Suez après une OPA mémorable, mais qui l'enrichit considérablement. En 1983, Jean-Marc Vernes acquiert, en association avec les groupes Fournier, Dassault et Édouard de Rothschild, le contrôle de la Banque industrielle et commerciale du Marais (BICM), filiale du Comptoir Lyon-Alemand-Louyot, présidée par l'ancien patron de la Compagnie financière de Suez jusqu'en 1981. La BICM croît rapidement durant les années 1980 et reprend en 1991 le nom de Banque Vernes, un an après la disparition du nom BVCP. Depuis 1982, la galaxie financière de Jean-Marc Vernes a connu des moments de gloire, mais la situation financière du holding à son décès s'était dégradée.

Les Investisseurs, *illustration de Thomas Hager, 1996.*

D'autres voies de partenariat sont par ailleurs tour à tour investiguées. Un rapprochement du Crédit Lyonnais et de la BVCP est un temps évoqué, ainsi qu'une sorte de confédération de banques d'importance nationale et restées jusque-là indépendantes d'un groupe bancaire français. En janvier 1983, des discussions s'engagent ainsi entre la Banque Vernes, la Banque Worms (également en manque de fonds propres) et la Banque parisienne de crédit au commerce et à l'industrie pour créer une holding plus spécialement vouée aux PME-PMI, entreprises délaissées par les grands groupes. Quelques domaines de collaboration, notamment sur les activités internationales, entre les trois banques sont définis. En revanche, sur la nature de la structure future, aucun accord n'est conclu. Le rapport Lasfargues évoque vaguement, selon les termes de l'époque, « un archipel ou une constellation bancaire » qui respecterait avant tout l'identité et la responsabilité de gestion des partenaires, plutôt qu'un holding avec un acteur principal telle qu'une compagnie financière nouvelle.

Cette solution n'agrée aucune des trois banques, et n'emporte pas non plus l'aval du cabinet du ministre des Finances, Jacques Delors, et de la direction du Trésor. Les cultures et les syndicats maison sont majoritairement hostiles. L'informatique n'est pas compatible. Quant aux (nouveaux) dirigeants, ils pensent en réalité pouvoir continuer sans alliance… Le projet fait long feu. Il est finalement abandonné à l'été de 1983, sa mise en œuvre n'ayant ni l'accord du ministre ni la contribution des finances de l'État. L'idée d'accords bilatéraux, de la nécessité de coopération, ou même d'un rapprochement avec un grand groupe fait cependant son chemin.

De son côté, Suez a vu s'éloigner le Crédit Industriel et Commercial (CIC), sa filiale elle aussi nationalisée et cherche des alliances avec des banques commerciales plus modestes. Le dessein de rapprochement avec la BVCP se précise. Il prend finalement forme en 1984, date à laquelle la banque est finalement intégré à Suez, sous la dépendance de la Compagnie financière de Suez (10 %) et d'Indosuez (41 %). Cinq cents millions sont injectés dans la Banque Vernes afin de rétablir le montant des fonds propres, touchés par de très lourdes pertes, notamment dans l'immobilier et dans des opérations de négoce dans les années 1980. En 1986, Indosuez contrôle 90 % de la BVCP (après avoir repris la part de l'État).

Dessin de Cardon publié dans Le Canard enchaîné *en 1982.*

Une nouvelle révolution bancaire

Le mouvement de privatisation engagé en 1986 va profondément modifier le paysage bancaire français, jusqu'ici très spécialisé et dominé par l'État. Les banques se développent afin d'atteindre la taille critique, alors que des acteurs étrangers majeurs s'intéressent au marché hexagonal, à l'image du groupe italien SanPaolo.

La France venait de s'offrir une parenthèse idéologique avec la nationalisation, en 1982, de trente-six banques d'affaires et de deux compagnies financières, Suez et Paribas. Le nouveau modèle économique, placé sous les bons auspices de l'État providence, se voyait cependant rattraper par le dérapage du chômage, des déflations à répétition ou encore une baisse de la compétitivité. L'environnement économique international en profonde mutation pesait aussi de plus en plus lourdement sur les politiques nationales.

Au fil des années 1980, la France entre de plain-pied dans l'économie mondiale. Bon gré, mal gré. Le concept de mondialisation commence à être évoqué. Le système financier français apparaît de plus en plus inadapté. Non seulement il est, en grande partie, administré par l'État, mais on dénombre alors trente-quatre statuts juridiques différents, dont les mutualistes, des compétences et activités variées, des cadres réglementaires ou administratifs figés et une profitabilité des établissements assez médiocres. Il est donc temps de réformer en profondeur le modèle bancaire national. Tel est l'objectif de la loi Delors, du 24 janvier 1984, qui établit un nouvel ordre juridique commun à tous les organismes financiers appelés désormais « établissements de crédit ». Elle impose aussi des normes de solvabilité et de liquidité. La rénovation du système bancaire français est en marche alors que, parti des pays anglo-saxons, un profond mouvement de déréglementation des secteurs bancaires, financiers et de l'assurance est en cours. Autre socle important de la loi de 1984, en complément du cadre juridique commun : la fin de la spécialisation des banques. Par ailleurs, le législateur confie l'ensemble des fonctions de tutelle et de contrôle à trois instances collégiales distinctes au fonctionnement desquelles la Banque de France est étroitement associée : le Comité de réglementation bancaire, le Comité des établissements de crédit et la Commission bancaire.

Quand Jacques Chirac devient chef du gouvernement de la première cohabitation, il engage, avec son ministre de l'Économie, Édouard Balladur, un mouvement de dénationalisation. Les privatisations débutent dès janvier 1987 avec les banques d'affaires Paribas et Suez, avant de se poursuivre notamment avec la Société Générale et le Crédit Commercial de France. C'est dans ce contexte de la privatisation d'Indosuez que l'Istituto Bancario San Paolo di Torino, la deuxième banque d'Italie, prend 49 % de la Banque Vernes et commerciale de Paris. Le groupe Suez conserve alors 40 % du capital et les AGF 11 %. La BVCP est privatisée de fait. C'est le temps des concentrations, alors que le concept de banque universelle s'impose.

Parallèlement, la Banque Vernes et Commerciale de Paris continue sa stratégie de croissance externe et rachète, en 1989, au groupe Suez la Banque Française Commerciale, anciennement Banque Industrielle de Chine, puis Banque franco-chinoise, filiale d'une autre entité de la galaxie Suez : la Banque Parisienne de Crédit (BPC). Entrée, la même année que la maison Vernes, dans le giron du grand groupe industriel à la suite des nationalisations de 1982, la BPC est spécialisée comme la BPCE dans la clientèle des PME et entretient avec elle depuis plus de vingt ans des relations privilégiées. Au tout début de 1990, la Banque Vernes et commerciale de Paris fusionne avec la BFC. Elle adopte alors un nouveau patronyme : Banque Sanpaolo, du nom du groupe italien éponyme qui

Logo des Hénokiens.

Le club des Hénokiens

C'est au patriarche Henoch, fils de Caïn et père de Mathusalem, que ce club très fermé doit son nom. Il est fondé, en 1981, par le P-dg de la société Marie Brizard (désormais non éligible au club), descendant de la créatrice de la première anisette, en 1755. Le club regroupe, dans le monde, les entreprises nées il y a plus de deux cents ans, encore détenues majoritairement par la famille du fondateur et dirigé par l'un de ses membres. Il compte une quarantaine d'entreprises, dont deux banques privées suisses.

Lors de sa nationalisation, la Banque Vernes perd son actionnariat familial… Fondée à Lyon en 1780, la Banque Vernes a eu deux cents printemps en 1980 et aurait pu prétendre au titre d'« hénokienne ». Deux ans plus tard, avec sa nationalisation, elle perd son actionnariat familial et avec lui la possibilité d'intégrer le club, à l'huis duquel elle restera donc.

Intérieur d'une agence de la Banque Sanpaolo, à Menton.

détient désormais la totalité de son capital. Entre la France et Sanpaolo, l'histoire est déjà ancienne : la banque de Turin est installée à Paris depuis 1962. En trente ans, le groupe SanPaolo Imi a connu un développement spectaculaire à l'international, porté par la création *ex nihilo* de nouvelles agences ou l'acquisition d'établissements bancaires en Italie, comme dans le reste du monde. En 1990, le groupe comptait plus de 1 400 implantations et 24 000 collaborateurs travaillant dans une trentaine de pays : Allemagne, Autriche, Belgique, Brésil, Canada, Chili, France, Grande-Bretagne, Grèce, Hongrie, Inde, Japon, Luxembourg, Pays-Bas, Singapour, Suède, Thaïlande… Continuant sa stratégie d'expansion, la filiale française reprend, au début de l'année 1996, au groupe allemand Dresdner le réseau de neuf agences de la banque Veuve Morin-Pons, qui connaissait des difficultés structurelles endémiques depuis la fin de 1996, ainsi qu'une partie de la clientèle de la banque Phénix. La Banque Sanpaolo acquiert également, en 2000, les sept agences de la Banque générale du commerce au groupe Pinault-Printemps.

Elle peut alors s'enorgueillir d'être la première filiale d'un groupe italien à intégrer le Matif (marché à terme des instruments financiers) à Paris. La banque italienne vise la clientèle aisée française et réorganise son réseau de soixante et une agences. Ni banque de masse ni gestionnaire de fortunes, elle se présente comme une banque généraliste pour « une clientèle à fort potentiel » et se place parmi les plus dynamiques banques à capitaux étrangers installées en France.

Mais les temps sont tourmentés. À partir de 1999, l'activité de la Banque Sanpaolo commence à ralentir. La conjoncture économique est agitée, marquée par le début d'une décélération de la croissance depuis la mi-1989, une récession mondiale, le krach de l'immobilier entre 1991 et 1996, l'escalade des endettements publics, les crises russes et asiatiques… C'est le moment de l'essor des grandes concentrations. En 1996, année où la loi de modernisation des activités financières modifie la loi de 1984, le rapprochement du Crédit local de France et du Crédit communal de Belgique donne naissance à Dexia. Le Crédit Agricole, de son côté, acquiert Indosuez. En 1997, Paribas cède le Crédit du Nord à la Société Générale. À la même époque,

San Paolo

Italie, 1563. Sept Turinois décident de fonder la Compagnia di San Paolo, institution vouée à la défense des déshérités.

Salle du conseil du groupe SanPaolo, à Turin.

Œuvre charitable à ses débuts, la Compagnia développe progressivement des activités de crédit. Plusieurs siècles plus tard, en 1879, les œuvres de charité, le mont-de-piété (organisme de crédit) et le crédit foncier sont les trois principaux métiers de San Paolo. Au début des années 1930, la Compagnia di Sanpaolo étend ses activités à d'autres provinces italiennes et devient un établissement de crédit de droit public. En 1950, la banque décide de changer de nom et devient l'Istituto Bancario San Paolo di Torino. L'année 1997 est marquée par la privatisation du groupe SanPaolo, qui voit 80 % de ses actions détenus par le marché. En 1998, la banque italienne fusionne avec l'IMI (Istituto Mobiliare Italiano), fondé en 1931 afin de promouvoir les processus de recapitalisation et de restructuration de l'industrie italienne à travers l'octroi de prêts et la prise de participation. En 2007, Sanpaolo Imi fusionne avec la première banque italienne sous le nom Groupe Intesa Sanpaolo pour constituer le 7e groupe bancaire européen, présent dans une quarantaine de pays.

Vue de l'agence Sanpaolo de Saint-Germain-en-Laye.

Natexis naît de la fusion du Crédit national et de la Banque Française du Commerce extérieur, avant que les Banques Populaires n'en prennent le contrôle à la faveur d'une OPA. En 1998, le Crédit Mutuel absorbe le CIC. En 1999, la BNP réussit son OPA sur Paribas, mais échoue celle sur la Société Générale. Au cours des années 1990, la concentration du secteur bancaire bat donc son plein. De plus de 3 000 établissements de banque en 1900, puis 1 556 en 1984, la France n'en compte plus que 1 000 en 1998. Un nouveau paysage s'est dessiné.

Ces années-là, les Caisses d'Épargne connaissent également une mue accélérée grâce à la banalisation des conditions de collecte de l'épargne, l'unification du marché du crédit depuis 1987, la suppression des taux de change, en 1989, et l'adoption massive des nouveaux outils informatiques. C'est, pour « l'Ami financier », le temps de la reconfiguration avec l'émergence, en 1992, de trente et une Caisses d'Épargne métropolitaines dotées de la pleine capacité bancaire,

La Bourse de Paris

Créée par un arrêt du Conseil d'État du roi le 24 septembre 1724, la Bourse de Paris s'installe d'abord à l'hôtel de Nevers avant de s'établir au palais Brogniart en novembre 1826, en plein essor de la spéculation boursière. Jusqu'à la fin des années 1980, la corporation des agents

Membres du groupe NYSE Euronext à la Bourse de Paris.

de change bénéficiait d'un monopole sur la cotation et gérait la Bourse de Paris principalement à la criée. Avec la dématérialisation croissante des titres, la Bourse de Paris se modernise et adopte le système du CAC (cotation assistée en continu). De nouvelles sociétés de bourse voient le jour. Le 14 juillet 1987, le symbole de la Bourse de Paris, la corbeille, disparaît. Dès 1989, sont créés des marchés organisés de produits financiers dérivés, le Matif et le Monep, regroupés sous l'appellation Euronext Liffe. La Bourse de Paris, rebaptisée Euronext Paris en 2000, est le marché officiel des actions en France. Depuis 2007, Euronext Paris fait désormais partie du groupe NYSE Euronext.

et de quatre Caisses Outre-mer, contre 186 Caisses d'Épargne quelques mois plus tôt. Un groupe bancaire est né. À marche forcée. L'époque est aux « champions » capables d'atteindre la taille critique pour s'affirmer au niveau national et international. Freinées par un statut *sui generis* dans leur recherche de croissance externe, les Caisses d'épargne adoptent, en 1999, un statut de droit commun et deviennent banques coopératives. L'Écureuil peut désormais adopter une nouvelle stratégie d'expansion et s'empare, dès la fin de 1999, en même temps que l'avènement du marché unique et l'arrivée de l'euro, du Crédit Foncier, pilier du modèle financier public français.

Pour se muscler sur le secteur des PME-PMI, le groupe Caisse d'Épargne se porte acquéreur, le 31 juillet 2003, de 60 % de la Banque

Publicité pour la Banque Sanpaolo, 1990.

Sanpaolo à travers un pacte d'actionnaires âprement discuté. Des liens commerciaux existaient déjà avec les Caisses d'Épargne et la Caisse des Dépôts, notamment à travers leur banque d'investissements commune, Eulia. La maison mère de la Banque Sanpaolo connaît alors quelques revers de fortune, principalement avec la banqueroute retentissante du groupe italien Parmalat et la descente aux enfers de Fiat. Devenue Sanpaolo, la Banque Vernes et commerciale de Paris, entre dans une nouvelle ère qui la conduit à adopter, en juin 2005, un nouveau nom plein de promesses : Banque Palatine.

Reproduction en bronze de la statue équestre d'Emmanuel-Philibert Ier, sculptée par Carlo Marochetti (1805-1867).

Un emblème célèbre

La statue équestre d'Emmanuel-Philibert Ier, duc de Savoie, érigée dans les années 1830 dans le décor baroque de la *piazza* San Carlo de Turin (voir p. 16), se situe en face du siège de l'Istituto Bancario San Paolo di Torino. De ce fait, elle servit d'emblème à la Banque Sanpaolo pendant de longues décennies. C'est la raison pour laquelle la Banque Palatine conserve encore aujourd'hui une tête et l'encolure de cheval dans son logo. Cette sculpture est l'œuvre de Carlo Marochetti, l'un des plus importants sculpteurs du XIXe siècle. Né à Turin en 1805 et mort à Paris en 1867, Marochetti a réalisé l'autel de l'église de la Madeleine, à Paris, ou encore la célèbre statue équestre du roi d'Angleterre Richard Cœur de lion, disposée en 1860 devant le palais de Westminster, à Londres. Ci-contre, un bronze au 1/10e de la statue équestre d'Emmanuel-Philibert Ier exposé au siège de la Banque Palatine.

EBS Spot
EBS
HP L1950g

Vers un nouveau modèle bancaire

L'entrée dans le troisième millénaire voit les groupes bancaires lancés dans la course à la taille critique et à l'universalité de leurs métiers. Tandis que les crises des subprimes et des dettes souveraines, transformées en crise financière et économique, secouent durablement les banques, la Banque Palatine, passée dans le giron de BPCE, réajuste fortement son business-model et retrouve les vertus d'une banque « traditionnelle », mais moderne néanmoins.

L'entrée à 60 % du groupe Caisse d'Épargne au capital de la Banque Sanpaolo ferme une parenthèse italienne qui aura duré quinze ans. Grâce à cette prise de participation, l'Écureuil, en pleine mue, entend prendre les rênes d'un « levier stratégique du développement de l'activité PME au sein du groupe Caisse d'Épargne ». Il en confie la présidence du directoire à un dirigeant du groupe, Jean Merelle, en remplacement de l'Italien Claudio Bocco. En 2005, il lui donne un nouveau nom : Banque Palatine, signe de renouveau et de conquête de marché... Sur celui de l'entreprise, qui ne lui est ouvert que depuis 1987, le groupe Caisse d'épargne a en effet peiné à se développer significativement. Pour le pénétrer, la croissance externe s'imposait.

Entre prise de participation et mise en place de partenariats stratégiques, le tout jeune groupe coopératif entre dans le XXIe siècle tambour battant. En quelques années, il devient multimétier et multienseigne tout en étant présent dans de nombreux secteurs : l'immobilier (Crédit Foncier acheté en 1999, Entenial, Nexity), la bancassurance et le service à la personne (partenariat MAIF-MACIF), la gestion de fortune (création de la compagnie 1818). Il développe également ses activités de banque commerciale à l'international, notamment à travers sa filiale Océor. Il achève sa transformation en accédant, en juillet 2004, au statut de banque universelle avec le rachat à la Caisse des Dépôts et Consignations de sa banque d'investissement et de gestion d'actifs, Ixis, puis la création, en 2006, de Natixis, née de la fusion de cette dernière avec Natexis, filiale des Banques Populaires.

Salle des marchés de la Banque Palatine.

Palatine, un patronyme de valeur

Alors que la banque italienne Sanpaolo se retire de France, se pose la question du maintien ou du changement de nom. Des études réalisées auprès de la clientèle montrent que le nom Sanpaolo est le plus souvent associé à celui d'une banque brésilienne ! Une réflexion s'engage pour l'adoption d'un nouveau nom. C'est Palatine qui est choisi parmi plusieurs dizaines de propositions. Ce nom rappelle des références historiques et d'excellence fortes, sans être passéiste, et porte les valeurs d'engagement et de service à la clientèle que souhaite mettre en avant la banque. Le terme palatin est en effet très évocateur, il vient du latin *palatinus*, qui nomme un homme lié au palais. Au Moyen Âge, Charlemagne avait fondé l'académie Palatine. Celle-ci comptait neuf membres, allusion aux neuf muses, et on la considère aujourd'hui comme l'ancêtre et le modèle de toutes les académies occidentales. Les princesses Palatines sont également célèbres au XVIIe et XVIIIe siècles ; elles descendaient d'électeurs palatins en Bohème ou en Bavière. La plus célèbre d'entre elles demeure Charlotte-Élisabeth de Bavière (1652-1722), fille de Charles-Louis Ier, épouse de Philippe de France (1640-1701), frère de Louis XIV. Autre référence : le mont Palatin, qui est l'une des sept collines de Rome.

BANQUE PALATINE
L'Art d'être Banquier

Logo de la Banque Palatine.

Ce maelström de développement oblige à rebattre, en interne, les cartes stratégiques. Le temps est à la rationalisation des activités et à la réorganisation des structures au sein de la Banque Palatine, comme ailleurs : cela passe d'abord par le regroupement, au sein de Palatine, de l'ensemble des activités dédiées aux PME du groupe Caisse d'Épargne. Puis par le « détricotage » de l'ensemble, lors de la création de Natixis – la Banque Palatine détenant dans son giron des métiers directement concurrents de ceux de Natixis comme l'affacturage, le crédit bail ou la gestion d'actifs. Sa place spécifique au sein du groupe Caisse d'Épargne est néanmoins rapidement réaffirmée. Dans ce nouveau théâtre bancaire, le rôle de chacun des acteurs est précisé dès la fin 2006 et la segmentation des rôles définie : à la Banque Palatine vont les entreprises dont le chiffre d'affaires varie entre 15 et 500 millions d'euros ; en dessous de ces limites, ce sont les Caisses d'épargne qui entrent en jeu et, au-dessus, Natixis. L'année 2006 s'achève ainsi pour la Banque Palatine sur une recomposition organisationnelle d'envergure, marquée notamment par plusieurs apports d'actifs à Natixis et par l'acquisition du gestionnaire d'actifs en épargne salariale Gérer. La mise en place du pôle immobilier du groupe Caisse d'Épargne, auquel est apporté le Crédit Foncier de France, la pousse parallèlement à ajuster sa participation dans la foncière Eurosic et à lui transférer son siège de l'avenue Hoche.

Après une année 2006 « transformante », la Banque Palatine, dotée de ces habits neufs, engage une phase de développement. Elle a rénové ses outils informatiques et de production, et entend, sous la houlette de son nouveau président, Daniel Karyotis, auparavant aux commandes de la Caisse d'Épargne en cours de fusion entre la Lorraine et la Champagne-Ardenne, élargir son champ de compétence, ainsi que la palette de ses métiers et de ses services. En cinq ans, la Banque Palatine a effectué sa mutation, à l'image du groupe Caisse d'Épargne, dont elle devient, en 2008, la filiale à 100 %, gage de sa pleine intégration dans l'univers de l'Écureuil.

Mais la crise des subprimes de 2007-2009 vient secouer violemment le monde de la finance. Cette crise financière majeure remet en cause tous les équilibres qui s'étaient dessinés la dernière décennie.

Vue intérieure de l'hôtel de la rue d'Anjou.

L'hôtel de la rue d'Anjou

Au cœur du quartier des affaires du VIIIe arrondissement de Paris, entre Saint-Augustin, La Madeleine et Saint-Lazare, la Banque Palatine s'est installée depuis 2007 au 42, rue d'Anjou, après avoir abandonné l'avenue Hoche. Commandité par le maître de forge du Creusot Eugène Schneider, dont la dynastie est en pleine expansion à la fin du XIXe siècle, l'hôtel particulier de style Louis-XV est construit en 1899 sous la conduite de l'architecte Paul-Ernest Sanson. Il est édifié sur l'emplacement des hôtels de Bauffremont et de Boissy, ce dernier ayant un temps logé le riche banquier Paul Sigisbert Moitessier. Siège social de Schneider et Compagnie, puis du groupe Empain-Schneider pendant plus de cent quatre-vingts ans, l'hôtel accueille ensuite le siège de la banque Rothschild jusqu'à l'arrivée de la Banque Palatine.

La majorité des banques anglo-saxonnes, par qui la crise est arrivée, se retrouve en quasi-faillite et doit être renforcée par des capitaux publics. Lehman-Brothers est emporté dans la tempête le 15 septembre 2008 avec plus de 420 milliards d'euros de pertes. Un scénario qui aurait été jugé totalement impensable quelques semaines plus tôt. En France, les groupes bancaires résistent mieux et aucun plan de sauvetage ne sera nécessaire. Un plan de financement de l'économie, décidé par le gouvernement français, permet cependant de soutenir le secteur bancaire, sans coûter au contribuable. Mais la tourmente est forte. Les banques de financements et d'investissements en particulier sont extrêmement fragilisées par leur exposition aux subprimes et autres produits toxiques. Il en est ainsi de Natixis.

Introduite en bourse à 19,55 euros, la jeune BFI, particulièrement dépendante du marché interbancaire, est fortement touchée par la crise. Elle affiche des pertes pour 2007 et 2008 et son action perd, en moins de deux ans, près de 95 % de sa valeur. Elle va jusqu'à passer sous le seuil de 1 euro en mars 2009. Après une augmentation de capital de 3,7 milliards en juillet 2008, Natixis se restructure, simplifie et renouvelle sa gouvernance. Elle renouera avec les bénéfices au second semestre de 2009. Au cours de cette crise financière sans précédent, les difficultés financières de Natixis se répercutent sur ses deux actionnaires de référence, notamment le groupe Caisse d'Épargne, qui voit parallèlement ses difficultés accentuées par une perte de trading de 751 millions d'euros, en octobre 2008,

Manifestation à New York devant l'immeuble Lehman Brothers.

BPCE

Deuxième groupe bancaire français avec 8 000 agences, 36 millions de clients, 8 millions de sociétaires, 125 000 collaborateurs et 39 milliards d'euros de fonds propres, le groupe BPCE développe une offre complète de services bancaires, financiers et immobiliers pour toutes les clientèles. Avec ses deux marques historiques Banque Populaire et Caisse d'Épargne et ses filiales spécialisées expertes dans leur domaine d'activité, le groupe BPCE exerce tous les métiers de la banque commerciale et de l'assurance et apporte des solutions financières dans la banque de financement et d'investissement.

Façade du groupe BPCE au Front de Seine, à Paris.

sur son activité de gestion pour comptes propres. Cette perte provoque une crise de gouvernance majeure. En 2008, pour la première fois de leur histoire, les Caisses d'Épargne affichent des pertes et connaissent les vertiges des dépréciations et des pertes abyssales liées au krach de septembre 2008. Dexia perd de son côté 3,3 milliards d'euros et la Société Générale 4,82 milliards d'euros sur les seuls agissements d'un de ses traders, Jérôme Kerviel. C'est aussi en décembre 2008 qu'une des principales sociétés d'investissements à Wall Street, Bernard L. Madoff Investment Securities LLC, est accusée d'une fraude monumentale d'environ 50 milliards de dollars. Madoff aurait monté un système de cavalerie où il payait les intérêts des premiers investisseurs aussi riches que crédules avec le capital apporté par les derniers entrés. À la suite de la chute des marchés financiers à la fin de 2008, certains clients souhaitant retirer leurs fonds provoquent l'écroulement du système. L'ardoise se chiffrera à quelque 65 milliards de dollars. C'est à ce moment aussi que la banque belge Fortis, fleuron européen de la banque-assurance, est confrontée à de graves difficultés puis absorbée à bon prix par BNP Paribas. La crise financière démontre la fragilité des modèles économiques et les dérives d'un système spéculatif et déréglementé. Elle se transforme en récession économique.

C'est dans ce contexte de séisme financier et de rupture de la liquidité sur le marché interbancaire, et dans l'optique du rapprochement avec les Banques Populaires, que les nouveaux dirigeants des Caisses d'Épargne examinent toutes les solutions susceptibles de renforcer la liquidité ainsi que les fonds propres de leur groupe.

La Banque Palatine se retrouve subitement au cœur de toutes les spéculations. La Banque postale, née le 1er janvier 2009 de l'héritage des services financiers de La Poste, s'intéresse au dossier avant de jeter l'éponge. À la fin de février, les Caisses d'Épargne et les Banques

La Banque Palatine aujourd'hui

En exploitant le plein potentiel de l'ensemble de ses activités au service de ses clients, la Banque Palatine se positionne résolument comme l'acteur de référence haut de gamme des entreprises de taille intermédiaire et des grandes entreprises, et la clientèle patrimoniale. Ainsi des solutions sont-elles proposées à ces clientèles exigeantes en s'appuyant sur des expertises pointues, tant dans les domaines de la gestion privée que dans l'apport de solutions sur-mesure pour les entreprises. Pour accompagner sa clientèle à l'international, Palatine est équipée de structures de conseil, d'opérations de paiements et de *trade*, ainsi que de gestion des risques de change. La salle des marchés accompagne les clients dans leurs activités de marché, que ce soit en matière de gestion et d'optimisation de trésorerie ou de gestion du risque de change et de couverture de risque de taux. Une offre d'ingénierie immobilière est proposée. Le courtage en assurances dans le domaine de la protection collective est assuré par sa filiale Ariès. Une expertise dans les métiers du corporate-finance est structurée, notamment en crédits syndiqués, en financements de LBO, en fusions-acquisitions, en opérations boursières ou encore en financements patrimoniaux. Autre filiale, Palatine Asset Management (PAM) gère de manière indépendante près de 5 milliards d'euros d'encours sur les indices de référence, principalement pour une clientèle institutionnelle. Enfin, la Banque Palatine développe son savoir-faire sur des marchés spécialisés. Elle s'impose sur celui dc l'immobilier, auprès des administrateurs de biens et des agents immobiliers, en détenant en France une part de marché de l'ordre de 40 %. Palatine poursuit aussi son développement dans la filière audiovisuelle et du cinéma, tout comme dans celles de la joaillerie, des galeries d'art ou encore des antiquaires. Autant de secteurs spécialisés en grande partie hérités de la Maison Vernes. Autre héritage préservé, cette fois-ci de l'époque Sanpaolo : une belle clientèle d'Italiens non-résidents. Aujourd'hui, la robustesse du modèle de la Banque Palatine n'est plus à démontrer, avec un résultat net de plus de 50 millions d'euros, un produit net bancaire proche de 300 millions d'euros, un résultat brut d'exploitation de 115 millions d'euros, et un Coefficient d'exploitation stabilisé autour de 60%.

Populaires annoncent leur intention de fusionner leurs organes centraux respectifs et entérinent l'arrivée à leur tête de François Pérol, ancien secrétaire général adjoint de la présidence de la République, constituant ainsi le deuxième groupe bancaire français. Le niveau du provisionnement des actifs à risque de Natixis est alors mis à niveau. Des dépréciations d'écarts d'acquisition sont opérées afin d'ajuster la valeur d'actifs acquis en haut de cycle. Le profil de « banque d'affaires » de Natixis est affirmé avec un recentrage de l'activité

Agence de la Banque Palatine.

au service des grands clients du groupe. Les deux réseaux de banque de détail, celui des vingt-deux Banques Populaires et celui des dix-sept Caisses d'Épargne, restés autonomes dans le strict respect de la primauté et de l'identité des deux marques, renouent avec de bonnes performances commerciales. Ces réseaux sont mobilisés pour le financement de l'économie, au même titre que leurs filiales en tête desquelles la Banque Palatine. Et François Pérol de clarifier « avec force » le statut de l'établissement au sein de BPCE en tant que « référence du financement des *mid caps* ».

C'est ainsi que la nouvelle direction de la Banque Palatine revisite le positionnement stratégique de l'ancienne Banque Vernes puis Sanpaolo pour en faire la banque de l'entreprise et du patrimoine du groupe BPCE. « Nous sommes le bras armé de BPCE sur les ETI [entreprises de taille intermédiaire]. Nous sommes complémentaires des Banques populaires, qui se concentrent plutôt sur les PME de moins de 100 millions d'euros de revenus et les professionnels, et de Natixis, qui vise les grands comptes », souligne le président, Daniel Karyotis.

Alors que l'économie mondiale continue à être malmenée par la crise financière et économique, renforcée par celle des dettes souveraines européennes, le secteur bancaire connaît de nouveaux soubresauts et est affecté par une réelle crise de confiance. Il est très certainement temps de revenir à des valeurs partagées par le banquier et son client, autour de notions de rigueur, de conseil, de sur-mesure, d'empathie, de créativité ou encore de sécurité… C'est le projet porté par la Banque Palatine sous sa nouvelle signature : « L'Art d'être Banquier »… Un art que pratiquait déjà, au fil de plus de deux cent trente ans d'histoire et de crises, les chefs des différentes entités qui la constituent aujourd'hui…

Arbre généalogique de la Banque Palatine

2003
Le groupe SanPaolo cède la Banque Sanpaolo

2000
Cession de la Banque générale du commerce à la Banque Sanpaolo

Le groupe Suez croise plusieurs de ces établissements au cours du xxe siècle : on le retrouve en 1968 dans le capital de la Banque Commerciale de Paris, dans les années 1970 dans le capital de la Banque Française Commerciale et celui de la Banque Vernes & Commerciale de Paris.

1992
Fusion du Banco di Roma, de Banco di Santo Spirito et de la Cassa di Risparmio di Roma

1992
Naissance de la Banca di Roma Spa

1990
Cession de la Banque Française Commerciale (métropole) par le groupe SUEZ

1988
Rachat de la BVCP par le groupe SanPaolo

1984
Reprise de l'activité bancaire de France métropolitaine du groupe Suez par la Compagnie financière des Mers du Sud (COFISUD)

1984
Sortie de l'activité bancaire en France métropolitaine

1960
Banque Française Commerciale

1956
Société bancaire et financière

1925
Comptoir financier d'Orient

1920
Banque franco-chinoise pour le Commerce et l'Industrie

1913
Fondation de la Banque Industrielle de Chine

1563
Fondation à Turin de la Compagnia di SanPaolo
Fondation du mont-de-piété

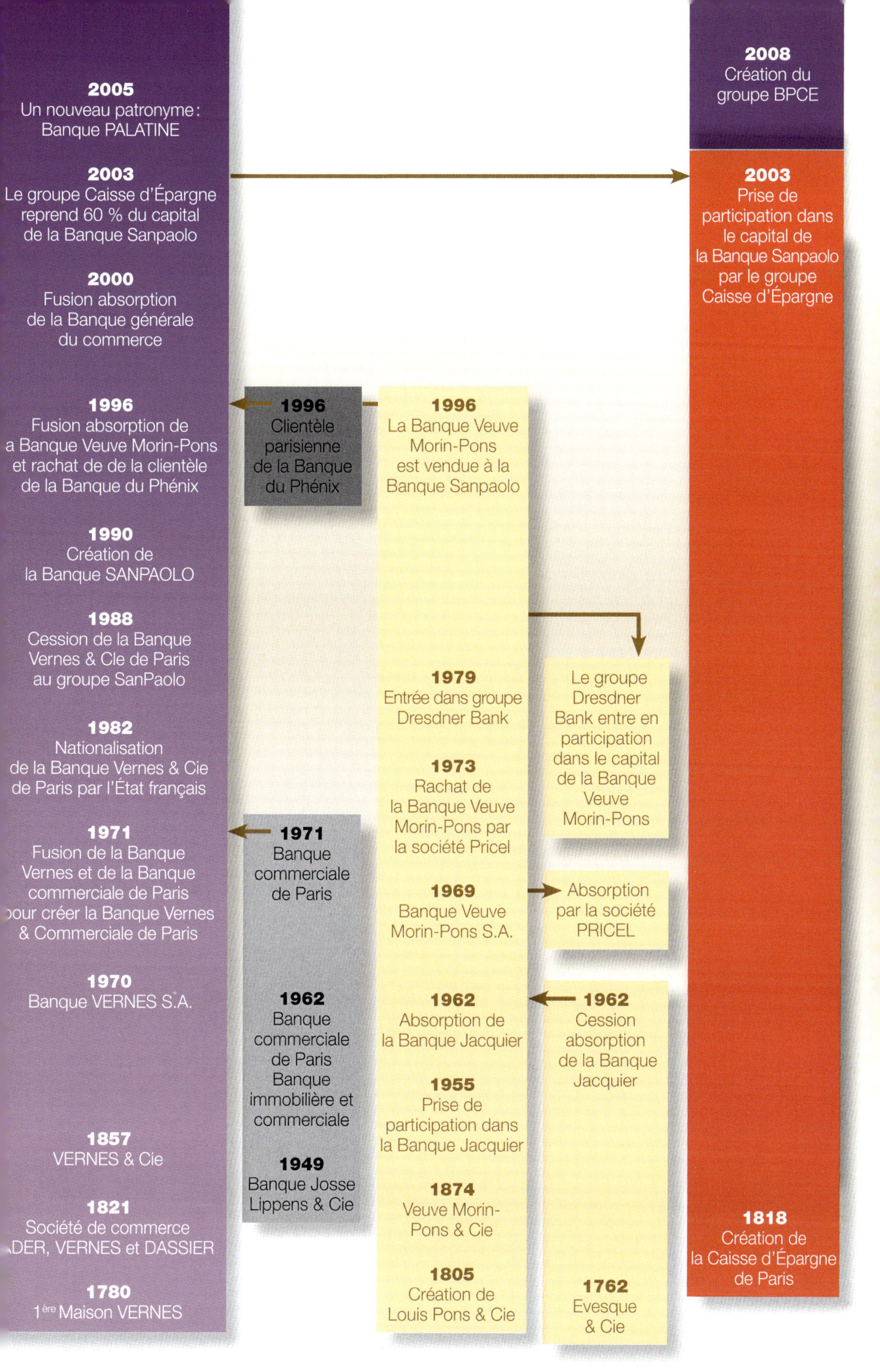
2005
Un nouveau patronyme :
Banque PALATINE
2003
Le groupe Caisse d'Épargne
reprend 60 % du capital
de la Banque Sanpaolo
2000
Fusion absorption
de la Banque générale
du commerce
1996
Fusion absorption de
a Banque Veuve Morin-Pons
et rachat de de la clientèle
de la Banque du Phénix
1990
Création de
la Banque SANPAOLO
1988
Cession de la Banque
Vernes & Cle de Paris
au groupe SanPaolo
1982
Nationalisation
de la Banque Vernes & Cie
de Paris par l'État français
1971
Fusion de la Banque
Vernes et de la Banque
commerciale de Paris
ɔour créer la Banque Vernes
& Commerciale de Paris
1970
Banque VERNES S.A.
1857
VERNES & Cie
1821
Société de commerce
DER, VERNES et DASSIER
1780
1ère Maison VERNES
1996
Clientèle
parisienne
de la Banque
du Phénix
1971
Banque
commerciale
de Paris
1962
Banque
commerciale
de Paris
Banque
immobilière et
commerciale
1949
Banque Josse
Lippens & Cie
1996
La Banque Veuve
Morin-Pons
est vendue à la
Banque Sanpaolo
1979
Entrée dans groupe
Dresdner Bank
1973
Rachat de
la Banque Veuve
Morin-Pons par
la société Pricel
1969
Banque Veuve
Morin-Pons S.A.
1962
Absorption de
la Banque Jacquier
1955
Prise de
participation dans
la Banque Jacquier
1874
Veuve Morin-
Pons & Cie
1805
Création de
Louis Pons & Cie
Le groupe
Dresdner
Bank entre en
participation
dans le capital
de la Banque
Veuve
Morin-Pons
Absorption
par la société
PRICEL
1962
Cession
absorption
de la Banque
Jacquier
1762
Evesque
& Cie
2008
Création du
groupe BPCE
2003
Prise de
participation dans
le capital de
la Banque Sanpaolo
par le groupe
Caisse d'Épargne
1818
Création de
la Caisse d'Épargne
de Paris

Bibliographie

Principales sources publiées utilisées

Ouvrages généraux

Bonin Hubert, *La Banque et les Banquiers en France*, Paris, Larousse, 1992.
Bouvier Jean, *Les Rothschild*, Paris, Fayard, 1967.
Dauphin-Meunier Achille, *La Banque à travers les âges*, Paris, Éditions « Banque », 1937, 2 vol.
Labrousse Ernest et Braudel Fernand (dir.), *Histoire économique et sociale de la France*, Paris, Presse universitaire de France, 1976, 5 vol.
Nouvelle Histoire de la France contemporaine, Paris, Seuil « Point Histoire », 2005, 20 vol.

Chapitre I

Contamine Philippe *et al.*, *L'Économie médiévale*, Paris, Armand Colin, 1993.
Demurger Alain, *Les Templiers – une chevalerie chrétienne au Moyen Âge*, Paris, Seuil, 1985.
Dictionnaire de la Renaissance, ouvrage collectif, Paris, Encyclopedia Universalis, Albin Michel, 1998.
Heers Jacques, *Le Clan des Médicis – Comment Florence perdit ses libertés*, Paris, Perrin, 2008.
Istituto Bancario San Paolo di Torino, Turin, Pozzo Salvati-Gros Monti, 1963.
Le Goff Jacques, *Le Moyen Âge et l'argent – Essai d'anthropologie historique*, Paris, Perrin, 2010.
Poor Kindleberger Charles, *Histoire financière de l'Europe occidentale*, Paris, Economica, 1986.
Poulain Claude, *Jacques Cœur*, Paris, Fayard, 1982.

Chapitre II

Bouchary Jean, *Les Manieurs d'argent à Paris à la fin du XVIIIe siècle*, Paris, Librairie des sciences politiques et sociales M. Rivière, 1939-1943.
Coninck Séverine de, *Banquiers et philanthropes, la famille Delessert (1735-1868)*, Paris, Economica, 2000.
Durand Yves, « Négociants et financiers en France au XVIIIe siècle », *La Fiscalité et ses implications sociales en Italie et en France aux XVIIe et XVIIIe siècles*, Actes de colloque (5-6 décembre 1978), Florence, École française de Rome, 1980, p. 95-110.
Hauser Henri, « Réflexions sur l'histoire des banques à l'époque moderne (de la fin du XVe à la fin du XVIIIe siècle) », *Annales d'histoire économique et sociale*, n° 3, 1929, p. 335-351.
Hémardinquer Jean-Jacques, « Les conséquences de la révocation de l'édit de Nantes : une révision », *Annales, Économies, Sociétés, Civilisations*, n° 6, 1961, p. 1212-1217.
Luthy Herbert, *La Banque protestante en France de la révocation de l'édit de Nantes à la Révolution,* Paris, éditions de l'EHESS, 1998.
Plessis Alain, « La Révolution et les banques en France : de la Caisse d'escompte à la Banque de France », *Revue économique*, vol. 40, n° 6, 1989, p. 1001-1014.

Chapitre III

Christen-Lécuyer Carole, *Histoire sociale et culturelle des Caisses d'épargne en France 1818-1881*, Paris, Economica, 2004.
Duprat Catherine, *Usages et pratiques de la philanthropie. Pauvreté, action sociale et lien social, à Paris, au cours du premier XIXe siècle*, Paris, Comité d'histoire de la Sécurité sociale, vol. 1, 1996, et vol. 2, 1997.
Gille Bertrand
– *La Banque et le crédit en France 1815-1848*, Paris, Presse universitaire de France, 1959.
– *La Banque en France au XIXe siècle*, Genève, Droz, 1970.
Lescure Michel et Plessis Alain, *Banques locales et banques régionales en France au XIXe siècle*, Paris, Albin Michel, 1999.
Plessis Alain
– « La Banque de France, une des grandes institutions napoléoniennes », *Banque Veuve Morin-Pons (1805-1955)*, Lyon, 1955.
– *La Banque de France et ses deux cents actionnaires sous le Second Empire*, Genève, Droz, 1982.
– « La Révolution et les banques en France : de la Caisse d'escompte à la Banque de France », *Revue économique*, vol. 40, n° 6, 1989, p. 1001-1014.

Chapitre IV

Angleraud Bernadette et Pellissier Catherine, *Les Dynasties lyonnaises des Morin-Pons aux Mérieux, du XIXe siècle à nos jours*, Paris, Perrin, 2003.
Bergeron Louis, *Les Rothschild et les autres… La gloire des banquiers*, Paris, Perrin, 1991.
Cayez Pierre, *L'Industrialisation lyonnaise au XIXe siècle : du grand commerce à la grande industrie*, thèse d'histoire, sous la dir. de Maurice Garden, université de Lyon II, 1977.
Cayez Pierre et Chassaigne Serge, « Lyon et le Lyonnais », *Les Patrons du Second Empire*, t. 9, sous la dir. de Dominique Barjot, Le Mans, Éditions Cénomane, 2007.
Hautcœur Pierre-Cyrille, « Les transformations du crédit en France au XIXe siècle », *Working paper*, Paris, éditions EHESS – École d'économie de Paris, 2007.
Hautcœur Pierre-Cyrille et Gallais-Hamonno Georges (dir.), *Le Marché financier français au XIXe siècle*, Paris, Université de Paris-I – Panthéon-Sorbonne, 2007.
Plessis Alain, *Régents et gouverneurs de la Banque de France sous le Second Empire*, Genève, Droz, 1985.
Stoskopf Nicolas, *« Banquiers et financiers parisiens », Les Patrons du Second Empire*, t. 7, sous la dir. de Dominique Barjot, Le Mans, Éditions Cénomane, 2002.

Chapitre V

Andrieu Claire, *La Banque sous l'Occupation, paradoxes de l'histoire d'une profession, 1936-1946*, Paris, Presses de la Fondation nationale des sciences politiques, « Académique », 1991.
Andrieu Claire et Omnes Cécile, *La Spoliation financière, Paris*, La Documentation française, Mission d'étude sur la spoliation des Juifs de France, 2000, 2 vol.
Bonin Hubert, *Les Banques françaises dans l'entre-deux-guerres*, Paris, Plage, 2000, 3 vol.
Gueslin André, *Mythologie de l'argent*, Paris, Economica, 2007.
Jeanneney Jean-Noël
– *Leçon d'histoire pour une gauche au pouvoir*, Paris, Seuil, 2003.
– *François de Wendel en République*, Paris, Perrin, 2004.
Leménorel Alain, *Nouvelle Histoire économique de la France contemporaine*, Paris, La Découverte, « Repères », 1997.
Margairaz Michel (dir.), *Banques, Banque de France et Seconde Guerre mondiale*, Paris, Albin Michel, 2002.
Margairaz Michel et Tartakowsky Danielle, *Le Front populaire*, Paris, Larousse, 2009.
Tournié Vincent, *Épargne et crises politiques en France*, Paris, Economica, 2011.

Chapitre VI

Cesari Laurent et Varaschin Denis (dir.), *Les Relations franco-chinoises au vingtième siècle et leurs antécédents*, Arras, Artois Presse Université, 2003.
Foucault de Mondion Adalbert-Henri, *Journal d'un mandarin : lettres de Chine et documents diplomatiques inédits, par un fonctionnaire du Céleste Empire*, Paris, Plon, 1887.
Gonjo Yasuo, *Banque coloniale ou banque d'affaires, la Banque de l'Indochine sous la IIIe République*, Paris, La Documentation française, 1993.
Shinonaga Nobutaka, *La Formation de la Banque industrielle de Chine, Le Mouvement social*, revue d'histoire sociale, www.lemouvementsocial.net
Suret-Canale Jean, *Afrique et capitaux*, Paris, L'Arbre verdoyant éditeur, 1987.

Chapitre VII

Feiertag Olivier, *« La bancarisation de la société française dans les années 1968 », Les Français et l'argent, entre fantasmes et réalités*, Rennes, PUR, « Histoire », 2011, p. 163-175.
Garrigues Jean, *Les Patrons et la politique*, Paris, Perrin, 2002.
Marty Nicolas, *Perrier, c'est nous ! : Histoire de la source Perrier et de son personnel*, Ivry-sur-Seine, Éditions de l'atelier, 2005.

Chapitre VIII

Bonin Hubert, *Les Groupes financiers français*, Paris, Presse universitaire de France, « Que sais-je ? », 1995.
Hébert Jean-Louis (dir.), *60 ans de construction du Groupe Caisse d'épargne*, Paris, Gallimard, « Loisirs », 2006.
Lecadre Renaud et Riche Pascal, « Jean-Marc Vernes solde son destin », *Libération*, 5 avril 1996.
Vernes Jean-Marc, « Privatisations : engagements tenus », *Revue des deux mondes*, décembre 1986, p. 648-652.

Index des noms de personnes

M

N

O

P

Index des noms de sociétés

D

E

F

G

H

Crédits photographiques

Page 6 : © Palatine/photo Jean-Philippe Pernot/nanolife ; page 12 : © Palatine/photo Thierry Lewenberg-Sturm TLS ; pages 14-15 : © Roger-Viollet ; page 16 : © The Bridgeman Art Library Giraudon ; page 18 : © Leemage/MP ; page 20 : © AKG Images/Pirozzi ; page 21 : © Leemage/Luisa Ricciarini ; page 22 : © Leemage/photo Josse ; page 23h : © Roger-Viollet/Alinari ; page 23b : © Leemage/Bianchetti ; page 24 : © Leemage/photo Josse ; page 26 : © Leemage/photo Josse ; page 28 : © Leemage/Fototeca ; page 29h : © Leemage/photo Josse ; page 29b : © Leemage/Aisa ; page 30 : © Leemage/Luisa Ricciarini ; page 31 : © Leemage/photo Josse ; page 32 : © Leemage/photo Josse ; page 34 : © Leemage/photo Josse ; page 35 : © Leemage/Selva ; page 37h : © Leemage/Luisa Ricciarini ; page 37b : © Leemage ; page 38 : © Leemage/Luisa Ricciarini ; page 39 : © Leemage/photo Josse ; page 42 : © Leemage/Raffaello ; page 44 (gauche et droite) : © Leemage/photo Josse ; page 45 : © Leemage/Selva ; page 46 : © Leemage/photo Josse ; page 47 : © Leemage/Raffaelli ; page 48h : © Leemage/Luisa Ricciani ; page 48b : © Leemage/Fototeca ; page 49 : © AKG Images ; pages 50-51 : © Leemage ; page 52 : © Rue des Archives/RDA ; page 54 : © Roger-Viollet/Albert Harlingue ; page 55 : © Roger-Viollet/musée Carnavalet ; page 56 : © Leemage/DeAgostini ; page 57 : © Leemage/photo Josse ; page 58 : © Leemage/Aisa ; page 59h : © Roger-Viollet ; page 59b : © Roger-Viollet ; page 60 : © Leemage/photo Josse ; page 62 : © Leemage/photo Josse ; page 63 : © DR/Palatine ; page 65 : © Leemage/Costa ; page 66 : © Leemage/Bianchetti ; page 67 : © Leemage/North Wind Pictures ; page 68 : © Leemage/DeAgostini ; page 69h : © DR/Palatine ; page 69b : © Leemage/photo Josse ; page 70 : © Leemage/photo Josse ; page 72 : © DR/Palatine ; page 73 : © Leemage/photo Josse ; page 74 : © Leemage/photo Josse ; page 76 : © Roger-Viollet/musée Carnavalet ; page 77 : © Leemage/photo Josse ; pages 78-79 : © Leemage ; page 80 : © Leemage/Selva ; page 82 : © Leemage/Aisa ; page 83 : © DR/Palatine ; page 84 : © Photothèque de la RMN/Gérard Blot ; page 85 : © DR/Palatine ; page 86 : © DR/Palatine ; page 87 : © Leemage/photo Josse ; page 88 : © DR/Palatine ; page 90 : © Leemage/Jean Bernard ; page 91 : © Roger-Viollet/musée Carnavalet ; page 92 : © Leemage/photo Josse ; page 94 : © Leemage/photo Josse ; page 95 : © Leemage/Aisa ; page 96 : © Palatine/DR ; page 97 : © Leemage/photo Josse ; page 98 : © DR/Palatine ; page 100 : © Leemage/Costa ; page 101 : © DR/Palatine ; page 102 : © Roger-Viollet/musée Carnavalet ; page 103 : © Leemage/Selva ; page 104 : © Leemage/Selva ; page 105 : © DR/Palatine ; page 106 : © Leemage/DeAgostini ; page 107 : © DR/Palatine ; page 108 : © Leemage/photo Josse ; page 110 : © DR/Palatine ; page 111 : © DR/Palatine ; page 112 : © DR/Palatine ; page 113 : © Roger-Viollet/musée Carnavalet ; page 114 : © Roger-Viollet/musée Carnavalet ; page 115 : © AHCE/Photo Géraldine Millo ; pages 116-117 : © Leemage ; page 118 : © Leemage/Bianchetti ; page 121 : © Roger-Viollet ; page 122 : © DR/Palatine ; page 123 : © Leemage/Selva ; page 124 : © Roger-Viollet/BHVP ; page 125 : © DR/Palatine ; page 126 : © Roger-Viollet/musée Carnavalet ; page 127 : © DR/Palatine ; page 129 : © DR/Palatine ; page 130 : © Leemage/photo Josse ; page 132h : © Leemage/photo Josse ; page 132b : © DR/Palatine ; page 134 : © Leemage/Selav ; page 136 : © Leemage/photo Josse ; page 137 : © Leemage/Aisa ; page 138 : © Leemage ; page 139 : © Leemage/photo Josse ; page 140 : © Roger-Viollet/Pierre Jahan ; page 142 : © Roger-Viollet/Albert Harlingue ; page 144 : © Leemage/Sirot-Angel ; page 146 : © Leemage/photo Josse ; page 147 : © Roger-Viollet ; pages 148-149 : © Leemage ; page 150 : © Archives du ministère des Finances ; page 152 : © Leemage/Selva ; page 153 : © Leemage/photo Josse ; page 154 : © Roger-Viollet/François Kollar/bibliothèque Forney ; page 155 : © Roger-Viollet/CAP ; page 156 : © Roger-Viollet/Albert Harlingue ; page 158 : © Leemage/photo Josse ; page 160 : © Roger-Viollet/Maurice Louis Branger ; page 161h : © Roger-Viollet/Maurice Louis Branger ; page 161b : © Rue des Archives ; page 162 : © Roger Viollet ; page 163 : © Roger-Viollet ; page 164 : © Leemage/Lee ; page 165g et d : © Roger-Viollet/Albert Harlingue ; page 166 : © Roger-Viollet ; page 167 : © Roger-Viollet/Imagno ; page 168 : © Rue des Archives/Varma ; page © Roger-Viollet ; page 170 : © DR/Palatine ; page 172 : © Leemage/MP ; page 173 : © Leemage/Agostini ; page 174 : © Roger-Viollet/Lapi ; page 175 : © Roger-Viollet/Tony Burnand ; page 176 : © Roger-Viollet/Roger Henrard/musée Carnavalet ; page 177 : © Rue des Archives/Suddeutsche Zeitung ; page 178 : © Leemage/Heritage images ; page 179 : © Leemage/Heritage images ; pages 180-181 : © Roger-Viollet/Albert Harlingue ; page 182 : © Leemage/Selva ; page 184 : © Roger-Viollet ; page 186 : © Leemage/Selva ; page 187 : © Rue des Archives/PVDE ; page 188 : © Rue des Archives/RDA ; page 189 : © Leemage/Selva ; page 190 : © Roger-Viollet ; page 191 : © DR/Palatine ; page 192 : © Leemage/Bianchetti ; page 194 : © Roger-Viollet/Laure Albin-Guillot ; page 195 : © Roger-Viollet/Albert Harlingue ; page 196 : © Leemage/Selva ; page 197 : © Leemage/Bianchetti ; page 198 : © Roger-Viollet/Albert Harlingue ; page 199 : © DR/Palatine ; page 200 : © DR/Palatine ; page 202 : © Palatine/photo Thierry Lewenberg-Sturm (TLS) ; page 204 : © DR/Palatine ; page 205 : © Leemage/Selva ; page 206 : © Leemage/MP ; page 207 : © DR/Palatine ; page 208 : © Roger-Viollet ; page 209 : © Leemage/Selva ; pages 210-211 : © Leemage/Mario Dondero ; page 212 : © Palatine/photo Philippe Eranian ; page 214 : © Rue des Archives/Tal ; page 215 : © Leemage ; page 216 : © Palatine/photo Jean-Philippe Pernot (nanolife) ; page 217 : © Roger-Viollet/Jacques Cuinières ; page 218 : © Roger-Viollet/Ullstein Bild ; page 220 : © Roger-Viollet/Jack Nisberg ; page 221 : © DR/Palatine ; page 222 : © DR/Palatine ; page 224 : © DR/Palatine ; page 226 : © DR/Palatine ; page 227 : © DR/Palatine ; page 228 : © DR/Palatine ; page 229 : © Palatine/photo Brigitte Malnoury ; page 230 : © Leemage/photo Josse ; page 232 : © Leemage/Lee ; page 233 : © Leemage/Bianchetti ; page 234 : © Roger-Viollet/Jacques Boyer ; page 236 : © Rue des Archives/Agip ; page 237 : © Roger-Viollet/Jean-Pierre Couderc ; page 238 : © Roger-Viollet/Janine Niepce ; page 239 : © Rue des Archives/Varma ; pages 240-241 : © Corbis/Gail Mooney ; page 242 : © Roger-Viollet/Jean-Régis Roustan ; page 244 : © Rue des Archives/Agip ; page 246 : © DR/Palatine ; page 247 : © DR/Palatine ; page 248 : © DR ; page 250 : © Leemage/Superstock ; page 251 : © DR/Cardon ; page 252 : © Corbis/Randy Faris ; page 255 : © Palatine/photo François Delaunay ; page 256 : © DR/Palatine ; page 257 : © Palatine/photo François Delaunay ; page 258 : © Sipa/AP/Rémy de la Mauvinière ; page 259h : © DR/Palatine ; page 259b : © Palatine/photo Thierry Lewenberg-Sturm (TLS) ; page 260 : © Palatine/photo Philippe Eranian ; page 262 : © DR/Palatine ; page 263 : © Palatine/photo Lionel Souci (bonne mine) ; page 264 : © Sipa/AP/Mary Altaffer ; page 265 : © Palatine/photo Thomas Gogny/BPCE ; page 267 : © Palatine/DR.

Achevé d'imprimer en décembre 2011
par l'imprimerie Pollina à Luçon - L58643
Imprimé en France